公益社団法人
シャンティ国際ボランティア会◆編

試練と希望

東日本大震災・被災地支援の二〇〇〇日

明石書店

はじめに

公益社団法人　シャンティ国際ボランティア会　会長　若林　恭英

二〇一一年三月十一日、観測史上、いまだかつて経験したことのない規模の自然災害に見舞われました。その直後からシャンティは被災地に駆けつけ、これまでの海外での経験を生かして緊急救援に取り組み、さらに復興支援を展開してまいりました。

何よりも地元の人々に寄り添い、連携することを大切に、初動時には各地で物資配布や炊き出しなどの緊急支援を行い、その後、宮城県気仙沼市の本吉、唐桑地区においては、まちづくり支援、子ども支援、漁業支援などに取り組みました。

岩手県では、津波で図書館を失った地域を中心に、子どもからお年寄りまでを対象に、仮設住宅などへ移動図書館車の巡回活動を行いました。

さらに宮城県の山元町や福島県の南相馬市においても、同様の移動図書館の活動を展開してまいりました。

今も心に強く刻まれているのは、国内はもとより、世界中の人々から被災者の皆様に寄せられた温かいお気持ちです。大震災のあと、これまでシャンティが関わってきたアジアの国々でも自発的に募金活動が行われました。これまで支援していただいた恩返しをしようと、タイのクロントイ・スラムでは、小中学生が中心となって募金箱をもって練り歩きました。カンボジアでは全国各地の小学校で追悼式と募金活動が行われ、ラオスでも学生たちが中心になって被災された方々への寄付を募るチャリティイベントが行われました。彼らの生活じたいがそれほど豊かではないのに、本当に頭が下がる思いです。

「困ったときはお互いさま」という支援の文化が世界に広がっていることを実感し、さらにその輪を広げてまいりたいと願わざるを得ませんでした。こうして内外の多くの人たちの温かいご支援があったからこそ、私たちは活動を展開できました。ご支援いただいた皆様に改めて心より感謝を申し上げるしだいです。

しかし、もとより私たちはよそから駆けつけた助っ人に過ぎません。一日も早く地元の人たちが自力で復興するお手伝いするのが私たちの役目だと認識しています。いずれ、地元の方々にその活動を引き継ぐことを目標として活動してまいりました。

あれから六年。被災地はいまだ復興の途上にありますが、様々に検討を重ねた上、その時がきたのではないかと判断いたしました。つまり、これまでの活動を地元の皆様に引き継ぎ、私たちは後方支援に回った方がいいのではないかという判断です。

そこで、宮城県の気仙沼事務所の活動は、地元の「NPO法人　浜わらす」に引き継ぎ、二〇一六年五月末で活動を終了いたしました。山元事務所と岩手事務所についても、地元の公立図書館の復旧の時期に合わせて、山元事務所は今年（二〇一七年）の三月をもって、岩手事務所は今年の七月をもって、その活動を終了いたしました。

ただし、二〇一六年七月に、帰宅困難区域を除いて避難指示が解除された小高区を含む福島県南相馬市においては、現在も支援活動を継続しています。

さて、約六年の期間、被災地にいたからと言って、私たちはどれほどのことができたと言えるでしょうか。そのことをしっかり振り返らなければなりません。

現代文明の転換を促されたとも言われる今回の大震災。現代人が問いかけられたことはあまりにも大きいと言えます。しかし、そのことがどれほど真摯に受けとめられてきたと言えるでしょうか。そこで、被災地において私たちが体験したことを振り返り、検証し、少しでも、これからの支援活動に生かし、世の中に提言できることは提言してまいりたいと考え、こうして本書を出版することになりました。

困難から立ち上がろうとする東北の人たちから、私たちが学ばせていただいたものはとても大きなものがあります。人間の強さや優しさも学び、助け合うことの美しさや難しさも学ぶことができました。それらの発見や教訓を踏まえ、皆様のお声をいただいて、さらに精進してまいりたいと念じております。

どうか、皆様の忌憚のないご感想やご意見をおきかせいただければ有り難く存じます。

目次

第1章

緊急救援はこうして始まった

1 未曾有の大災害から緊急救援へ

まずは現地へ

二〇一一年三月一一日。目を疑うような津波の猛威に誰もが息を呑み、世界中に衝撃が走った――。それは東日本大震災と呼ばれることになった。

その翌日、三月一二日。急きょ、公益社団法人シャンティ国際ボランティア会（以下シャンティ）職員七名による緊急救援タスクチームを編成。現地派遣と支援活動の組み立てのため、初動調査を開始することを決めて、すぐに業務執行理事の確認を得た。

東北在住の関係者の安否確認、現地の情報収集、現地入りの準備、募金活動や広報に向けての準備開始。その一方、あわただしく電話が入り、災害ボランティア活動支援プロジェクトや東京災害ボランティアネットワーク、曹洞宗関係機関などから、続々、支援活動における連携の要請を受けた。

三月一五日、山形県在住の当会副会長、三部義道《さんべぎどう》が車で被害状況の視察のため被災地に入った。まず宮城県気仙沼市に入り、そこから北上して岩手県の陸前高田市、さらに釜石市、大槌町へと向かった。これまで阪神・淡路大震災の現場や中越地震災害の現場に立ったことのある三部であるが、今回、目の当たりにした悲惨さはそれまでとははるかに違うことを伝えてきた。

「火災に見舞われれば別ですが、そうでなければ、地震により家屋が倒壊したとしても、そこにまだわが家はあるわけで、衣類や貴重品、思い出の品を探し出し、掘り出すこともできました。しかし、津波による災害は、根こそぎすべてを奪い去ってしまうものだと思い知らされました。愛する家族を失い、家を失い、車を失い、町を失った多くの人々の悲しみと絶望を思うとき、どのようにこの災害と向き合っていけばいいのか、この国の人々が総力を結集して立ち向かわなければとても乗り越えることはできない」

被災地は南北に縦長に広がっており、道路が寸断され、ガソリンも不足し、思うように動けない。したがって、関東以南からの支援は難しく、北に行けば行くほど支援の手が薄くなっている。それゆえ、今回の支援は、西から東へという支援の動き、すなわち、山形や秋田から岩手、宮城、福島を支援する動きが有効ではないかと伝えてきた。

さらには、物資は被災地まで届いているようだが、電話がほとんど使えないために、横の連絡がとれず、支援の偏り、分配の偏りがみられる。報道されているような大きな避難所だけでなく、知られざる場所で避難生活をしている人々への細かなリサーチと支援が早急に必要である、と訴えてきた。

曹洞宗の僧侶でもある三部は、このような現地視察と同時に、方々の寺院を訪ね、これから始める救援活動の場所を提供してくれる寺院を探した。当会の前身は、曹洞宗東南アジア難民救済会議であり、多くの熱意ある僧侶に支えられてきた団体でもある。これまでの国内災害においても、全国の寺院や僧侶との連携を念頭に活動を展開してきた。地域に根ざし、室内外に広い空間を有する寺院は、被災地における活動拠点として有効である。

救援活動の準備

三月一六日、事務局次長（当時）の市川斉と緊急救援担当職員の白鳥孝太の二人が被害状況の調査のため、現地に入った。二人は三部とも連絡をとりながら、まずは岩手県一関市経由で気仙沼市へ向かった。火災後の焼け焦げた臭いが漂い、町全体が泥に覆われているようであった。ガソリンスタンドやホームセンター、救援物資の配布場所など、町のあちこちでは長蛇の列ができていた。このまま、気仙沼にとどまるべきか、もしくは他に行くべき場所を探すのか、判断するには情報が不足していた。

でも、やるべきことが一つあった。じつはシャンティの職員（現・専門アドバイザー）、大菅俊幸の実家が石巻にあったのだ。震災以来、音信不通が続いており、できれば大菅の家族の無事を確認したい。東京を経つ前からそう考えていた。まずはできることからやろう。こうして気仙沼から石巻に向かうことにした。仲間としての友情からの行動であった。

被災状況の調査（2011年3月18日、石巻市）

国道四五線は海岸の道。南下して石巻への約八〇㎞の道のりは、迂回と渋滞の繰り返しで困難を極めた。未明の南三陸町では漆黒の中、ヘッドライトから浮かび上がったのは瓦礫の迷路であった。瓦礫は車の屋根より高い位置で両側に迫り、まるで塹壕の中を通り抜けてゆくようであった。

石巻の市内も惨憺たるものであった。しかし、大菅の家族の無事はすぐに確認できた。住所をたずねて見つけた実家は丘の上の住宅地にあった。親戚の人たちが避難してきて一緒に生活しておられた。数百メートル先の丘の下まで津波が押し寄せたのだが、実家は幸いにも無事であった。家族の笑顔にホッとして、大菅とも連絡をとり、無事を知らせることができた。

その後、石巻専修大学のキャンパスを訪ねると、さまざまな支援団体が集まり始めていた。石巻市社会福祉協議会が中心となって、すでに二日前から早くも「災害ボランティアセンター」が開設され、被災地支援の経験豊富な「ピースボート」の人たちとも出会うことができた。大学の広大なキャンパスに増えていくボランティアたちのテントの群れ。それを見ながら、これから、石巻にはどんどん応援が来るであろうと実感した。

そのような結果を踏まえ、関係者と検討の上、気仙沼市に拠点を置くことを決めた。

というのも、仙台、石巻までは、比較的、交通のアクセスがよく、多くの支援の手が入ることが予想された。それより、むしろ宮城県北部と岩手県南部の海岸部が支援の手も届きにくく、必要性が高いのではないかと考えたからである。気仙沼に拠点を置き、さらに余力ができれば、そこから南北に活動地を広げていくことも想定した。

三月二五日、緊急救援担当としての経験を有する海外事業課の鈴木晶子と広報課の青島寿宗の二人が気仙沼に入った。活動拠点とする寺の事前調査のためである。気仙沼市内の少林寺が候補地として考えられた。同じく宝鏡寺には倉庫としてさまざまな物資を置かせていただくことになった。

三月二六日、三部、市川、白鳥の調査をもとに策定した事業計画案を臨時理事会に提出。ただちに承認された。まずは被災者の衣食住を確保する活動に取り組むこと。そして、地元の団体との連携や、全国各地とつなぐプロジェクトの実施。コミュニティ復興支援も視野に入れた計画で、予算規模一億円、一年間の活動期間、と決定された。また同日、東京新宿区信濃町の真生会館において、一般対象の被災地報告会を開催。市川と三部が現地視察の結果を報告した。

「気仙沼市災害ボランティアセンター」の発足、運営を支援

まず、シャンティは気仙沼の社会福祉協議会に協力して、災害ボランティアセンターの発足に協力することを決めた。社協職員自身も被災者であり、救援体制が整うには時間がかかることが懸念されたからだ。ただ、それだけでなく、地域の復興は地元の人が中心になって行うもので、

私たちはその支え手であるべき、という考えからでもある。私たちは、所詮、よそから来た者。いつかは去ってゆく者である。シャンティという看板を背負って活動するにしても、地元の人々との信頼関係がなければ、地元に密着したいい活動はできない。

この背景には、阪神・淡路大震災の支援活動のときの苦い体験がある。当時は、明確な受け入れ体制が整っていなかった。神戸の行政職員も被災者であり、大勢のボランティアがかけつけても、被災状況を把握し、コーディネートする人がいないため、立ち往生する人も少なくなかった。そこからボランティア難民という言葉も生まれた。コーディネーターが鍵であること、地元の人々、地元の団体と連携し、信頼関係を構築することが肝要であることを痛い程学んだ。それは、シャンティだけではなく、すべてのボランティア団体が受けた洗礼であったと言ってもいい。

当会の白鳥孝太、鈴木晶子の両職員は、まず気仙沼市の社会福祉協議会の一員として、災害ボランティアセンターの立ち上げを手伝い、軌道に乗るまで共に活動することになった。

気仙沼事務所を開設

その一方で、シャンティとしての拠点づくりも進めていた。当初は、曹洞宗寺院の少林寺、宝鏡寺にお寺を開放していただいて大変お世話になった。最終的には気仙沼市本吉町の清凉院（曹洞宗）の好意により、その境内に事務所を設置することになった。多くの支援によって、四月一五日、清凉院境内にコンテナハウスを設置（事務室、物資倉庫、最大二五名が宿泊可能な宿泊棟）。車両八台（二tトラック一台、軽トラック二台、乗用車五台）を投入し、いよいよ気仙沼事務所の開設である。緊急救援担当スタッフの白鳥孝太、東さやかを中心として、約一五名のボランティアを擁する活動体制が整った。

シャンティ気仙沼事務所（2011年４月）

気仙沼事務所をトレーラーハウスに移転
（清凉院での移動、2013年６月）

2 緊急救援活動――三月～五月の活動

この期間は、東京事務所職員が三人一組のローテーションで気仙沼に赴き、現場と東京事務所が連携して支援に臨んだ。まず生活支援、地域コミュニティの支援に取り組み、子どもたちの支援も念頭に置いた。教育支援の団体である特性を活かしてのことである。三月～五月まで展開した主な活動は次の通りである。

（1）「気仙沼市災害ボランティアセンター」発足と運営の支援

白鳥、鈴木の二人を派遣し、気仙沼市の社会福祉協議会と協働し、災害ボランティアセンターの立ち上げと運営支援に取り組んだ。また、同センターと連携して本吉町の前浜地区を中心に、被災家屋の周辺に散乱した瓦礫の撤去や津波によって破砕した神社の鳥居の片付けを行った。三月二八日、気仙沼市災害ボランティアセンター開設。白鳥と鈴木は四月末までサポートにまわった。

（2）避難所巡回

他のボランティア団体と分担し、本吉地区と唐桑地区の二一の避難所を巡回担当。一日に四、五ヵ所を巡回。ニーズ調査、炊き出し、入浴送迎の調整を行った。

（3）炊き出し

全国の協力団体とともに、気仙沼市本吉地区や岩手県陸前高田市の避難所や小学校一六ヵ所で約六〇〇〇食を配食した。

（4）文具セット配布

宮城県と気仙沼市の両教育委員会と連携し、四月一九日、市内の一一ヵ所の小学校にノートや鉛筆など一八種類の学用品のセットを配布した。

気仙沼市松岩小学校で

（5）入浴プロジェクト。四月二一日～五月三〇日

水道などのインフラが整っていない地域を中心に、一週間に九ヵ所の避難所を対象として、温泉施設への送迎を実施。五週間に四五回運行し、各避難所から、のべ七四三人が利用した。また、五月一四日～一六日には、山形県最上町の観光協会主催の山形温泉ツアーを行い、一〇ヵ所の避難所から合計一八三人が参加した。

（6）行茶プロジェクト

この活動は、避難所を訪問し、緑茶やコーヒーを一緒に飲みながら、避難所にいる方々の声に耳を傾ける傾聴活動である。四月二一日より開始。地元僧侶の有志を中心に五月末まで三ヵ所の避難所・集会施設で計六回実施。各回二〇～五〇人が参加した。

（7）絵本を届けるプロジェクト

気仙沼市内の階上小学校、津谷小学校、小泉小学校、馬籠小学校へ絵本、図鑑、児童書を配布した。

（8）あそびーばー（協働事業）

「特定非営利活動法人 日本冒険遊び場づくり協会」および「Youth for 3.11」と協力し、気仙

沼市大谷地区にて子どもたちのために、「遊びの場」（あそびーばー）を四月二六日に開設した。子どもは大人と違って自分の体験を言葉によって十分に表現できない。しかし、遊びを通して、心の傷を癒すことができる。「遊びの場」には、手作りのすべり台、調理場、ターザンロープなどがあり、プレーリーダーのもとで安心して遊ぶことができる。来場数は、週末、子ども約一〇〇人、大人二〇～三〇人。平日や雨天の日には、子どもが約二〇人ほど集まった。

あそびーばー

3

緊急から復興へ

――六月〜八月の活動

祈りの日々

震災から三ヵ月たった六月。「遺体が見つかって、おめでとう、というのはおかしいと思うんだけど、そう言ってしまう」。このように語らう避難所の人々。まだ行方不明の方も多く、身近な人の遺体が見つかるように祈り続ける人々の姿があった。避難所から仮設住宅への移行もなかなか進まないためにストレスが溜まっている方も多く見受けられた。折しも、夏祭りの季節を迎え、このような人々が少しでも元気を恢復できるよう、地域のお祭りやイベントの運営などの手伝いに力を注いだ。

一方、六月一〇日の理事会において、活動期間を二年間に延長すること、予算規模を二億円と変更することが決定された。一年という期間では短いという判断からである。人的体制においても、地元の人と活動することを大切に考え、六月二一日付で、気仙沼事務所の職員として、地元在住の笠原一城と三浦友幸を現地採用した。八月一日には、それまで東京事務所で広報課を手伝っていた里見容を気仙沼事務所広報担当兼総務補佐として採用。

三月に開始した緊急救援募金の額は、五月末の時点で二億円近くに達していた。これまでの緊急救援募金より圧倒的に早いペースである。

地域コミュニティ支援（その後、「まちづくり支援」へと展開）

○お祭り、イベントの運営サポート

八月一四日、気仙沼市本吉町で「平磯地域復興祭」が開催され、この地域に伝承される伝統芸能「虎舞」が披露された。シャンティも運営の裏方を手伝い、かき氷の出店で参加した。気仙沼出身の職員である笠原一城は、地元の人々に請われて、初体験の虎舞の演舞に参加。

じつはこの開催まで紆余曲折があった。津波で道具一式が失われ、一時は、その年の開催の中止が検討された。しかし、全国からの支援によって「平磯虎舞保存会」が復活

平磯地域復興祭

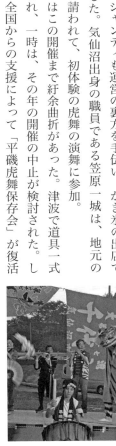

し、当日の舞台で晴れて披露されることになったのだ。震災直後から、今年もぜひ開催したいと思って地域の人々に働きかけてきた人々もいた。浜辺の清掃を続けた人たちもいた。その熱意によって実現した感動の祭りであった。

「やっぱり、俺たちは海でしか生きられない。これが生きがいだべ」。誇らしげに語る漁師たちに活気が甦っていた。一九八〇年代のカンボジア難民キャンプ、そして阪神・淡路大震災後の神戸でも体験したことであるが、伝統文化というものが、戦禍や災害を受けた人々にいかに大きな元気を与えるものであるか、改めて感じさせられた。

運営を手伝ったお祭りやイベントは次の通りである。

(1) お祭り

七月二三日~二四日、唐桑半造星まつり。八月一三日、がんばっつぉ唐桑夏祭り
八月一三日~一四日、気仙沼みなとまつり。八月一四日、平磯地域復興祭
八月一五日~一六日、小原木鎮魂のつどい　めんちゃこいまつり

(2) イベント実施、調整など——地域、避難所、仮設住宅などにおいて

六月四日、登米沢凧作り。六月一二日、法話会。六月一八日、新月中学校健康支援プロジェクト。七月一九日、石川さゆりコンサート。八月五日、東日本遺父母の会

(3) 行茶、青空カフェを実施（七ヵ所で一五回）。足湯活動を調整（四ヵ所六回）。温泉ツアーを実施

○子どもを亡くした親の集い（「つむぎの会」）

もう一つ忘れがたいことがある。七月のある日、気仙沼市本吉町前浜地区に住むある女性が気仙沼事務所に訪ねてきて言った。「私の弟夫婦、子どもを亡くして気を落として今も何も手がつかずに苦しんでいるんです。子どもを亡くした親のための集まりをつくってもらえないでしょうか」。その声を重く受けとめ、シャンティは専門のＮＰＯに協力をお願いして定期的な集いを開始することになった。それは「つむぎの会」となって現在も活動を続けている。

○子ども支援

震災の影響により、始業式の遅れに伴って小中学校の夏休みは例年にくらべて期間が短かかった。授業の遅れが心配されたが、鶴見大学学生ボランティア「まなびーば」が主体となって、四ヵ所で二五回の学習支援を行った。気仙沼市内の九ヵ所の幼稚園や小学校に防災ずきんを配布。六月に行われた避難訓練において子どもたちが使用した。

○炊き出し

八月一五日までに、一六ヵ所の避難所で、七〇六八食分の炊き出しを実施した。

4 活動にあたって大切にした姿勢

このような活動に取り組むにあたって、シャンティが大切にしようとした基本姿勢は次の通りである。二〇一一年三月、活動開始時に策定し六月に改訂したものを、常に指針として活動した。

被災者の自立支援の入口までをサポート——緊急救援から復興の入口まで

被災された方は、援助を待つ対象者ではなく、自ら復興に関わる主体であり、それをサポートしていく役割を担う。

（1）地縁社会を礎にした地域の暮らしの再建サポート——相互扶助組織・住民組織の再生支

援に努める。

（2）シャンティがこれまで培ってきた図書館活動の経験を活かし、移動図書館プログラムを通じた被災者に対する心のケア活動を広域展開していく。

（3）行政・民間にかかわらず、機関・団体ごとの壁をこえた協働の仕組みを、早期に継続的に構築し、被災者の自立支援に向けて情報共有、政策提言などを行っていく。

（4）漁業をはじめとする生業再建支援への関わりを積極的に模索し、サポートしていく。

活動地域

第2章

つながる人の和
復興プロジェクト気仙沼

（二〇一一年九月〜二〇一六年五月）

「つながる人の和」――。これはシャンティの気仙沼事務所が活動上のキーワードとして掲げた言葉である。私たちが主体となって何かをするのではなく、地元の皆さんが協力し合える場づくりやきっかけづくりを支えることを大切にしたい。その願いをここに込めている。

宮城県の北東端、太平洋岸に位置する気仙沼市は、総面積約三三二㎢、総人口・六万三四四六人（推計人口二〇一七年五月一日現在）。太平洋に面した沿岸域は変化に富んだ美しいリアス式海岸を形成し、気仙沼湾は四季静穏な天然の良港となっている。この海岸美により、このあたり一帯は、三陸復興国立公園および海域公園、ならびに南三陸金華山国定公園の指定を受けている。

また、気仙沼の沖合、「三陸沖」は世界三大漁場の一つとして知られ、沿岸漁業から沖合漁業、そして遠洋漁業の基地として機能し、幅広い水産業が立地している。ちなみに気仙沼港は、生鮮カツオの水揚げが、数量、金額の面でともに日本一を誇っており、水産業の中核を担っている。とくに戻りカツオは、フカヒレとともに気仙沼の顔として全国に知られている。

3・11、東日本大震災では、大津波とそれによって流出した石油の引火によって大火災が発生し、被害は甚大なものになった。市内の被害状況は死者一二一六人、行方不明者二一五人、住家全壊が八四八三棟となっている（二〇一七年五月三一日現在）。

震災直後、三月一五日から東北沿岸部に入って、シャンティはまず気仙沼市災害ボランティアセンターの発足を支援。四月には、気仙沼市本吉町・清涼院の境内の敷地に事務所を構え、本吉町一帯を中心に、点在する避難所に足を運び、炊き出しの調整や生活必需品の配布に取り組んだ。

本吉町という地域は気仙沼市の南部に位置し、太平洋に面している町である。すぐ南隣は南三陸町、そして登米市への入口でもある。世帯数三五九五、人口一万五五五人（二〇一七年八月末日時点）。二〇〇九年九月一日に気仙沼市に編入合併された。

町のつくりがV字構造になっており、そこを国道四五線が通る。小さな峠の双方から津波が押し寄せた跡があり、逃げ場を失った人が多かったと思われる。ちなみに、震災の年の一〇月一八日時点で死者七五人、行方不明者六八人、全壊家屋二四〇二となっていた。

震災の年の九月ごろ、避難所が相次いで解散となり、それに伴って支援団体に求められる活動も変わっていった。瓦礫の撤去や生活必需品提供などの目に見えることばかりではなく、より地域に密着した「まちづくり」や「子ども」や「生業」などに新たな対応が求められた。つまり、緊急救援の段階から復興支援の段階に移行しつつあったのだ。

そこで、シャンティは、これまで多岐にわたっていた活動を「まちづくり支援」「子ども支援」「漁業支援」の三つの分野に絞り込み、より地域に密着した活動をめざすことになった。そして二〇一六年五月末日、気仙沼事務所の終結に至るまで、ほぼ五年余にわたる支援活動を展開することになった。

では、復興支援の段階となった二〇一一年九月から活動終了の二〇一六年五月までの気仙沼事務所の活動について振り返りたい。

1

「海と生きる」まちづくり

入り組んだ湾に大小の川が流れ注ぐ三陸沿岸。外海から隠れた穏やかな水域を育んできたリアス式海岸は多くの魚が寄りきたる漁場である。しかし、そこは津波も寄り上がる地勢をも有していた。この地に住む人々には、そのような幸も不幸も、神さまからの「寄り物」として受け入れるだけの覚悟と懐の深さが求められるのだろうか。

「海と生きる」――。これは「気仙沼市震災復興計画」(二〇一一年一〇月策定)に掲げられたスローガンである。一般公募の応募一四八件の中から選ばれたもので、その言葉に託された願いが次のように説明されている。

「先人たちはこれまで何度も津波に襲われても、海の可能性を信じて再起を果たしてきた。

人智の及ばぬ壮大な力としながらも、海を敵視せず、積極的に関わり合って暮らしてきた。それは、単に『海で』生活していたのではなく、人間は自然の一部であることを経験的に体得し、対等の関係を築いて『海と』生活していたとも言える。その態度が自然観や運命観、ひいては死生観となった。気仙沼の観念は海にある。いまを生きる世代が再び海の可能性を信じ、復興を成し遂げることが犠牲者への供養となり、次世代への希望となろう。理念を超えた観念をメッセージ化したものが『海と生きる』である」

「海で」生活していたのではなく、「海と」生活していたのだ、という感覚は、気仙沼のみならず、三陸沿岸に住む多くの人々にとって共通の思いかもしれない。この地域の人々にとってのコミュニティとは、生きている人間同士のつながりばかりではなく、海という大自然、そして、今は亡き人々をも含めた大きな広がりの中のつながりをさしているように思われる。振り返ってみると、気仙沼でのシャンティの活動も、もがき苦しみながらも、このビジョンを具体的に模索し、実現するかたちになっていたように思われる。

ただ、自然災害から「生命」を守るばかりではなく、人々の「暮らし」や「人生」をも守るのが、真の防災であり減災である。行政主導の復興を相対化し、住民に寄り添い、その生活文化を汲み取る復興。住民、支援者、行政の連携による地域の創生、まちづくりこそが私たちが取り組むべき課題であると考えるに至った。

ただし、当初は、どのようにお手伝いしたらいいのかまったく手探りであった。

あるときは住民から請われて、おずおずと、あるときは、「大丈夫だ。きっと何かできる」と、自らを鼓舞しながら、ようやく一歩を踏み出したのが、「まちづくり」への関わりであった。

試行錯誤の二年

二〇一一年夏、避難所での生活を経て、多くの方々が仮設住宅などへ移った。しかし、「これから先どうなるだろう」「流された家の再建の目処がたたなくて」――。多くの人々が先行きへの不安を抱えていた。「シャンティさん、話し合いに『はまって』けろ」。そのように声をかけていただいて、一緒に悩む「まちづくり支援」は始まった。

二〇一一年一一月、登米沢《とよまざわ》地区「防災集団移転協議会」が結成され、翌年、二〇一二年の一月には「登米沢まちづくり協議会」も結成され、シャンティも手伝うことになった。二〇一三年の春ごろからは、大谷、小泉地区住民による「復興まちづくり」も動き始め、二〇一四年になって、ようやく「復興まちづくり支援」がどうあればいいのか、そのかたちが見えてきた。具体的には、防災集団移転の事務局のお手伝いや建築家などの専門家をつなぐこと。「まちづくり協議会」で、話し合いを前向きに進めることや意見集約の支援。そして、被災地で活動する他の支援団体や行政との連携を進める活動などである。

見えてきた成果

「不安の中でも多くの人に支えられてここまで来ました。家を建てる日が待ち遠しいです」

——。竣工式における登米沢地区「防災集団移転協議会」会長の挨拶である。

シャンティは二〇一一年末から登米沢地区の防災集団移転（六世帯）を支援してきたが、二〇一四年三月、とうとう土地の造成工事が完了となった。

津波でわが家を流された六家族十一人は高台移転を模索していた。地権者との交渉、宅地と道路の設計、土地造成デザインの確認など、幾度も話し合いがもたれた。と言っても、われわれ自身も専門知識や経験があるわけではなく、一緒に悩むことの連続であった。建築士や専門家を招き、共に勉強しながらの手探りであった。

階上地区まちづくり協議会（「ワークショップ」2013年）

当時、気仙沼市では、全部で三八地区（九六六世帯）の防災集団移転が進行中であったが、この登米沢地区が最も早い竣工であった。二〇一五年三月時点で四世帯が自宅の再建を終えて、新しい「わが家」での暮らしを始めていた。

一方、シャンティは、二〇一三年七月、「階上《はしかみ》地区まちづくり協議会」の立ち上げを支援。それ以降、アドバイザーとして参加した。

どんな活動を行ったかといえば、地域の老若男女が集うワークショップを支援し、一年間かけて話し合いと報告会を重ね、その結果を二〇一四年二月、「階上地区まちづくり計画」として完成させた。「未来の階上地区をこのような姿にしたい」との地域住民の希望を具体的なまちづくりの計画案としてまとめ、気仙沼市長へ提案することができたのだ。

しかし、このような苦悩もあった。このまちの未来を希望のあるものにしたいのだが、同時に、震災で何が起きたのか、どのように愛する人を失ったのか。そして壊滅的であった日々の暮らしをどうやって少しずつ取り戻してきたのか。そのこともしっかり後世に伝えていかなければならない。でも、それをどのように具現したらいいのか、なかなかいい考えが見つからない。震災から五年目を迎えようとしていたころ、「階上地区まちづくり協議会」は、そのような課題についてみんなで頭をひねり、話し合っていた。

そのころ、気仙沼市は震災を後世に伝えるための遺構として、被災した「旧気仙沼向洋高校」の保存を検討中であった。津波の直撃を受けた四階建ての校舎は、外壁の一部が剥ぎ取られている。かつて校舎の周辺にあった街は跡形もなくなった。あの日、ここでも大勢の方々が亡くなった。あのときのことを伝えられる場所や建物は年月とともに消えていった。でも、この校舎の中だけは時間が止まっている。

三階の教室には津波で流されてきた自動車が裏返しになったままである。黒板には生徒の無事を確認した筆跡が残り、屋上にあがれば海が一望できる。海風を受けながら、今日の景色と、あの日、屋上で撮影された濁流の写真とを見ることができる。現在と過去を重ねることができる貴重な場所である。

「階上地区まちづくり協議会」では、この校舎を活かして、海と共に生きてきた地域の歴史や文化、自然への畏敬の心をいかに伝えてゆくのか、話し合いを重ねた。

二〇一七年一月、新たな動きがあった。すでに二〇一五年五月、旧気仙沼向洋高校の南校舎のみの保存が決まっていたのだが、それに北校舎も加え、全体を保存することが気仙沼市長から発表された。一般公開で見学した人たちの声を受けて判断されたもので、住民の意向が気仙沼市の背中を押したかたちとなった。「階上地区まちづくり協議会」も新しい段階を迎えることになった。

話は変わるのだが、二〇一二年から、シャンティは、津波で流失した前浜地区の集会所「前浜マリンセンター」の再建にも関わった。とくにこの活動が注目すべきなのは、住民の中からいちはやく再建を切望する声があがり、「住民参加」で行われたことだ。住民主体の「前浜建設委員会」が中心となって、子どもたちからお年寄りまで、地域全体が一緒になって建設作業に取り組んだ。同センターは二〇一三年九月に完成。以来、住民の憩いの場として、周辺地域や遠方から来た人々との交流の場として愛用されている。住民力が発揮された画期的なモデルとして各方面から注目されている。

まちづくりは〈受援力〉にかかっている

こうして、シャンティは、さまざまにまちづくりに関わってきたのだが、地区によっては住民の合意形成にかなり苦労したのも事実である。

ある地区では、「これは俺たちの地区のことなんだから、あんたが発言する場じゃない」ときっぱりと言われたこともある。「若僧に何がわかる」と言われた人たちもいる。その地区は、外部の人や若い人、女性を受け付けない気風があった。たとえ専門家を呼んでまちづくりを支援しようとしても、住民同士の気持ちが変わらなければ何も変わらないことがわかった。

支援を受ける力は〈受援力〉と言われる。地域住民の支え合いがなければ受援力は育たないのだと思う。その点、前浜地区の連携のよさは特別なのではないかと思われる。

住民の気持ちや人間関係が支援のあり方に大きく関わってくることを痛いほど学ぶことができたのも、今回のまちづくり支援においてであった。

活動した人たち 1

今まで見えていなかった価値を発見

元気仙沼事務所職員　三浦友幸

私の住まいは気仙沼の旧本吉町前浜にありました。震災前、私は気仙沼市内の塾で講師の仕事をしており、職場は自宅から車の距離にありました。突如として起きた強く長い揺れ。東日本大震災の発生。すぐさま、私は職場から一旦、高台に避難しました。そこでラジオで情報を集め、津波の襲来を知りました。津波は何度も襲来します。私は二時間ぐらい

三浦友幸

たってから家に戻ろうと車を走らせました。国道はすでに津波によって寸断されており、車を山奥の林道へと回して走らせましたが、そこも大渋滞が発生しており、自宅に辿り着いたのは夜七時ぐらいでした。あたりはすっかり真っ暗でした。

自宅はすでに流されたあと、そこには誰もいませんでした。お寺（清凉院）に避難しているのではないかと思い、すぐに向かうと、祖母がおり、そこで母親が津波で流されたということを初めて聞きました。

清凉院が避難所で事務局となり、やがて私は事務局長をすることになりました。そこで毎朝毎晩、情報共有や物資の分配、その他避難所内の問題解決の会議をしていました。はじめ、清凉院の敷地に事務所を置いたシャンティがどういう団体なのかは、まったくわかりませんでした。青島（寿宗）さんが避難所に来るようになり、避難所で活動があるときに一緒に協力してくれていました。そこで、シャンティの白鳥さんと出会い、当時、前浜の振興会の会長さんをされていた菊地敏男さんを通し、私と笠原一城さんに声をかけていただき、それがきっかけでシャンティで仕事をするようになりました。五月末か六月のころの話だったと思います。「避難所の事務局をやらなければならないので難しいです」と話したら、「シャンティのスタッフとして事務局をやるかたちもできるんじゃないか」と言われました。しかし、他の人たちが無給で避難所の手伝いをしている中、自分だけ給与をもらうことはできず、一旦断りました。それで、七月から、午後からだけシャンティで働くことにして、それから八月末に避難所から皆さんが仮設住宅に入ったので、九月から正式に職員として働くようになりました。

最初は会計担当でした。でも、地域の窓口だったこともあり、ひっきりなしにいろいろと電話が入り、会計よりも、人と人の間をつないでいる時間の方が多かったです。最初のころ、自分にきた話は、シャンティという支援者の立場ではなく、地域住民の立場としてシャンティの休みをとり、対応していました。

＊

私自身の大きな変化というと、震災当日もそうだったのですが、二〇一一年の六月が大きな岐路にあたると思います。気仙沼の外で働くか、地元に残るか。ずいぶん考えました。家族はすでに海岸の捜索はやめていたんですが、私だけは母親の捜索もずっと続けていました。海岸捜索と遺体安置所への往復、加えて避難所運営をしており、六月一一日、震災から三ヵ月たったときに、もう捜すのはやめようと自分の中で決めました。そしてシャンティに入り地元に残ることを選択しました。

それから、次の年、二〇一二年の六月も、私にとっては大きな転換のときでした。震災後から、自分は、地元のために震災復興に関わる活動をしていきたいという強い思いはありました。しかし本当の意味で覚悟が足りなかったというべきか、強い揺さぶりがあると、すぐに不安にかられ、常に信念をもって活動できていたわけではありませんでした。しかし、防潮堤建設に関わる署名活動を通し、自分の中で突き抜けたものがありました。そのとき、ようやく本当の意味で覚悟が決まったように感じます。

防潮堤のことについて、私は早くから関心をもっていました。二〇一二年の一月には、防潮堤問題についての東北三県の浜々のネットワークを立ち上げ、動いていました。これは、シャンティの活動としてではなく、地元の人間としての活動でした。

その年の六月、県内でついに防潮堤建設の住民説明会が行われはじめました。私は防潮堤の建設には強く反対でした。そこで反対運動の署名活動をしようと決意し、行動を開始しました。まずは地域に事前ヒアリングを行いました。各地域にヒアリングをしていくと、地域ごとにそれぞれに意向が違うんですね。仮設に入っている人と入っていない人、半壊世帯でまだ住んでいる人でも意見が違う。

私は本吉地域のさまざまな方にも相談し、少しずつ署名の内容を整えていきました。すると、それは自然と反対運動の署名ではないものに変わっていきました。要望事項は二点。防潮堤の計画を一旦停止すること、住民の意見の反映をさせること。完成したものは、いわば住民参加の署名でした。実際に署名を集め始めたのは七月の半ばから八月半ばまででした。大谷地区住民を中心に署名の対象にしたのですが、人口約三七〇〇名のうち、一、三二四名から集まり、気仙沼市長へと提出しました。そのうち、気仙沼市内では、有志による防潮堤を勉強する会が始まり、しだいに市民の関心が高まって世論が動いていきました。

署名活動はとても勇気が必要でした。もし署名が思うほど集まらなかったら、自分たちの示したいことと反対のことが署名されてしまうため、とても不安でした。また、会ったこともない各振興会の会長を集め、地域主催の署名として実施してもらうよう調整したこともとても勇気がいりました。署名をやり抜いたことで、自分が大きく突き抜けることができました。

＊

私は、幼いころから海岸で遊んでいて、原

体験がそこにあるんです。お正月には、家の神様とか、蔵の神様、船の神様に三日間、お膳を供えるんです。私にとって海岸は大切な場所、ある種、信仰にも近い神聖な場所でもありました。

防潮堤は海岸を埋め、陸と海との間に隔りを作ってしまう。三陸の人々が海とともに暮らしてきた文化、海と人との関係性に隔たりを作られてしまう思いがあり、最初は全面的に反対でした。しかし、場所によっては防潮堤が必要なところや、それぞれの利害関係もあってそうとばかりは言えない現状もやがて見えていました。

前浜もそうですけど、浜の人たちは海に対する信仰心が強いですね。防潮堤の活動で、いろいろなところから話を聞いたりすると、前浜の隣に日門《ひかど》地区というところがあるんですが、そこでは、毎年、夏のお盆の時期、砂浜で祭りをやるんです。そういう地区というのは、防潮堤に反対の方がとても多いです。海への信仰心が強いところほど反対していいます。地域の意思決定には、本当にその地域の歴史や文化が反映していて面白いです。

砂浜での祭りというのは弔いです。このあたりには「虎舞」という伝統芸能がそちらこちらにあるんですが、虎舞というのは、もともと〈虎は千里を行く〉と言われ、船旅の安全祈願と大漁祈願という意味があります。日門地区でも虎舞をやります。二〇一一年、平磯地域復興祭が行われたのですが、それが、日門の虎舞なんです。お祭りの道具が流されたので、みんなで補い合って、日門、前浜、高の三地区（平磯）合同で行ったのがその祭りです。震災の年にその祭りをやったことが、その後の日門地区の防潮堤の意思決定に大きく影響したと思います。

＊

シャンティには、二〇一四年の二月まで在籍していましたが、正直言って、地元の人間として活動することと、シャンティの一員として活動することとの折り合い、整合性がつかないもどかしさをずっと感じていました。地元の人間としては対応したいと思ったときでも、組織の一員としてはそうはいかないときもあったからです。

二〇一三年の四月ごろ、「気仙沼まちづくり支援センター」が立ち上がり、私と笠原（一城）さんが週三・四回、シャンティから出向という形で行くことになりました。同センターは、復興の円滑化をはかるために設立されたもので、防災集団移転を含む「まちづくり」の促進をメインに、各協議会への専門家派遣、市民、NPO、企業、行政とのつなぎ役のはたらきなどを担う組織でした。

私は、震災前も、都会よりは地方の方が面白いのではないかと漠然と思っていました。しかし、地域コミュニティにはまるで興味がありませんでした。震災後、避難所で地域の人たちとの濃厚な時間を過ごし、そして、何よりハッとさせられたのは、避難所の協力体制がすごかったことです。どんなに難しい問題でも、話し合いの中で、自分たちで解決の方法を考え、決めていく――。私は、なぜ、こんなふうにできるんだろう、と不思議に思っていました。おそらく、これまでの地域のお祭りやコミュニティ活動がこのような災害時の地域の強さを生んでいる。私は、それまで、地域のお祭りなどはまったく興味がない人間でしたが、今回、震災を通して新しい価値を見出したという思いでした。このときから、私の地域を見る目が変わりました。

震災は自分を変えた――。自分の中でしな

ければならないことが明確になり、普段はあまり行動力がない自分が、思いをいだいたときに、そこに向かって行動できるようになってきたように感じます。防潮堤の活動にしてもそうです。

最初、私が動いている理由は危機感でした。震災の悲惨な現状、そして大きな人口流出により、町が回らなくなる危機感。その後、地域の価値を知り、私は、地域コミュニティの力で復興は成し得るのではないかと考えるようになりました。そして、何より避難所や仮設住宅にいたときから、多くのボランティアの方々が地域を訪れ、その気持ちに触れたことが自分にとって大きかったと思います。利害を抜きで、他人のために動いてくれた人々がこんなに多くいる。その方々への感謝の気持ちが今も、自分を突き動かす大きな力になっています。

震災が起き、たくさんの人が亡くなりました。しかし、そこには無償の想いで駆けつけてくれた人たちがいて、活動を始めてくれたわけです。失ったものも大きいですが、今まで見えていなかった価値に気づきました。私は多くの方の想いに支えられて今も活動しています。今やっていることに対して常に迷いはありますが、気持ちのぶれはありません。

（二〇一五年六月二〇日）

2 住民と支援者と行政が一つになって
――前浜マリンセンターの再建

では、まちづくり支援の中でも、とくに象徴的な活動だった「前浜マリンセンター」の再建について、少し詳しく振り返ってみたい。

(1) 概要

本吉町には海水浴場としてよく知られる大谷海岸がある。その海岸沿いの道をしばらく南下すると前浜地区に到着する。このあたり一帯には、かなり昔から人が住んでいたようで、縄文時代後期から晩期に属する貝塚が発見され、気仙沼市の史跡として指定されている。自生の椿の木が多く繁茂し、地域住民とボランティアによる椿の育苗、植樹、交流などの活動も行われている。

今回の大津波によって、前浜地区にあった「前浜マリンセンター」が全壊し、流失した。震災前、同センターは、お祭りや地域活動の拠点として住民たちに盛んに利用され、文字通り、地域のつながりのセンターとなっていた。

震災後、避難所となっていた曹洞宗寺院・清凉院の対策本部に、前浜地区の住民の皆さんが集まって、被災した地域のこれからについて話し合った。その中から出てきた意見の一つが、「早くみんなで集まることのできる集会所がほしい」という声であった。しかし、気仙沼市全体が大規模に被災した状況のもとでは、行政も地域の集会所の再建までは手が回らず、その再建には少なくとも数年かかることが予想された。そのような中で、なんとか再建に向けてできることはないかと模索していたとき、前浜地域と縁のある方からの紹介で、ルーテル教会救援（ＪＬＥＲ）からセンター再建支援の申し出があった。

それを受けて、二〇一一年七月、同センター再建に関するアンケートを前浜地域振興会（他地域の自治会に相当する）として実施したが、地域内に避難所がある状況ではまだ早いのではないか、との意見もあり、しばらく時間をおくことにした。そして、前浜地域の全避難所の解散が決まった八月末、二回目のアンケートを実施したところ、「賛成」九六％、「条件付賛成」一％、「どちらとも言えない」三％という結果であった。圧倒的多数である。そこで建設に向けて正式に動き出すことになった。二〇歳から七〇歳代の地域住民、一九名からなる「前浜コミュニティセンター建設委員会」を立ち上げ、一〇月一日に第一回の会合を開き、以後、毎週のように委員会を開催し、検討を重ねていった。

このプロジェクトを進めるにあたって最も大切にされたのは、「住民参加による再建」である。

住民が再建の全プロセスに関わりながら、世代を超えて協働し、自分たちの集会所を自分たちの手で作っていく。そのことがコミュニティの連帯強化と活性化につながっていく――。そのことを中心に据えてコミュニティセンター再建が始まった。

毎週のように開かれる建設委員会の会合では、住民の意見によって何度も設計案が練り直された。男性陣は、災害時に地域の要として、存在を発揮すべき避難所としての機能にこだわった。女性陣は、楽しみながら台所の設計を考えた。年間スケジュールに想いをはせながら、さまざまなお祭りやイベントで使われる際の具体的な想定を盛り込んだ台所の設計ができあがった。

みんなが最も盛り上がったのは「ステージの設計」のときだった。まさに「地域の晴れ舞台」となるべきステージの設計では、その高さや奥行きだけでなく、楽屋からの動線や音響設備についても、話し合いは繰り返された。「いや〜その案、いいですね！」「私も早く見てみたい！」。そんなとき、私たちボランティアの役割は「合いの手」を打つことだった。その夜、住民同士で話し合いが白熱し、希望に満ちた笑顔がこぼれ、未来へ向けてのやる気が充満していた仮設住宅の集会室で、私たちも勇気をいただいた。

設計ができあがると、前浜地区の住民たちは、すぐ次の作業へ取り掛かった。建設用の作業小屋は、本職の大工さんたちが作業を始める前に住民だけで、あっという間に作ってしまった。そして、津波の被害を受けた地域内の「塩害木」の伐採作業。倒された木々は後に、住民の手で製材されて、コミュニティセンターの壁面などに使われた。この後も、センター本体の建設作業が進むにつれて、ウッドデッキのワークショップや「焼杉板」の加工と壁面作り、親柱の磨き作業、仕上げの大掃除など、住民による作業は続いた。私たちボランティアにとっても幸いだったのは、これらの作業に参加できたこと。そして、共に汗を流しながら、支援者という立場からコミュニティの一員へと受け入れられていったことである。

建設には、建設委員会と共に、ルーテル協会救援会、（公社）シャンティ国際ボランティア会、（一社）天然住宅／アンビエックスがコーディネート役として関わった。住民の意見や思いをできるだけ汲み取ることができるよう、建物の設計のみならず、住民参加作業などについても話し合いを重ねつつ進められた。同時に気仙沼市役所にも頻繁に相談しながら進められた。

シャンティは、とくに建築費、再建プロセスのコーディネートの面で支援した。さまざまな専門家の紹介、ボランティアの投入、進捗状況の広報などでも協力した。前浜地区在住で、当時、シャンティの職員であった三浦友幸が建設委員として名を連ね、同じく前浜在住で、のちにシャンティ職員となった畠山由美子、そしてボランティアスタッフの青島寿宗がメインとなって関わった。

こうして、センターの再建は「地域住民」を主体に、「支援者」「行政」の三者の協働によって取り組まれた。そして、二〇一三年九月一五日、関係各位の臨席を得て落成式を迎え、その後、二日に一、二回のペースで利用され、前浜地域はもとより、他地域との交流の場としても利用されている。

その様子について、詳しくは下記の座談会を通してお伝えしたい。前浜の人々の熱気がひしひしと伝わってくる。

上棟式（2013年5月3日）

壁の塗装（2013年６月）

完成した前浜マリンセンター

（2）（座談会）「われわれが作っているのはコミュニティセンターではない。コミュニティそのものだ」

二〇一五年五月六日　前浜マリンセンターにて

畠山幸治さん　（当時、建設委員長）

菊地敏男さん　（当時、建設副委員長）

及川一郎さん　（当時、建設委員）

左から畠山幸治さん、菊地敏男さん、及川一郎さん

前浜マリンセンター再建の中心となって活動した畠山幸治さん、菊地敏男さん、及川一郎さんに、当時を振り返り語っていただいた。

■マリンセンターの建設まで

――まず、マリンセンター再建までのいきさつについて聞かせてもらえますか。

畠山　津波のあと避難所にいたとき、集会施設がほしいという声があったんです。一部の人の声でしたけどね。そして、何回もミーティングしているうちに、東日本大震災ルーテル教会救援さんから「こういう支援もありますよ」というお話があって、説明してもらったんです。そして、じゃあ建てる方向でやりましょう、ということになって、アンケートをとったんです。

その当時、外部の人たちからみると、アンケートをとるということは画期的なことなんだそうですね。われわれは、そんなことなど知らないものですから、震災の年の七月から八月、二回やりましたね。回収率は別として、九六パーセントの人が、条件つきですが、「集会所建てた方がいいんじゃないですか」という意見で、そういう結果が出て、それに後押しされたという感じですね。

畠山幸治さん

最初は、いろいろと意見があったんです。ルーテル教会さんは宗教団体なので、それに抵抗感をもっていた人もいたと思います。それに対して説明がありました。「東日本大震災ルーテル教会救援」というボランティア団体なので、宗教は関係ありません、布教ではありません、と。それではとりかかろうということで始まったんです。

一回目のアンケートの回収率がよくなくて、六、七割しか返ってこなかったので、じゃあもう一回やろうということで、同じことを、まだ出していない世帯にお願いしたんです。

賛成の人が八〇パーセント程度だったら、私個人としてもやろうという気分にならなかったと思います。個人宛に、「なんで、仮設もできないのに集会所を作るんだ」という手紙をもらったこともありましたし……、他の地域の人からですが。

各世帯にとっては、もちろん自分の住まいを早く建てたいと思うでしょうが、集会所というのは地区の住まいです。考え方からすると同じですよね。集会所を建てるというのは、「地域の家」を建てるという感覚だと思うんです。一軒一軒建てるよりも、みんなで寄り合って、いろんなことを考える場所を作った方がいいのではないかと……。私はそういうつもりでやりました。

――自分の家を建てるつもりで取り組んだということですね。

畠山　はい……。そうでないとやりきれないですよね。そして、その年の一〇月一日、建設委員会を立ち上げました。二〇代から七〇代の人。一九名でした。私も入れてくださいと自分から手をあげてくれた人が二名いました。素晴らしいと思ったね。若いお母さんだったけれど。……途中で挫折しそうになったこともあるけどね。

――どんなときですか。

畠山　税金のことですね。それが出てきたとき、途中で、さすがに俺も「ああダメか」と思ったけれど。あれは次の年だったなあ。でも、推進力になったのは土地のことだね。三ヵ所ぐらい候補地があったんだけど、海抜が高い場所の方がいいんでないかということで、ここになったんです。普通は図面ができあがって、土地のことで何かと問題が起きるものなんだけど、スムーズにいきましたね。そんなことも乗り越えて、二年というのは長いと思っていたけど、今考えると早いね。

――この建物を建てるときの考え方も素晴らしいと思いました。地域の皆さんも一緒に作りあげていこう、ということでしたね……。

畠山　この建物のコンセプトというのは、住民も一緒に取り組みましょうということです。それから、ハイテクからローテクに切り替えましょうということもありましたね。材料も地元のものを使うようにこだわりました。柱には使いませんでしたけれども、板材は塩害木を使いました。だから建物の表面だけ見られると困るんですよ。ここに皆さんの思いがこもっているんです。

木の伐り出しも、みんなで手伝いました。そうやっていると支援者も増えました。そこで思いましたね。自分たちで動き出さないと支援もやって来ないのだと。頭でわかっていましたけど。すごかったね。いろんなところからいろんな支援をいただきました。

――そこに、シャンティもいたわけですね。

菊地敏男さん

菊地　シャンティさんにはかなり重要な面でご支援いただきました。建築費もそうだし、再建のプロセスにもずっと関わってもらって、青島さんや畠山由美子さんの広報もよかったね。それがあったから支援者が増えることにつながっていきました。

造成工事が夏ぐらいに始まったんです。びくびくしていましたね。どうしてかというと、県の担当官がきて埋蔵文化財の調査が行われたからです。何にも出てこなくてほっとしました。

それから忘れられないのは、山形県の最上町の皆さんから杉の木とコブシの木を寄贈していただいたことです。震災後には、最上町の温泉に入れてもらったり、大漁唄い込みの公演をやらせていただいたり、いろいろとお世話になって交流していたのですが、その関係もあって、「コミュニティセンターの大黒柱には、最上町の杉の木を使いたい」となって、お願いしてみたら、快く寄贈してくれることになったんです。友情の証だと思っています。最上町の「黒澤餅搗き唄」を保存している人たちと今でも交流が続いています。

■なぜコミュニティセンターだったのか

――皆さんがまだ避難所におられたとき、まず、みんなが集まる場所を作ろうという声があがったということ自体が驚きでした。そこに前浜の皆さんの強いつながりというものを感じます。

菊地　避難所がスタートして、清涼院（曹洞宗寺院）の駐車場が対策本部になっていたんですが、その当時から、何をするにも、みんなが集まって話し合いをする場所がないことには不便ではないか。少人数の場合なら、あそこのガレージでもいいんだけれども、地域のみんなが集まって、イベントをするにしても何をするにしても、コミュニティセンターがほしいな、と話していたんです。それが推進力になったのではないかと思います。

何人かの被災者が、心が健全でない時期があったんです。こんなにみんなが苦しい自分の気持ちを納得させながら頑張っているんだから、みんなが少しでも心が安まって元気になれるような場所を作ろうと思って、アンケートにOKしてくれたと思うんです。反対というのはありませんでした。前浜の人たちの絆の強さを再認識するときでしたね。

自分が参加してお手伝いすることで愛着がわきます。若い人たちが手をあげてくれたことが嬉しいね。

畠山　けっこう取材や調査でいろいろな人が来ているんです。帝京大学の先生が何回も来ています。日本公民館学会でも事例として発表されたらしいです。

――どういう点が注目されているんでしょうか。

畠山　住民が関わったということと、それから、完成までの期間が早かった、ということのようです。早稲田大学でのシンポジウムにも呼んでいただいて、及川さんと一緒に出たことがあります。あのときは楽しかった。サプライズで大漁唄い込みを歌いました。その場でやってくださいと言われて、皆さん、起立して、拍手してね……。

この地区内でも、そういうことを知っている人は一部なんです。日本公民館学会で紹介されたとか、シンポジウムに出たとか、ということをね。もっと知らせれば、盛り上がると思うから、共有しないといけないね。

及川　「前浜は昔からいろいろやってるから、その蓄積があるんだよ」と、よその人から言われるんだけど、自分たちはそういう意識はないんです。そういう巡り合わせ、というか、ご縁がなければ、われわれも待っている状態だったのではないかと思う。「そんなに作りたいなら前浜にやらせてあげっか」という天の声があったのかと思うね。手前味噌のようだけど。仮設住宅は行政が段取りして、前浜としては当たり前のことをやったまでです。

及川一郎さん

――前浜の皆さんは、昔から地域の結束が強かったんですか。

及川　親父の世代は青年団活動をやっていたんです。よその地区の人からは、「前浜に来ると、昔からのルーツというか、DNAがウヨウヨしていて、ここさ来ると汚染されてしまう」と言われるんです（笑）。「ここさ来ると嫁さんも、昔からここにいた人のような感じがする」とね。昔は、前浜の素人演芸会というのをやっていたんです。一〇月の第四日曜に。それは、今のふるさとと祭りになっています。

畠山　昔、茅葺きの屋根だったころ、六〇年スパンで葺き替えていたんです。毎年、どこかの家でやるんです。そのときは、「結いっこ」と言って、みんなで手伝いに行ったものです。私の幼いころは、そういうものがまだありましたね。前の世代の人たちが営々と築いてきたものだと思う。昔は共同作業が多かったです。だからコミュティが必要だったと思うんです。今は便利になって、俺は俺、あっちはあっち、ということになって。自己完結になっているよね。都会なんかは、とくにそうなってんじゃないの？

及川　ハイテクになったかもしれないけれど、人間もハイテクに汚染されてしまっていると思う。ケガしたら誰が責任とるんだ、ということが先に出てしまう。自分のケガは自分で責任を負う、ということでないと……。

■今後に向けて

――では最後に、前浜マリンセンターの今後について、それぞれのお気持ちを一言ずつうかがいたいと思います。

畠山　ある意味では、まだ完成していないと思っています。ここに使うために木を伐ったところに木を植えよう、という計画があるんです。それもやっていかなければなりません。それを考えているんですけど、言葉というより、そういう行為で伝えられればいいと思っています。

前浜は、新しい地域づくりのモデルとして注目されているようです。地域の「自助」。そして、シャンティさん、ルーテルさんなどの「共助」。それに行政の「公助」で、新しい公共などと言われてますが……。でも、私はそんな大げさなことは考えていないんです。三者が一緒になって自然にやってきたことだと思うんです。実際、その三者の一つでも欠けていたらできなかったと思います。役割分担ですから。税制とか許認可は行政ですからね。行政がそういうのをやると早いですね。シャンティさんは支援金とか、人脈とか、広報とか、ボランティアさんとか。

菊地　これからの地域づくりということで、一つのいい例になってくれたんじゃないかなあと思っています。今、一番問題になっている防潮堤のことなども、行政のやり方がスタートからまずかったと思っているんだけど、最初からこういうスタイルでやってきたら、今のような問題も、少しはやわらいだんじゃないかなあと思っています。

及川　夢中でやってきたので、反省点というのはとくにありません。あとはこれからですね。外構の整備にしても、いつまで、ということはないんだけれど、ともかくやっていこうと思っています。

今、防潮堤のことも話に出たんだけれども、行政とはそういうものだと思う。でも、地方分権の末端は住民であって住民に権限があるのだから、こっちから提案していくべきなんだと思う。今回のマリンセンターのように、図面まで作ってこういう形にしてください、というのも、これまであんまりなかったのではないかと思う。

国交省とか環境庁から、けっこうおしのびでここに来ているんですよ。学者さんなども来ています。モデル地区として見てくれているようです。東京で前浜を応援する会を立ち上げるという話もあるようです。

畠山　行政をたよりにしなくても、民間でできる可能性がありますよ、という、そんな話も聞きますね。ここをモデル地区にしたいようです。でも、行政を排除するわけじゃないですよ。三者で一緒にやりましょう。とにかくみんなで一緒にやる、ということだと思う。

及川 もう、賛成、反対、と言っているばかりの時代ではないんだと思う。行政は行政の立場で、たたき台を出さざるを得ないんだと思う。そういうものに対して、よければそれでいいわけで、ダメだと思ったら、こういうのはいかがでしょうか、と提案していく、そういうのが大事だと思うんです。住民提案型だね。昔からそうでなければならなかったのでしょうが、いつのころからか、中央集権だとか、地方分権だとか言われるようになってきたからであって、もともと主権在民なんだから、話し合うことで、考え方が変わってくればそれでいい。われわれから提案していけばいいんだと思う。

——ありがとうございました。

(3)「海の民」と「山の民」の友情——前浜地区と山形県最上町との交流

こうして、前浜マリンセンターの再建にあたっては、地域内だけでなく、外部の人々との連携も大きな推進力となった。とりわけ山形県最上町黒澤の人々との交流は注目すべきものがある。シャンティの副会長、三部義道が山形県最上町在住であることがご縁となって、二〇一一年の四月から五月、前浜地区の被災者を山形県最上町の温泉に招待する取り組みが行われた。避難所生活で疲弊した心と体をリフレッシュしてもらおうと、シャンティが入浴プロジェクトの一環として行ったものである。

このとき、前浜の住民と最上町民との交流も行われ、それがご縁となって、前浜の住民が最上町で「大谷大漁唄い込み」を上演する機会が実現した。最上町の町民に対して感謝の気持ちを表したいとの前浜の人たちの思いからであった。気仙沼の漁師たちによる、震災後初めての「大谷大漁唄い込み」の公演となった。

それが行われたのは震災の年の七月一七日。「大谷大漁唄い込み保存会」の住民、約四〇人が、最上町の前森高原で開催された「森の中の輪和笑（わわわ）コンサート」に出演。大漁旗をバックに、出漁姿で大漁唄い込みを力強く歌い上げ、勇壮に踊った。

「震災直後は、たのまれても、とっても歌う気持ちになんかなれなかった。でも、最上の人たちに感謝の気持ちで歌って、熱いものが湧いてきた。やっぱり、俺は大谷、前浜の漁師なんだな……。前向いていがねげねえな（いかなければならないな）」。参加した前浜の一人はこう語って涙ぐんだ。さらに、最上町の「黒澤餅搗き唄保存会」のメンバーとの交流も始まり、つながりの輪は益々大きくなっていった。

そして、前浜マリンセンターの設計が進む途上のことであった。前浜の住民の中から、「交流の証として、大黒柱に、最上町の杉の木を使いたい」との声があがった。建設委員長の畠山さんが、早速、最上町の石山登さんに打診すると、「それはとても光栄なこと」と、二つ返事で引き受けてくれた。

要望されたのは〈根幹が八〇cm以上の木〉であった。それを求め、石山さんは町内の山林を仲間と手分けして探し回ったが、八〇cmクラスとなると、樹齢一〇〇年は超えるので、なかなか見つからなかった。探し始めて三日目。とうとう明神地区の山林で見つけることができた。山林所有の大場康次さんに趣旨を説明すると、「その心意気、気に入った」と、無償で提供してもらえることになった。また、同町黒澤地区からも、コブシの木（根幹の直径約六〇㎝）を提供したいとの申し出を受け、合わせて二本がプレゼントされることになった。杉の木は四月二八日、伐採され、翌二九日に搬送された。多くの町民に関わってほしいという思いから、実行委員会を組織して伐採と搬送の費用は寄付を募って充てることにした。

こうして、前浜マリンセンターには、巨大な大黒柱が鎮座している。棟持ち柱には杉が使われている。最上町黒澤地区の方々は、その後も、度々、野菜や米などを運んで支援を続けている。二〇一四年一一月八日、前浜と黒澤は、山と海との自然のつながりや、その伝統文化を基本として、災害時の相互支援を含んだ「友好交流協定」を締結した。そして、二〇一五年九月二〇日には、大黒柱の返礼と、前浜・黒澤の「友好交流協定締結記念植樹祭」を兼ねて、黒澤神社の境内でツバキの植樹祭が行われた。その後行われた交流会では、「黒澤餅搗き唄」と「大谷大漁唄い込み」によるエール交換も行われた。

こうして、震災支援を縁として、山の民と海の民との間に、永続的な友情が芽生えたのだ。

（4）前浜は「地域力」による取り組みのモデルです――日本公民館学会でも紹介

上記の座談会でも言及されていたように、前浜マリンセンター再建の取り組みは社会的にも評価された。
たとえば日本公民館学会において山本秀樹氏（帝京大学）と千葉一氏（東北学院大学）は、学術誌において次のように紹介している。この活動の意義を振り返る上で重要と思われるので、その一部を引用させていただきたい。

（「津波被災地における住民主導の公民館再建――宮城県気仙沼市前浜地区マリンセンターの事例と課題」『日本公民館学会　年報　第十一号』二〇一四年一一月）

――本事例（前浜マリンセンター再建）は、広汎な東日本の被災地の中で気仙沼市前浜地区という小さな地域の事例であるが、非常に重要な教訓を与えている。
この「前浜マリンセンター」は公設の公民館ではなく、住民が主体で運営されている「自治公民館」である。その総事業費七、九〇〇万円は、税金でなく民間の資金で賄われている。海外を含め、被災地以外の外部団体（世界ルーテル連盟、シャンティ国際ボランティア会等）の支援という協力があったにせよ、行政の手を殆ど借りずに、住民がこれだけの復興事業をやり遂げたという点で住民たちが尽力したことはお金に換えがたい価値があり、この地区住民の「地域力」に驚かされる。

この再建のプロセスの中には、住民参加を促す仕掛けも随所にある。木造の建物の外壁の塗装を住民が行っているが、切り出した木材は製材業者へと運んで、製材作業、乾燥を行った。柱と柱の間にパネルをはめ込んでいくという工法も専門家から教わりながら、住民たちが行った。これらの作業には子どもも参加しており、杉を焼いてくぎで止めた後の、くぎの穴を塗装する作業である焼き杉工法に携わった。若い世代、とくに子どもがこのような過程に参加するという体験を通じて、将来にわたって自分たちがこのマリンセンターを作り上げたというオーナーシップの意識が地域に定着することが期待される。

新しいマリンセンターは、環境に配慮して木材を使用したことや自然エネルギーの利用というコンセプトで設計されており、環境・社会・経済および文化に配慮しており、ESD（持続可能な開発のための教育）の視点からも適切な学習の場である。そして、学びの場である公民館（マリンセンター）の再建ということ自体が、「この地域の持続可能な開発とは何か？」というテーマとなっており、災害復興・防災において、公民館・CLC（Community Learning Center）が果たすべき役割を呈示している。……（中略）……

上棟式の餅まき用の餅も、餅つき器でなく杵でつき、近隣の住民が手でこねて作った。生産性や効率を重視するのではなく、このような行事に手間をかけて参加することにより参加者の間で人間関係が形成される仕組みである。餅米も、愛知県豊橋市の小学校で小学生が作り、寄贈された餅米を使っている。前浜地区の「大漁唄い込み唄」と「餅つき唄」の交流を通して、山形県最上町黒澤地区の人々との交流が深まるなど、閉ざされた地区内だけにとどまらず、外部とのチャンネルが活用されている。……（中略）……

公民館は、「共助」の力を醸成する場として最適であるが、その公民館（自治公民館）自体を、行政の力を殆ど頼らずに自分たちで再建した取り組みに学ぶ事は多いと考える。東日本大震災後、三年半が経過したが（二〇一四年九月現在）、一般世論でも「復興が進んでいない」という声が大きい。復興庁の提言でも、応急仮設住宅や災害復興住宅における集会所の役割を重視している。公民館や集会所の建設の優先度を高めていくこととともに、運営を行う「住民力」の力を強化する仕組みづくりが重要であると考える。前浜地区の取り組みがその解決策を提示する鍵となることを期待する。——

活動した人たち 2

わがふるさと、前浜

元気仙沼事務所職員　畠山友美子

畠山友美子

幼いころから親しんできた「前浜マリンセンター」が津波によって流されてしまいました。このセンターは宮城県気仙沼市本吉町の大谷地区前浜地域にある、地域の自治会館です。地域の役員会や新年会、敬老会、子ども会、お祭り、有志によるイベントなどが行われる施設でした。

二〇一一年三月一一日、震災直後、避難所となる場所で、「マリンセンター、まだ建でっぺし（マリンセンターをまた建てましょうよ）」と言った地域の方がいたそうです。のちに、前浜マリンセンター再建の建設委員長は「最初はびっくりしたねえ、まだ住宅再建もされでないのにそんなごど言うんだがらね」と言っていました。そのこと一つとってもマリンセンターがどれだけ地域の方に愛着をもたれていたかがわかると思います。

こうした地域の皆さんの強い思いを受けて再建へと動き出しました。「前浜建設委員会」が立ち上がり、建設委員長が私の叔父だったため、「あんだも建設委員だがら」の一声で私もメンバーに入ることになりました。

再建時で、最も前浜らしい、と私なりに感じたことを紹介すると、「できるだけ自分たちでできる作業は自分たち住民で行う。作業を見に来るだけでも参加」と決めて、壁の焼き杉作業やデッキ作り、柱建て、作業所づくりなど、建設の過程で必要となる作業について、自分たちでできることはなるべく自分たちでやろうという姿勢です。それも、楽しく無理せず、みんなで行う――。

建設委員長がよく言っていたのは、「コミュニティセンターをつくってるんじゃないんだよ。コミュニティーをつぐってんのっさ」。再建時から住民が参加することで、再建後も愛着をもって利用してもらうことができます。それに、震災後には住民が集まる機会が減ったので、少しでも集まって協同作業の機会を増やすことができます。つまり、コミュニティセンターをみんなで作ることで、「コミュニティーづくり」がすでに始まっていたのです。

当時、シャンティのボランティアスタッフだった青島寿宗さんが前浜マリンセンター再建の担当となり、地道に支援者などのつながりを増やしていきました。当時、私はまだシャンティ職員ではなかったのですが、青島さんと一緒に、前浜地域の人々に、再建の状況をお知らせするための広報誌、「前浜マリンセンター造っぺ誌」を継続的に作成しました。誌上で住民作業の報告をしたり、支援者を紹介したりしました。ご高齢の方など、作業に参加できない方も、「これで活動の様子を見ることができる」と、好評でした。

　再建後、マリンセンターは、二日に一、二回のペースで利用され、前浜地域外の方も利用しています。ただ利用していただくだけでなく、このセンターがどんな人によって、どのように作られたのかについて理解して利用していただき、その精神を次世代へつないでいただきたいものだなと思います。

（二〇一五年五月八日）

活動した人たち 3

本吉での体験を全国の寺院に伝えたい

元気仙沼事務所職員　青島寿宗《あおしまじゅしゅう》

青島寿宗

　二〇一一年三月二五日、私はシャンティの職員として東京から気仙沼に向かうことになり、初期の救援活動に携わりました。そして、その年の一一月末、職員をやめて現地に常駐して関わるという選択をしました。

　私は静岡県浜松市の海の近く、曹洞宗寺院

の僧侶です。静岡では三〇年以上も前から地震が起こると言われ続けていながら、津波に備える意識が高まっているとはいえません。しかし、気仙沼、本吉で目にした状況は、自分の町にも起こりうることかもしれない。そう思うと他人事には感じられませんでした。

いつ起きるかわからないそのときのためにも、これだけの被害を受けた町がどのように復興に向けて進んでゆくのか、いろいろなことを知っておかなければならないと思いました。

今回の震災では多くの寺院が避難所となりました。「災害時には寺は頼られることになるぞ」と、実際に体験されたご住職から教えられました。備えておけばよかったこと、役に立ったこと、困難だったことなど、さまざまな気づきや教訓があったようです。実際に災害が起こったら、それまでに備えていた物資や知識、そして覚悟しかないのだと思いました。

気仙沼事務所ではさまざまな事業のお手伝いをさせていただきましたが、前浜マリンセンター建設に関わらせてもらったことはとても大きな体験でした。前浜の人たちは二〇代から七〇代の人々で構成する建設委員会を立ち上げました。再建にあたって、皆さんは、まず「ステージがほしい」と言いました。踊りや唄を演じるところが絶対に必要である、と図面の組み立てが、ステージから始まっていったのです。一緒に踊ったり唄ったりすることがどれほど皆さんの元気の源になっているのか。伝統文化が果たす役割の大きさを感じるとともに、シャンティの活動がなぜ文化を大切にしてきたのか、その原点について、より理解できたように思いました。

委員の人たちだけでなく、地域の人たちみ

んなで建てる前浜マリンセンターでありたい、建ててもらうのではなく自分たちで建てた、という気持ちになるように。そう考えていろいろ工夫しました。できる範囲で、自分たちで木を切り倒し、製材して、運んで、自分たちで杉を焼く。たとえば津波で被害を受けた木があったんですが、何とかコストを浮かせるため、そして津波のあったことを伝えるためにそれも使いたいと考えました。そして強度について調べてもらって壁材として使うことにしました。落成式のときにはお母さんたちも参加してお餅をまるめて、歌って踊って祝いました。こうして住民、ボランティア、行政が一体となって再建したのが前浜マリンセンターです。行政にたよるばかりではなく、住民主体となって動くことで「自分たちの望む場がつくれる」「こういうことができる」という一つのモデル、前例になったと思います。

その後、少しずつ復興していく町の姿をみて、今回の体験を自分たちのこととして考えなければならない、全国の寺院に伝えなければならない、という思いが益々強くなりました。現在は、浜松の寺に戻り、副住職として仕事をしています。お寺を会場として、災害時にどう対応するか、緊急時のシミュレーションを行ったりしています。それから、シャンティも加盟している「仏教NGOネットワーク」の活動の一環として、「防災寺子屋」のワークショップの講師として地元や全国の寺院をまわる活動を行っています。

（二〇一六年二月二九日）

3

悲しみを分かち合える仲間がいる

――子どもを亡くした親の集い「つむぎの会」

ある日、一人の婦人が訪ねて来て

死者・行方不明者が一万八千人を超えた東日本大震災は、死生観などを根源から問い直さざるを得ない状況も生みだした。そんな中で、いかに生き、いかに死を迎えるか。愛する人を喪った後、いかに生きるか。そして、その人をいかに支えればいいか。そのような人生の最重要課題をも大きく浮き彫りにした。

それは身近なところでも体験したことである。二〇一一年七月のある日、気仙沼市本吉町出身の一人の女性が当会の気仙沼事務所を訪ねて来た。

「私の弟夫婦が、津波で子どもを亡くし、気落ちして、今も何も手がつかずに苦しんでいます。親を亡くした子どもは注目されますが、子どもを亡くした親のことは注目されません。何とか、子どもを亡くした親のための集いを作ってもらえないでしょうか」

その言葉はとても重かった。シャンティはその方面に関する専門的な知識や技術を有する団体ではない。でも何とか力になれないものかと考えた。しかし、その女性は、いちはやく仙台の「自死遺族の会」と直接コンタクトをとって協力をとりつけ、比較的早い時期に、集いの開催まで漕ぎ着けることができた。当会が運営のサポートをすることになり、二〇一一年の八月、「震災遺族の会」として、第一回目の集いを行うことになった。

最初の参加人数は一三名。その後、名前が「つむぎの会」に変わり、毎月、第一日曜の午後一時から五時まで、場所も本吉の公民館で行うことが定例化していった。

この会の立ち上げを手伝ってくださった「仙台自死遺族の会」の主宰、田中幸子さんの意向もあって、佐藤良規住職（岩手県一関市・藤源寺）に、三回目から来ていただくことになった。運営をサポートするスタッフは、当初、話し合いの中には入らなかった。参加者の様子は憔悴しきっていて見ていられないほどだったという。

では、その後の様子はどうだろうか。二〇一六年三月に行われた集いでは、「あれから五年過ぎるのに、まだ息子のアルバムが開けられない」「子どもの同級生だけが大人になっていくのが不思議な気持ち」「いろんな思い出が甦って胸がいっぱいになるから、まだ言葉にはできない」。このように語る母親たち。その一方で、「自分のように苦しんでいる人がいたら、少しでも助けになれるかもしれない」と言えるようにもなってきた。以前は、精神的に落ち着かず、周りに反発もしていたのだが、そのころからくらべると驚くべき変化である。参加者の皆さんも少しずつ前に進んでいることを実感している。ありのままの気持ちを分かち合える仲間がいることが支えとなっているのだ。

そこで「つむぎの会」にずっと寄り添ってきた佐藤良規さんに、この会に関わることになったいきさつとその後の様子についてお話をうかがった。

〈インタビュー〉「つむぎの会」と私

岩手県一関市　藤源寺住職　佐藤良規

佐藤良規さん

「つむぎの会」に関わった経緯

——佐藤さんが「つむぎの会」に関わるようになったのはいつからですか。

今の「つむぎの会」がスタートして間もないころのことです。「こういう経緯で立ち上がったんですが」と、シャンティの職員の方からお話があって、初めて参加したのは、たぶん、三回目のときだったと思います。「一〇月か一一月に来てもらえませんか。なぜなら、そこに集まって来る親御さんたちは、お坊さんに聞いてみたいお話もあるようなんです」ということでした。「つむぎの会」の立ち上げを手伝ってくれた田中幸子さんという方がおられて、仙台で自死遺族の会を主宰なさっている方なんですが、その方が、お坊さんの重要性を感じている方だったこともあって、お坊さんを何らかの形で、そこに呼べないかということでもあったようです。最初は、「沿岸地域で適任者の方はいませんか」、というお話だったかもしれませんが、沿岸のお坊さんはどこも大変で、その流れの中で、シャンティにご縁があって直接の被害がなかった私に「よかったら、次の会に来てくれませんか」ということだったと思います。

集まっていた人数。そのときは七、八人だったような気がします。重責を引き受けたんだな、という緊張感がありましたね。

活動の様子

――これまで、「つむぎの会」はどんな活動に取り組んできたのですか。

最初のときは、「つむぎの会」の参加者の皆さんの関係性もまだまだできているわけではない状況だったので、それぞれが、どういうふうに辛いのか、どういう思いでいるのか、など、ぽつりぽつりとお互い独白していくような状況だったと思います。

お坊さんだから何か話を聞きたい、というのではなく、こちらが話を聞かせてもらうという感じでした。その一つ一つがあまりにも辛いものでした……。午後一時から四時ごろまで、私自身、泣きながら、ひたすら皆さんの話を聞いている状態でした。

今でも、「つむぎの会」のお母さんたちが、よく覚えていて、そのとき、僕がずっと泣いていて、ハンカチがなかったものだから、「箱ティッシュから、ずいぶんティッシュを使って泣いていたよね」と言われます。泣くしかありませんでした。

最初のころは、「二ヵ月に一回ぐらいでどうですか」ということでした。毎回、お坊さんがいるのもどうか、ということだったと思います。でも、このお坊さんなら、また来てもらってもいいのではないか、ということになったようで……。

最初の一、二年は、「今、世の中はこうだけれども、自分は辛い」「こういうことがあって辛かった」。「そうだよね」と、お互いに話し合うような会だったと思います。それが徐々に、それ以外の世間話の割合が少しずつ増えていって、今では顔を合わせるのが目的、という感じになってきました。

「つむぎの会があるよね」と、この会があることが、一ヵ月を過ごす支えになっている感じですね。「気がねなく自分の思いを話せるのは、この会しかない」という感じでしょうか。「つむぎの会があることで、嫌なことがあっても、またみんなに話せる」とか、「みんなも頑張っているんだよな」と励みに思える。だんだん他愛もない世間話が多くなり、時に「こういうこと言われたんだよ」というふうに、自由に話せる場になっています。

二年ぐらい過ぎたあたりから、お母さんたちも、徐々にバカ話をして、笑えるようになってきました。その変化もすごいなあと、分かち合うことの力を感じています。

仙台の田中さんは、今は、年に一回、来てくださっています。会に来るのは、お母さんが多いですね。年に一回は、お父さんたちにも来てもらおう、ということで、男性はシャイでお酒がないとダメだと思うので、忘年会のような形で行っています。そのときに田中さんにも来ていただいています。

元シャンティの職員だった三浦友幸さんと私が運営の担当をやっています。事実上、三浦さんが黒子役を引き受けてくれていて、連絡とか、場所の確保とかやってくれています。シャンティがバックアップしてくれています。場所は本吉の公民館です。毎月、第一日曜の、午後一時から五時まで。新しい人はあまり来ませんね。毎回、三、四人、来ています。連絡を取り合う参加者の仲間としては全部で八人ぐらいいます。地元紙の『三陸新報』でも掲載してくれるので、それを見て、〈いつか、行ってみたい〉〈こういう人たちもいるんだ〉ということが伝えられればいいと思っています。実際に、ぽつりぽつりと「こういう会があるのは知っていたけどなかなか来られなかった」と言って参加する方もいます。

震災当時は、いても立ってもいられず来た、という人たちがいたのだと思いますが、今になって、生活自体はいつも通り回るようになって心のゆとりができてきたのかもしれません。でも、何か消化し切れない気持ちが沈殿しているという人は来てくれればいいのですが、今から行こうという人は来にくいのかもしれません。そこは課題かもしれないと思います。

ただ、素晴らしいなと思ったのは、初めのころには、自分たちの辛い思いを語るしかなかったお母さんたちが、二〇一四年ぐらいからですね、「同じように苦しんでいる人がまだまだいるはずだ。私たちはその人たちの力になれるかもしれない」と言い始めたんです。そのことに驚きました。そこまで他人のことを思えるまで生きる力が湧いてきたんだな、と思っています。そんな日がくるとは、会が始まった当時は想像もできませんでした。

お坊さんに対する思い

――お坊さんがそばにおられるということは、励みになっているんじゃないでしょうか。

最初のころは、お坊さんに聞いてみたいことがある、ということも言っていました。葬式や法事、死後の世界についてや、自分の近くにいるお坊さんに対する思いですよね。それをぶつける場所がないということでした。

家族を亡くした人にとって、葬式、法事というのは、とても重要な意味をもっています。とくに、この間の震災のように悲惨な状況のときは――。葬式とか法事というときにいい方向に気持ちの舵を切ることができればいいんですが、そこで、よけいに気持ちをこじらせてしまうことが少なくなかったようで、そこで、私がそのはけ口であり、フォローする役割でもあったようです。

たとえば、遺体が見つからなくて、やむを得ず合同で葬儀をすることになったご両親がいるのですが、子どもさんを亡くしたそのご両親に対して、菩提寺のお坊さんが何と言ったかというと、「子どもにとって、親より先に亡くなるのは最大の親不孝だ」と言ったそうです。その子どもたちがどうなったかと聞くと、「恐山のようなところ、賽の河原というところに行って功徳を積む。小石を積んで山にする。それを鬼が来て崩してしまう。そういう苦しみを味わっているんです」と言うんだそうです。

「罪のないうちの子どもは津波で死んだだけでもかわいそうで仕方がないのに、あの世に行ってまで、なんでそんな仕打ちを受けなければならないんでしょうか。そう考えると、気持ちのやりようがない。でも、本当にそうなんですか、和尚さん」と聞かれました。そういう話はたくさんあります。

菩提寺の和尚さんからこう言われた、とか。それから近所のおばちゃんたちから、「いつまでも泣いていたら子どもは浮かばれないんだから、いつまでも泣いていたらダメだぞ」と言われるとか……。

「子どもがいなくなったことで悲しくて悲しくてしょうがない。泣いていることでも子どもを苦しめているのなら、どうしようもない。どうしたらいいんですか」、ということだったり……。

これは、私もハッと思ったのですが、遺体が見つからないから葬式も出せない。出す気にもなれない。でもお盆が来てしまう。本当だったら家に魂を迎えなければならないのに、葬式をやっていないから迎えるわけにいかない。葬式はしたくないんだけれど、もし死んでいるとしたら、帰るべきところがない、というのは申し訳ない。どうしたらいいのか……。

またある方は、家が流されて、仏壇も位牌もお墓も流された。子どものあらゆるものも流された。写真も服も……。自分に子どもがいたのかどうかさえ、よくわからなくなってきた。子どもがいたという証拠は思い出しかない。戸籍みたいなものはあるのかもしれません。でも、子どもがいたのだという事実が信じられなくなりそうで怖くて仕方がない。そういう人もいました。そういうお話は震災の次の年ぐらいまで、時々、ありました。

もう一つ、これは大きい話だと思いますが、震災後、チベットのダライ・ラマ法王が仙台と石巻に来ました。その話を聞きに行った方のお話ですが、法王がお話の中で、この津波は、人類にとっての因果応報だ、と言ったそうです。「大いにがっかりした。人類の業でそれが起きたにせよ、なぜ、それがうちの子どもたちであったのか」——。そういうことを語る人もいました。お坊さんだから聞いてみたい、聞いてもらいたいということも、たくさんあるんだなと感じました。

宗教者に問いかけられているもの

——深刻な話です。宗教者、とくにお坊さんに問いかけられているものは大きなものがありますね。

自分にはホスピスのボランティアの体験が下積みであったので、そういった問いかけというのは、問いかけ自体が目的なんだと思っています。答えをもらうのが目的ではなくて、問いかけをしたい、というのが目的。でも、それに対して言いようがないというのが辛いところです。僕に対してでも、誰に対してでもいい。ぶつけられればいい。本音をぶつける誰かがいる、それが一種の救いであると僕は思っています。

でも、「つむぎの会」というご縁がなければ、被災者の方が、どんなことで悩んでいて、それに対して、周囲のお坊さんたちがどんなふうに対応しているのか、ということはわかりませんでした。

私たち坊さんは、普段、お葬式や法事のおつとめをしていますので、われわれにできることはこれだと思って、つい追悼法要や慰霊行脚みたいなものをやりたくなるんです。もちろん、それは悪いことではありません。でも、それはお坊さん側のステレオタイプで、自己満足になってしまうおそれがあります。お坊さんの側に立って向き合うのではなく、被災した皆さんの側に立って寄り添うことが大事です。そのためには、一緒にお茶を飲んだり、涙を流したり、いたたまれない思いでその場に一緒にいる、ということがないとだめだと思います。

震災後、そういう観点から、臨床宗教師や臨床仏教師というものができましたが、そういう肩書きがあるなしにかかわらず、そういう苦しみを抱えた人々に寄り添う場に出てゆく宗教者が必要だということだと思います。カフェ・デ・モンク（宗教者が軽トラックに喫茶店の道具一式を詰め込んで被災地を巡る「移動傾聴喫茶」）が評価されたのはそういうところなんだろうと思います。

私はお坊さんという特殊な立場にあるから思うんですけど、ふつうは、亡くなった人のことを話せる人、相手というのは他にいませんよね。「この間、亡くなったお父さんはこういう人だったね、ああいう人だったね」ということはなかなか言いにくい。憚られます。でも、お坊さんは故人の話を遠慮なく話せる相手です。もちろん、信頼関係は前提にあるわけですが……。四十九日、百か日という機会に故人のことを共有するわけです。

本来、そういう立場にあるからこそできることが、ものすごくあるのだと思います。それだけの重みと責任というものをお坊さんはもっと自覚しなければならないと思います。

震災に限らず、どのように人の助けになるかと考えたとき、自分はどうあるべきか、本当のことを知りたい、というところにいくしかない。その探究の中から、〈ああ、答えはすでにあったんだ〉、という気づきになるのだと思っています。

――ありがとうございました。

4

あつまれ、浜わらす！——子ども支援からNPO法人へ（二〇一一年三月〜二〇一五年八月）

居場所づくりと学習支援

シャンティが気仙沼で活動を始めて間もなく、被災した人が少しでも心身ともにゆったりできるような場所を提供したいと考え、シャンティは〈居場所づくり〉を模索しはじめた。もともと教育支援の団体なので子どもたちの様子が気にかかる。同じ時期に気仙沼に入った「特定非営利活動法人日本冒険遊び場づくり協会」が「あそびーばー」という子どもの遊び場の活動を始めていたので、協同で「青空カフェ」の活動を行うことにした。

学校の校庭を埋め尽くす仮設住宅。そこから学校に通う子どもたち。震災後初めての夏休みになっても子どもたちは遊ぶ場所さえなくなっていた。

「気仙沼の子どもたちに勉強を教えるボランティアは必要ないでしょうか」——。震災の年の春、鶴見大学の学生ボランティアチームからこういう相談が寄せられた。たしかに震災の影響で始業式も遅れ、教師たちは授業の遅れを心配していた。大谷小学校の先生方に相談すると、「こうした厳しい状況の中で生きていく力をつけていけるかどうか、私たち教職員に託されている。ぜひ協力してください」との言葉をいただいた。そして学習支援の場が実現することになった。その他にも各地の学生ボランティアチームから問い合わせが入るようになって、津谷小学校でも長期の休みを利用した学習支援の場が設けられた。こうして子どもたちの学習支援の場「まなびーば」がスタートし、二〇一一年と二〇一二年の夏休みに各地から学生のボランティアチームが気仙沼を訪れた。

まなびーばの活動

しかし、その後、支援要請が少なくなったこともあり、この活動は長くは続かなかった。夏休み中のボランティア受け入れが学校側にとって負担となっていた面がなかったとは言えない。ただ、大谷小学校に関しては、学校側がとても意欲的であり、長期の休みの期間には必ず「まなびーば」を開催したこともあって、学校側と学生ボランティアの間には強いつながりが生まれていた。

二〇一一年の秋ごろであった。気仙沼事務所の職員だった東さやか（以下、東）は、このような支援のあり方に疑問を感じ始めていた。「調整役だけでいいのだろうか。もっとやらなければならないことがあるのではないか。勉強の遅れを取り戻すことも大事だけれど、苦悩する大人や瓦礫の山に囲まれた中で、子どもたちは何か思っていることがあるのではないか」「何ごともなかったかのように、以前のような『日常を取り戻す』だけでいいのか。目を伏せたい『事実』と向き合いながら日常を取り戻す、ということはタブーなんだろうか」「あの震災を目にして、何か感じている子どもがいるとしたら、シャンティだから、つまり被災していない外部の団体だからこそできることがあるのではないか」。

そう考えて、東は「子どもの心のケア」を大切にした活動を提案した。

子どもの心のケア

大学で心理学を専攻したこともあって、東は子どもたちの心の内面に強い関心をもっていた。その意欲が買われて、東は二〇一一年の秋、サンフランシスコで心理療法の研修を受ける機会に恵まれ、そのとき、アートセラピーという手法があることを学んだ。それは絵画を描くことなど、芸術活動を通して行う心理療法のことで、絵画療法とか芸術療法とも言われる。東は閃いた。この手法を使って、日常生活の中で、子どもたちが自由に表現できる時間をつくることが必要なのではないか——。

このアイディアを組み込んで、二〇一一年の冬休み、「まなびーば」の時間を利用して、子どもたちに好きな絵を描いて、自分の気持ちを表現してもらう、というプログラムが始まった。そして描かれた絵から物語をつくり、さらに絵本をつくるという活動も行った。この企画は、アートセラピストや心理学者など、専門家の監修をいただいての実施だった。

描いた絵を見ると子どもたちの内面がしのばれるようであった。ゲームのキャラクターを描く子や友だちを描く子がいる一方で、一枚目は海のかわいい仲間たちを描いているのに、二枚目の絵は津波で家が流された絵を描く子ども。何かが崩壊している絵、白と黒しか使わない子どももいた。これらの絵をもとにやがて絵本をつくることも考えた。

「心のケア」は、決して学校の教育カウンセラーのところに行くことがすべてではない。日常の中に心のケアを取り入れていくことで自然な流れで心を癒していくことができる。子どもにとってもとても負担が少ない。心に秘めたこと、いじめや家庭の悩みを抱える子どもたちがいたとしたら、何人の子どもが学校のカウンセラー室のドアを叩くだろう。誰かに見られたら、みんなにいじめられていることがわかってしまう。ばれたらもっといじめられる、恥ずかしい……。そういうことを考えるものだ。実際、大谷小学校に緊急支援として設置された子どもたちのカウンセラーは誰も活用することなく、学校側から打ち切ることになった、と当時の教頭先生は話していた。

二〇一二年の春休みには、「地元のいい所を発見する」というねらいの企画を行った。まず、こちらがこの地域の文化や自然を含めた物語をつくり、それを音読して聞かせ、子どもたちに自由に絵を描いてもらうという取り組みであった。地元のよさに気づくことで地元のことを好きになってもらうことが目的であった。津波があったせいで地元のことを嫌いにならないでほしかったのだ。

そして、同年四月一一日、とうとう絵本『ぷんぷん谷』が完成した。そのもととなった絵は、年末年始の冬休み、大谷小学校で行われた「Book for the Future 子どもたちの描く声」に参加した子どもたちが描いた絵である。ぷんぷん谷に住む主人公がいろいろな世界を旅する物語。人間の弱さや強さ、喜びや悲しみが描かれている。手にした子どもたちは自分たちの絵が本なったことに大喜びで夢中になって読んでいた。この絵本は三〇〇冊印刷し、気仙沼市内の小学校はじめ、宮城、福島、岩手の図書館などにも届けた。

こうして子ども支援はしだいに活性化していったのだが、その一方で、東は限界も感じ始めていた。

「絵本づくりはあくまでも自分の気持ちを表現するためのきっかけづくりです。絵を描いて表現するのが好きな子もいるし、嫌いな子もいる。だから、絵を描くことに縛ってはいけないのではないかと思いました。気持ちを表現して発散したら、それで終わりなのでなく、子どもたち自身がその闇と向き合うことも必要ではないかと思いました。でも、日常の中で、どうやったら無理なくできるのだろう、と考えていました」

こうして、二〇一二年の夏から、ひたすら「まなびーば」に協力しつつ、取り組んできた絵本づくりであるが、二〇一三年の春、学習塾の再開も見られるようになったころから、この活動を続けるべきかどうか意見が分かれるようになっていった。

タブーへの挑戦

ちょうどそのころであった。「子どもたちを海で遊ばせる活動をしたいと思うんだけど」――。

ボランティアスタッフの須賀良央がこう切り出した。事はその一言から始まった。

この言葉を聞いて、東も、周りにいたスタッフたちもびっくりした。これまで、子ども支援に関わっていなかった須賀が言い出したこと自体が驚きであったが、トラウマという難しい課題もある。そうでなくても「まだ早い」というのが大方の思いであった。

「でも、やり方によっては、本当にこの地で必要な活動となるかもしれない」。東はそう思い直した。そして、どうしたら、子どもたちが表現できて、また、海に親近感がもてるだろうか。東と須賀は、何度も話し合い、考え続けた。それにしても、私たちには「心のケア」や「トラウマ」などについての基本的な知識が欠けている。もし、子どもたちを海に連れていく活動をするなら、ちゃんと子どもたちにとっての段階というものを踏まなければいけない。大人たちもそれなりの知識が必要となる。思いつきで進めることなどできない――。こうして話し合いを重ね、活動の目的を明確にしていった。そして、この活動を「あつまれ、浜わらす！」と命名することにした。「わらす」とは、気仙沼地方の方言で、「わらし（童子）＝子ども」という意味である。

まずは、専門家の先生に、私たちの考えが妥当なのかどうか、相談したいと思った。そして、宮城県名取市で震災後の心のケアを行っている桑山紀彦先生（ゆりあげクリニック・医師、NPO法人「地球のステージ」代表）にお会いして、浜わらすの企画の話を聞いていただいた。私たちがやろうとしていることの必要性や危険性、どのように実施していくかなど、順次、相談に乗っていただくと、「いいんじゃないですか。私も応援します」と、有り難い言葉をいただいた。そして、後日、研修会を開いてくださり、子どもたちの「心のケア」や災害後の人間の反応など、心理学の基本的な知識を学ぶことができた。一人の専門家だけに偏らないように、他の心理カウンセラーの人たちにも来ていただいて、さらに勉強する機会を重ねた。

そのころ、この活動に協力したいと手をあげてくれるボランティアスタッフが数名現れた。少しずつ地元の協力者も増え、さらにリアス・アーク美術館の学芸員、山内宏泰さんや気仙沼ライフセービングクラブの指導員、小山大介さん、そして株式会社銀河自然学舎の紺野祐樹さんなど、専門的な知見や技術をもった協力者とも出会うことができて、数々の貴重なアドバイスや励ましをいただいた。それがとても心強かった。

気仙沼ライフセービングクラブの小山さんには、毎年、プログラムを開催する前に心肺蘇生法講習（ＡＥＤの使い方や水辺の安全管理法）や、現場の海岸で水難事故防止訓練を行っていただいた。水の冷たさや当日の危険予測、そして、おぼれた人の気持ちを少しでも理解するために、海に飛び込んで助けを呼んだり、あるいは助けたり、という訓練を行った。

こうした準備を経て、二〇一三年の春、いよいよ「あつまれ、浜わらす！」実行委員会を結成した。スローガンは「海と向き合う」。震災や津波を経験した子どもたちが海に対して畏敬の念をもつこと。遊びや学びを通して大自然が多くの恵みや喜びを与えてくれるものであることに気づくこと。それが目的であった。

このまま津波によって海を避けていていいのか。何が起こっているか知らなければならないのではないか。いざ災害のとき、自分はどう動けばいいのか。生きるためにこそ、それを知るべきではないのか――。

一緒にみんなで向き合うことで、心の傷を少しでも埋めることができるのではないか。辛いことを一人で心に塞ぎ続けることはとても痛く苦しい。そのことを話すことは恥ずかしいことではない。いつ話してもいい。今じゃなくてもいい。いつかまた話せる仲間をつくってほしい。私たちはその「きっかけ」になりたい――。そんな願いを込めた活動だった。

「あつまれ、浜わらす！」開始

二〇一三年の夏休み、五回（六日間）に分けて、最初の「あつまれ、浜わらす！」を開催した。このときは、全日程に参加可能な子どものみを対象とした。なぜなら、子どもと海との距離を段階的に近づけていくことで、子どもの様子や反応をスタッフがしっかり把握し、二次的トラウマなどを避けるためである。募集人数一〇人に対して応募は四人であり、しかも全員女の子。少なかったのが残念であったが、保護者がこの活動の趣旨を理解し、参加に同意してくださったことが嬉しかった。責任も感じた。それだけに、どのスタッフにも緊張感が漂っていた。「子どもたちが津波の話をはじめたらどう応える？」「子どもたちが海に行きたくないといったらどうする？」。いろいろな状況を想定して対策を練った。

砂遊び

最初の年のプログラムは次の通りである。

【プログラム内容】

下記①から⑤に進むにしたがって、子どもたちが徐々に物理的・心理的に海に近づけるような流れになっている。

> ①「漁港での魚釣り」＝漁港は陸であり、その前に海がある。
> ②「砂遊び」＝砂浜は人間界と海の間を行き来できる中間地点。そこで砂遊びをする。
> ③「磯遊び」＝磯は海の中と考える。干潮のときは陸に見えるが、実際は海の中と同じ。満潮になればまったく人間の世界ではない。その磯で遊ぶ。
> ④「海と向き合う」＝リアス・アーク美術館で二日間のワークショップを行う。
> ⑤「お楽しみ会」＝日門海岸で、バーベキュー、海遊び、花火など。要するに全プログラム参加へのごほうびのような時間である。

①から③へと体験を重ねるにしたがって、子どもたちは、だんだん海と親しんでいく。そして、④において、あの津波を起こした「海」とどう向き合うかについて考える。海の目線で今回の津波を考えたとき、海はどう感じたのだろうか。そういう視点から、『海からの手紙』詩・山内宏

泰、（東さやか）」という詩を読んで、「新しい私のまち（大谷）」と海の関係という絵を描くのだ。

ちなみに、この④の二日間のワークショップは、リアス・アーク美術館の一室で、学芸員の山内さんの指導のもと、みっちり「海」と向き合い、限られた時間で作品を作り上げる取り組みである。子どもたちにとって今までに体験したことのない内容なので、さぞかし大変だったことと思う。トラウマを負ってもおかしくないほどの経験をした子どもたちが、このワークショップでさらに二次的トラウマになってしまっては元も子もないので、山内さんもシャンティのスタッフも、念入りにワークショップの内容を確認し合った。

「海からの手紙」リアス・アーク美術館ワークショップにて

参考までに、ワークショップで取り組んだ詩の内容と、そのときの問いかけの一部を次に紹介したい。

この詩は、海を擬人化した上で、海の気持ちを考え、どのように海との関係に気づいていけばよいのかを問い、自然災害というものを子どもたちに伝えるために創作したものである。

山内宏泰さん（学芸員）「飼っているペットとかさ、実際に人間の言葉で話したりはできないけど、でもペットの気持ちを感じたり、わかったりするよね？　それはもう話せているんだよ……（中略）海にも気持ちがあってさ。海へ行ったらこんなことを海が言ってたんだよ。みんなはこれを聞いてどう思う？」

「海からの手紙」

ぼくは海
ぼくはときどきクシャミをする
大きなクシャミ　小さなクシャミ
ぼくは　クシャミをしてしまった
とても大きなクシャミだった

ぼくのクシャミでたくさんの人が泣いている
そんなつもりはなかったけどムズムズしてクシャミがでた
どうすることもできなかったんだ

あれからぼくはこわしてしまったものをすこしずつもとにもどしているんだ
魚がうまれて大きくなって、すなはまがきれいになって、
きもちのいい風もふいている
ぼくは手がとどくところをもとにもどしているんだよ

でもね、土の上まではなおせないんだ
ひとは、ぼくをこわがっているんだ
きっと、ぼくをきらっているんだ
ぼくはどうすればいいの？
ねぇ、おしえて

二〇一三年七月　作・山内宏泰、（東さやか）

子どもの反応

第一回目のプログラムでは、徒歩で漁港まで向かう、という時間があった。震災後、海に行くのは初めて、という子どもたちがほとんどで、スタッフの顔に緊張が走った。

「震災の後は、海が怖かったけどもう大丈夫」「ここの近くに友だちがいたんだ」と、当時、小学三年生だった女の子が言った。

その子は、新二年生だった夏休み、「まなびーば」の休み時間に、みんなが校庭で遊んでいるのに一人で学校のブランコにいた子であった。「その友だち」というのは、その小学校で唯一亡くなってしまった男の子。その女の子の同級生、友だちだったのだ。

「そうなんだ……」。一緒にいたスタッフは、それ以上言葉が出てこなかった。休憩時間が終わるまで一緒にいることしかできなかった。

こうして初めてのプログラムは、けがもなく無事に終了。

参加者には保護者も含めてアンケートをお願いした。プログラムの感想、これからどんなことがしたいか、家に帰ってからの子どもたちの様子（変化）、保護者として心配なこと、についてである。

プログラム④のワークショップでは、みんなで最後に海へ手紙を書いた。Aちゃんの手紙には次のように書いてあった。

「……いつか大きいマスクをつくってあげる。海さん、いまでもちょっと怖いけど、私は海さんのことが大すきだよ、いやすごーーーーーーく大大大すきだよ！　家とかは大丈夫、自分でなんとかするよ……」。

後日、保護者の方からお話をうかがうと、その子のおじいさんは漁師で、家は海のすぐ近くにあり津波で流失したのだという。「あつまれ、浜わらす！」に参加するまでは、津波に対してだいぶ怒っていたという。自分の部屋も持ち物も全部流されたことに怒っていたようだ。Aちゃんが描いた絵には、自分の家がまた海の近くにあった。〝海さん〟にはちゃんとマスクがかけられていた。

このプログラムがすべて終了して、ほっとすると同時に、協力してくれたスタッフ全員が「あつまれ、浜わらす！」の手応えを実感することができた。それでも、参加していない職員からは、「ただ遊んでいるだけじゃないのか」と思われていた。それは悲しいことであったが、それでも徐々にプログラムの目的を理解し、冬休みのプログラムの際は協力者として手をあげてくれるようになった。ようやく職員全員が理解し始めた。

そして、一回目の反響を踏まえて、その年の冬休みにも「あつまれ、浜わらす！」を開催することになった。冬となると、冬にしかできない「学び」や「遊び」のプログラムが必要となる。たとえば、「鮭網体験」「シーグラス拾い」「海藻染め」などである。そこで地域の先生方（＝漁師、海藻染めの先生）にご協力いただいて企画を練り、浜辺の暮らしや知恵を体感することができた。参加者も少しずつ増えていった。保護者たちはまだ不安はあるものの、子どもたちの反応やスタッフの安全管理体制をみて、「また参加させたい」とアンケートにつづってくれた。

塩づくりの体験

「あつまれ、浜わらす！」、地元主体の活動へ

こうして、二回（夏・冬）の開催から手応えを感じたスタッフたちは、この活動をどのように地域に根付くようにしていけばよいのか考え始めていた。自分たちだけの独りよがりではないこ

とは、子どもたちの反応や保護者の反応からも明らかだった。自分たち、気仙沼の外から来たボランティアスタッフだけが良いと思っただけではあまりにももったいない。何とか地元の人たちに浸透し、引き継いでもらえるようにできないものだろうか——。でも、それにはタイムリミットもあった。このころ（二〇一四年一月ころ）、シャンティの気仙沼での活動（まちづくり支援、漁業支援、子ども支援など）を、あと一年ぐらいで終了するかどうか、話し合いが始まっていたのだ。

そんなとき、「浜わらすをやっていきたい」と、声をあげた者がいた。なんと、それは地元出身スタッフ、笠原一城であった。スタッフたちは、一瞬、耳を疑った。じつは、それまで、「浜わらすは遊んでいるだけじゃないか」と、言っていたのは彼だったのだ。

その笠原が、「あつまれ、浜わらす！」をこのまちで継続し、このまちで暮らしていく子どもたちのために自立化させたいと言ってくれたのだ。それはこのプログラムの意味を理解してくれた、ということであり、スタッフたちにとっては驚きであり喜びでもあった。でも、笠原にとっては覚悟のいる決断であった。彼は結婚しているし、すでに子どもも二人いるからだ。それだけに、スタッフたちは、その覚悟に応えなければならない。全力でサポートしようと思った。シャンティとしても、彼の意志を尊重し、残された時間の中で全面的にバックアップすることにした。

こうして、二〇一四年の春、そこから「あつまれ、浜わらす！」は、地元出身職員である笠原一城と畠山由美子が中心となって、法人化に向けて本格的に動き始めることになった。

このころ、活動はしだいに地域にも浸透して、各回の参加者も一五人〜二〇人に増えていった。

そして、「心のケア」という言葉は、あまり表に出さないようにすることになった。というのは、ある保護者から、「心のケアはもう必要ないのでは」という意見をいただいたからでもあった。たしかに、心のケアの必要がなくなった子どももいるかもしれない。でも、そうでない子もいるのは確かだと思われた。なぜなら、毎回プログラムを開催するごとに、かならず「津波」の話をする子どもがいるし、亡くなった子どもの話題も出るからだ。そこで、まだそういう子どももいることを常に念頭に置いてプログラムを開催していこうと考えた。でも、たしかに「心のケア」と表示されていると、少し行きづらいと感じる人もいるとも思えたので、そのことはあまり表には出さずに、自然に日常のプログラムを行って、スタッフ自身が配慮して子どもの声や表情をキャッチしていけばよいと考えた。

「あつまれ、浜わらす！」とは、子どもたちが自然体験を通じて、自然の豊かさや怖さ、地元の文化や人々の暮らしの知恵を体験しながら、子どもたちが本来もっている「生きる力」を引き出すことを目的としています。（二〇一四年「東北に、よりそって。」より）

このようなコンセプトを掲げて、二年目以降も、地元スタッフが主体となり、漁師体験や海辺の遊び、地域の文化、まち歩きなど、地域の人たちとの交流の中で、子どもたちはたくさんのことを学んでいくことになった。

そして、いよいよ二〇一五年八月、正式な認可を得て、晴れて「ＮＰＯ法人浜わらす」として

■「あつまれ、浜わらす！」2013年第1回から2014年第16回までのプログラム

第1回	2013/6/19	事前勉強会「災害時の子どもの心のケア」
第2回	2013/6/28	事前勉強会「被災児童への心のケアと心理社会的ケア」
第3回	2013/7/12	事前研修会
	2013/7/19	水難事故予防対策と対処法
第4回	2013/7/20	MY竿で魚釣り
第5回	2013/8/ 3	砂遊び
第6回	2013/8/17	磯歩き
第7回	2013/8/24・25	海×人（ワークショップ）
第8回	2013/8/31	海ごはん
第9回	2013/12/23	サケ刺し網体験
第10回	2013/12/27	海藻染め
第11回	2014/1/5	シーグラスキャンドルナイト
第12回	2014/4/1	海と宝の謎の地図
第13回	2014/6/10	AED講習
第14回	2014/7/4	水難事故講習
第15回	2014/7/13	大漁祝い隊
第16回	2014/7/22・23	ぷかぷか筏（いかだ）体験

発足となった。佐藤良規・理事長、笠原一城・事務局長を中心とした、地元の人々による新しい組織の誕生である。折しも、この活動が、国連生物多様性の一〇年日本委員会（UNDB-J）の「生物多様性アクション大賞二〇一五」入賞、という輝かしい一報が入り、まさしく新しい船出に花を添えてくれるかたちとなった。

こうして、気仙沼におけるシャンティの子ども支援は、地域や全国の皆様のたくさんのお陰をもって、地元の人々が主体となった活動へと引き継がれ、大きく一歩を踏み出した。これからも末長く見守り続けてゆきたいと考えている。

■参加した子どもの感想

二〇一四年当時、大谷小学校三年生・佐々木蓮司さんの作文

「小さな海の男」

佐々木蓮司

今年の夏休み、ぼくは「あつまれ、浜わらす！」に参加しました。それは二日間で、いかだを作り、海に浮かべるというものでした。

「……えっ、いかだ？」

ぼくは、いかだを知りませんでした。いかだってどんなものだろう？　何もわからないけどわくわくしていました。一日目、まず、どんないかだにするか考えます。説明を受け、竹とうきを使いロープでつなげていく事を学びました。ぼくたちの旗はゴミ袋を使って完成。次に竹をノコ

ギリで切ります。

初めて見たし、初めてさわります。どうやって使うのかもわかりません。力が足りないのか、リズムにのれないのか、竹に乗るので上手く切らないといけないのに、全然できません。汗をかきながらみんなで切っていきます。

次にロープを使い、竹を整えてしばります。このとき、うきも同時にしばっていきます。しかしロープも使った事のないぼくにはどうやって結ぶのかもわかりません。

実は、くつひもすら結べないぼくなのですから。竹一つ一つにロープをかけ、しばり、また竹にかけ、またしばり、それはとても複雑なしばり方でした。

シャンティのみなさんは慣れた感じでしたが、きっと何度も失敗と成功をくり返してたのだと思います。ぼくたちがきっと成功するようにと、ていねいに、しっかり教えてくれました。汗が流れるほどの暑い日です。ぼくたちをただ成功へと、みちびいてくれます。

ぼくたちのいかだは竹を七本使い、一日かかってやっと完成です。

なんだか「おおお」といった感じです。

明日、海であのいかだは浮くのか、とてもわくわくしていました。

ぷかぷか・いかだ体験

二日目、いよいよ海です。まず船に乗って安全を確かめます。いかだを運び、海に浮かせる体験です。二人がいかだに乗り、残り三人が押しながら乗ります。しかし一回目は、しずんでしまい、失敗です。いかだを戻し、ほかのグループが次々に成功していくのを見ていました。シャンティの笠原さんが言いました。

「よく考えて、もう一度やってみよう」

ぼくたちは考えました。わからなくなるぐらい考えました。最初いかだの下にあったとき、そうだ、ひっくり返してみよう。そうするとうきは上向きになります。これで浮くのか。いや、やっぱりうきは水面にないとだめなんじゃないか。わからなくなるくらい考えたぼくらは、

「よし、やってみよう」でチャレンジしてみます。

「せーの」「いちにのさん」「よし、こげ」

五人の気持ちは一つになり、まわりを見る余裕もなく、いっしょうけんめいこぎました。そうしたら浮いたんです。ぼくたちのいかだは浮いたのです。成功です。本当にうれしかった。わからない事だらけの体験、わからないって本当は楽しいのかもしれません。ぼくはこの日とてもつかれていたのに、家でこの話を夢中でしました。すると、お母さんが言いました。

「小さな海の男になれたんじゃないの」

そうだ、ぼくは海の男になれた気がして、いかだが浮いた時うれしかったんだ。この浜わらすへの参加で、いくつものわからないを体験して、あの広い広い海で、ぼくは「小さな小さな海の男」になれたのです。

■保護者の方々の声（二〇一三年夏〜二〇一四年夏のアンケートから）

◆二〇一三年夏　浜わらす！ 1st シーズン ~summer~

・海の近くに住んでいながら、意外に海のことを知らないでいると思います。安全であればどんどん自然に触れ合っていいと思います。

・友だちが震災で亡くなったり、他の家が流されたりして自分が津波で流された夢を見たりして、海が怖かったのが、今は海が大好きになりました。

◆二〇一三年一二月末〜二〇一四年一月　浜わらす！ 2nd シーズン ~winter~

・いつも仕事、仕事であまりかまってやれず娘には辛い思いをさせています。自分の代わりにかまってもらい申し訳ないです。でもこれからはかまってやれるよう努力していこうと思います。

・回を増すごとに（子どもの様子が）明るくなった気がします。震災後の暗くなった気持ちが明るくなって、言葉ではうまく伝えられませんが、みなさんの気持ちに頑張る勇気を与えてもらっています。本当にありがとうございます。

・震災以来「海はたくさんだ」と近づくこともなかったのですが、最近はだんだんに「海行きたいなー」と言うことも出てきて、今回のプログラムは大変良い機会でした。楽しい思い出となって「海」が心に残ることはよろこばしいことです。

・企画は素晴らしいと思いますが、本当に心のケアが必要な方が参加しているのでしょうか？　あまり〝心のケア〟に固執せず、皆が集まって（心のケアが必要でも必要でなくても、多くの人が）活動することで子どもたちが日ごろのストレスを発散できれば良いなぁと感じます。

◆二〇一四年春　浜わらす！3rdシーズン~spring~

・昔は山に行ったり海にいったりして遊んでいたことが、震災で今ではできない、させまい、となっています。自然に親しみ、そこから学んでいくということはとても大切なことです。まだまだみんな自分のことで手いっぱいなところ、スタッフの皆さんには感謝しています。

・今の生活の中では、海に連れて行って遊ばせてあげる機会がなくなっているので、よい経験になっていると思います。地元の海や自然もまだまだ知らない部分がたくさんあると思いますし、この様な企画を通して、生きる力というものが育まれると思います。

・津波で怖い思いをしたので、いざというときは高い所へにげろと教えているが、怖いという思いだけ残ってほしくないとも思う。海での楽しい思い出作りも必要だと思っているのでとても助かる。

◆二〇一四年八月　浜わらす！2ndシーズン~summer~

・震災後初めての海遊びだったので、不安もありながらも活動している様子を見ているととても楽しく過ごすことができてよかったと思いました。
・（何回も）海に入る機会が小学校一年生のときだけで、あとは、震災により目の前に海があるのに海に入るためにわざわざ遠方に出かけるという状態でした。そんな中、海に親しむよい機会になりました。
・震災後は、気持ちの面で親が海との距離を作ってしまい、なかなか海に連れて行き、遊ばせるという事ができずにいました。津波はおそろしいものだと子どもながらに思っていても、それでも海で遊びたい!!（という子どもの気持ち）それに対して、「あぶないから～」「だめだよ～」と一方的に「海は危険!!」という考えを押し付けていたように思います。

活動した人たち 4

「浜わらす！」の仲間たちが、ずっと心の友でありますように

元気仙沼事務所職員　東《あずま》さやか

私がシャンティの職員となったのは震災後のことです。

二〇歳を過ぎて渡米し、大学で心理学を学び、卒業後は、単身アフリカの山奥にある孤児院にボランティアに行ったこともあります。社会的に弱い立場の人々の役に立ちたいという気持ちからシャンティを選びました。

気仙沼事務所での活動は、運営のコーディ

東 さやか

ネートの役割とともに、主に子ども支援や生業支援（漁業支援）の担当でした。子ども支援で、私は「心のケア」に重点を置いたのですが、それには私自身も幼少期に辛い体験をしていることが大きく影響していると思います。そのため、「心のケア」のような一般の人が控えてしまいそうな領域にも、ある程度自信をもって踏み込むことができたのだと思います。

　私は、海に対しての「怒り」をそのままにしておくと、将来の子どもたちにポジティブな影響を与えないと思っていました。怒りのエネルギーほど心身を消耗させるものはないと思います。噴火、地震、津波などは、人間も息をするように地球も生きているということ。自然災害は、自然（神）の怒りでも喜びでもなく、自然のメカニズムだということ。そして、人間はそこで活かされているということです。だったら、どうやって海と付き合っていけばよいか、考えることができるのではないかと思いました。

　津波によって大切な人を失ったとして、その苦しみも悲しみも、時間が解決してくれるとは限りません。その気持ちに向き合うことなくして、いつまでたっても解決されることはないと思います。自分がどれだけ苦しみや悲しみに向き合ったかが解決の鍵だと思います。この「解決」というのは、決して苦しみや悲しみが消えるということではありません。

「乗り越える」ということだと思います。でも一人では限界もあるし、人は誰かに、何かに助けられて生きていかなければなりません。
だから、気仙沼の子どもたちも、日常の中で海と向き合う時間が必要だと思います。「浜わらす！」で同じ経験を共有した仲間たちと、将来も、ずっと心でつながっていると思えたら、それはすごく力強い支えになってくれるのではないかと思います。仲間はいつも隣にいる必要はありません。その存在がいつもどこかで自分を支えてくれている。そう思えるだけで力になります。そんなふうになれるのは人間の特性なのかもしれません。「浜わらす」の活動や仲間たちがそんな存在になってくれたらいいな、と心から願っています。

（二〇一五年六月一九日）

活動した人たち 5

NPO法人「浜わらす」の船出

元気仙沼事務所職員　笠原一城

震災後、シャンティのスタッフとなって、地元を元気にしたいと思ってまちづくりに関わっていた私でしたが、なかなか思うようにいかず、どうしたらいいのか、と悩んでいた二〇一三年の春ごろのことです。東さんや須賀さんが、子どもたちに海との関わりを体験させてあげるプログラムを企画していました。「浜わらす」の活動です。
最初は、子どもを海に近づけるのはまだ早いんじゃないかと思っていました。それに、申し訳なかったんですが、遊んでいるだけじゃないか、と思っていました。でも、考えてみれば、海ときちんと付き合っていかなけ

笠原一城（右）、笠原寛子（左）

れば、この町では暮らしてゆけません。子どもたちに海との関わり方をしっかり伝えていかなければなりません。そして、この活動を通して大人たちも変わっていけるのではないかと思い始めていました。

そんな、ある日、「今までサーフィンを通して学んできた自然の偉大さとか、自然に対して謙虚であることの大切さとか、自然に対する姿勢を笠原さんが教えないで誰が教えるんですか」と、ボランティアスタッフの須賀良央さんに言われたのです。ストンと腑に落ちるものを感じました。まちづくりに対してモヤモヤしていたものがスッキリしました。それで決意したのです。「子どもたちに海のことを伝えていきます。浜わらすをやらせてください」と、宣言しました。二〇一四年の一月のことです。そこから心機一転して取り組むようになりました。NPO法人「浜わらす」を立ち上げる道へと歩み始めたのです。

今までやってきたアウトドアの活動やサーフィン、そして「浜わらす」の活動が、まちづくりにつながっているとは、それまで考えていませんでした。でも海と関わるプログラムを何度か行っているうちに、保護者からもらった一枚のアンケートの言葉が、自分を大きく変えるきっかけになりました。

「子どもは海に行きたいと言っているが、どうしたらいいのかわからない」「親が子どもに海に行くなと、押しつけていたのかもしれない」

〈そうなんだ。保護者の考えが変わらなければ子どもたちは変わらないんだ〉と思いました。学校にも訊いてみたら、やはり海に近づくな、と指導していることがわかりました。海とそれは違うのではないかと思いました。海との付き合い方というものをしっかり伝えていかないと、このまちで暮らすにふさわしい大人として成長してゆかないと思いました。そこで、まちづくり、ということにつながっていきました。

ちなみに、「浜わらす」のプログラムとして、いかだづくりに挑戦したことがあります。保護者の方々は、最初不安だったと思います。たしかに、けっこう大変でした。万一の安全対策を考えると、緊急時に誰がどのように動くかとか、おぼれたらどうやって助けるかとか、どこまで考えてもきりがありません。でも、子どもたちの反響は、まさに革命的でした。

たとえば、自分たちのグループのいかだだけ浮かない、という子どもたちがいたんです。そうしたら「よく考えろ」と言ったんです。そして、浮いた「わかった」と言いました。その後に書いてくれた感想文を見ると、その子の人生観を変えたのではないかと思われるほど大きな体験だったことがわかります（一〇〇頁の感想文、参照）。

＊

それから、もう一つ、自分にとって大きかったのは、シャンティの活動地であるタイのミャンマー（ビルマ）難民キャンプに行ったことでした。そのころ、私は、なぜ伝統文化が必要なのか、もっと自信をもって人に伝えられるようになりたいと思っていました。自信がないのは、それだけの体験がないからだと思っていました。だから、その体験を積みたいと思ったのです。シャンティはもともと海外で教育や文化の活動を行ってきた団体です。実際に伝統文化の活動現場に触れて、文化の大切さを肌で感じたいという思いでした。前からお願いしていたのですが、やっと実現することになったのが、二〇一四年の一二月でした。シャンティが活動しているタイにあるミャンマー（ビルマ）難民キャンプに足を運ぶことができました。

難民キャンプという言葉から、私が想像していたのは、テントを張って暮らしているというイメージでした。でも、実際に私の目に映った難民キャンプは、〈村〉の風景でした。赤土むき出しの道路、木で作られた家、小さな店。どこか懐かしい感じがして、初めて訪れた土地とは思えませんでした。子どもたちはバケツを両肩に担いで水を運んでいます。家事の手伝いです。そこに日本では見られない逞しさがありました。幸せって何だろう――。私の中で価値観が変わり始めていました。

難民キャンプの人たちは外に出ることが許されていません。毎日、ほとんど同じ暮らしが続きます。そこで住民に聞いてみました。どんなことに幸せを感じますか？

「家族と住むことができること」――。

そして、もう一つ印象的だったのが、「自分で選べること」――。

難民キャンプでは家や食べ物は支給されており、自分で選ぶことはできないのです。日本では考えられない現実がそこにはありました。じつは海のまち気仙沼もそうなのだと思います。海とともに生きていくには、何が必要なのか、選択する力が求められるのです。日本は、あまりにも恵まれて選択肢が多いため、本当に必要なものを選ぶという力が弱くなっているのかもしれません。そんなことも考えさせられました。

＊

こうして、震災後、シャンティと出会うことでさまざまな経験を積ませてもらいました。山口や京都・福知山の災害現場にも、難民キャンプにも行かせていただきました。災害が起きた過疎の地域で今後どのように暮らしていくのか、未来にどのような暮らしを実現していくのか、この経験を活かしてゆかなければなりません。

お陰様で、二〇一五年の八月、正式認可を得て、NPO法人「浜わらす」を、立ち上げることができました。現在、私は事務局長という役割を担わせていただいております。誰が言ったか忘れましたが、やれるかどうか考えているヒマがあったら先ずやってみろ――。

今でも、へこたれそうになるとき、自分にそう言い聞かせています。

「浜わらす」は、子どもたちが、将来、海のまちで安全に、そして豊かに暮らしてゆけるように、これからも体験活動を継続してゆきます。それにあたって、地域の産業である漁業と連携しながら長期的に継続してゆけるよう、試行錯誤を重ねているところです。地域の産業の利益によって地域の子どもたちが海のことを学べる。そういう仕組みを構築し、逞しく楽しく暮らしてゆく――。これが私の思い描く復興のあり方です。

皆様、シャンティの活動をベースとして立ち上がったNPO法人「浜わらす」をどうか応援してください。

（二〇一五年六月一九日）

5

共助による漁業革命——気仙沼、蔵内之芽組の挑戦

日本の漁業は大丈夫か

海と生きる気仙沼の人々に関わるようになって、今まで、知らなかった日本の漁業の現実に目を開かれるようになった。

日本の漁業は、乱獲による資源枯渇と魚価安で衰退の一途を辿り、既得権でがんじがらめの状況にいまメスを入れなければ、日本の食卓から国産魚が消える日がくるかもしれないと言われる。しかし、希望がないわけではなく、適切な資源管理と組合経営で、世界有数の漁業と海を取り戻すことができるとも言われる。

大地震と津波という大災害に見舞われた三陸地方であるが、そこから、これまでの概念を塗り替えるような新しい水産業を立ち上げ、それをモデルとして改革を広げてゆけば、日本漁業の新

漁港の被災状況

	全漁港数	被災漁港数	被害報告額
北海道	282（249）	12（1）	1,259（30）百万円
青森県	92（90）	18（1）	4,617（7）百万円
岩手県	111（58）	108（54）	285,963（26,700）百万円
宮城県	142（72）	142（65）	424,286（44,613）百万円
福島県	10（10）	10（10）	61,593（20,978）百万円
茨城県	24（9）	16（5）	43,118（1,132）百万円
千葉県	69（40）	13	2,204百万円
計	730（528）	319（136）	823,040（93,460）百万円

注：被害報告額は、漁港施設、海岸保全施設、漁業集落環境施設、漁業用施設の各被害額の合計。

注：( ) は内数で、海岸保全施設がある漁港数及び当該海岸保全施設の被害報告額。農林水産省公式ウェブサイト。2012年３月５日現在。

しい展望が開かれる、とも言われる。（勝川俊雄著『日本の魚は大丈夫か』）

そうだとするなら、以下に紹介する気仙沼市蔵内の漁師たちの挑戦は、まさしく、これまでの概念を変えるだけの新しい漁業のかたちを提起しているとは言えないだろうか。

何かしなければ、でも一人ではできない

その漁師たちと出会ったのは、二〇一一年三月末のことであった。シャンティは、東日本大震災の後、気仙沼に入って避難所を回りはじめ、物資配布や入浴ツアーの支援に取り組んでいた。その避難所の一つが、本吉町蔵内にあるデニム工場「及川デニム」にあった。普段はジーンズ工場の作業場なのだが、そこで多くの人たちが避難生活を送っていた。その中にいたのが蔵内の漁師たちとその家族であった。

それまで養殖漁業に携わっていた漁師たち。津波で何もかも失い、途方に暮れていた。しばらくの間、瓦礫の片付けに追われていたが、ある日、仲間の漁船が一艘、奇跡的に無事であることがわかり、何かを始めたいと考えた。でも、一人では何もできない。いよいよ避難所が閉鎖するころであった。「やっぱり、俺たちには漁師しかない。だけど、これまでのように一人で漁をすることはできない。一緒にやんねが……」。及川淳宏さんは、仲間たちに協業のかたちで漁業を再開することを提案した。「震災前から価格の面とか販路のこととか、課題が多くて経営は厳しかったんです。単に、震災前に戻したところで生き残っていけないと思いました」。津波から生き延びた一艘の船、そして仲間がいれば、ワカメの種付けにも間に合う。来年には、生活をするための収入が少しは得られるはず——。こうして、避難所にいた漁師たちは漁業再開に向けて動き始めた。

でも、養殖施設を整えるには、なんと数千の土俵（固定アンカーとして用いる砂利を詰めた袋）をこ

しえらなければならない。とても人手が足りるものではない。そんな状況を知って、シャンティはボランティアを派遣することにした。職員だった里見容が蔵内（生業支援）の担当となって調整した。そして他団体のボランティアたちとともに作業を手伝うことになった。

漁師たちを感激させ、背中を押してくれたのは、そのボランティアたちの姿であった。漁師たちは口々に語る。

「重労働なのに、ボランティアの人たちは、スコップもって泥だらけになりながら、声を掛け合いながら、一生懸命やってくれてね。どうしてそこまでできるのか――。われわれが忘れていたものを思い出させてくれた。本気でやんねげねえな、と思いました」

「われわれが穫ったワカメだのホタテだの、『うまい、うまい』と言って食べてくれてね。今まで、そういうふうに言われた経験がないんです。獲れたものを売れば、誰が食べようが、どこに送られようがタッチしなかった。こんなに喜んでもらえるのかと思いました。ほめられたように嬉しかった。偽ものは作りたくない、という、いい意味のプレッシャーにもなっています」

「われわれは、今まで生産性とお金ばかり求めて来たんだよ。食べてくれる人の声だの感想というものを知らなかった。励みになる」

「今までのボランティアのイメージは、海外に行って困っている人たちに協力する人たち、というイメージ。ヒマな人たちなのかと思っていた。だけど、ここに来て一緒にやってもらって、全然違うんだと思った。だから、シャンティさんを粗末に扱えないわけさ（笑）」

こうして、避難所にいた漁師たちは、全国のボランティアの協力を得て、「蔵内之芽組（くらう

蔵内之芽組６人衆

わかめ復活祭（餅まき）

ちのめぐみ）」（「蔵内之芽組」で検索してホームページをご覧ください）という協業グループを結成した。

　芽組という名には、海の恵みと、蔵内の復興の芽が出るように、との願いが込められている。当初のメンバーは、会長の三浦伸一さん、及川淳宏さん、及川敏さん、西之園一成さんの四人。四〇代から六〇代の男たちだ。中でも、西之園さんは神奈川県生まれの横浜育ち。震災直後、休職してボランティアとして蔵内にやってきて瓦礫撤去や倒壊家屋の片付けや漁師たちを手伝っているうち、芽組の一員となった。

　芽組が最初に手がけたのはワカメの生産であった。養殖の中でも、比較的利益を出しやすいのが海藻や貝類だと言われる。海藻は光合成をするし、貝は海中のプランクトンを食べるので人間が餌をやる必要はないのだ。二〇一二年の春にはワカメの収穫が順調に始まり、震災前のほぼ一〇〇%にまで回復した。例年より少し遅いのだが、六月には「わかめ復活祭」を行った。餅をまいて、ワカメを食べて、明るい話題のない被災地にとって、この「祭り」は嬉しいニュースであった。

蔵内のワカメは他のワカメとひと味違っている。味が濃く、歯ごたえもある。自慢のワカメである。もっと、その品質をアピールしなければ。そう考えて、シャンティが間に入って、デザイン会社の協力を得て、主力商品の「こいわかめ」という地元ブランドを開発し、そのパッケージデザインもつくった。「濃い」と「恋」にかけたネーミングである。

ただ、今後、漁業を若い世代に引き継いでいくためにはワカメだけでは無理である。それだけではとても生活できない。そこで、二〇一二年からはホヤとホタテの養殖にも挑戦することになった。それぞれの知識や技術を出し合って「芽組」の海産物に向けての新たな挑戦である。ただ、収穫まで二年はかかるので、それまでの収入はワカメのみ。我慢である。正直言って、生活は厳しかった。でも、以前のように一匹狼の漁師に戻ろうとするメンバーはいなかった。よそを見ると、震災後、同じように協働で漁業を再開したものの、また元に戻るグループも少なくないのだが、芽組は違っていた。少しオーバーだが、そこに「漁師革命」が起きていた。「仲間がいたからここまでやってこられた」――。みんなが新しい漁師のかたちをめざして一つになっていたのだ。

一匹狼の漁業からチームワークの漁業へ

「今は、一人ではなく、みんなと一緒に仕事をするから体があまり疲れねえのよ。前は家族でやっていたからね。こうやって、みんなと話ながら仕事できるから楽しい」――。三浦伸一さんは語る。震災前から、それぞれに今の漁業に限界を感じていたという。

「漁師というのは一匹狼で、一人で何でもしねげねえがら仕事量が多いんだよ。それに漁協の言うままにやっていたんでは未来はないね……。いつだったか、電車で出会った女子高校生に、『ここさ嫁に来るつもりねえが』と聞いたことがあるんだよ。そうしたら、『絶対来ない』って、一言で言われてしまった。『なしてや?』と聞いたら、『朝行っても、いつ行っても仕事している から絶対いやだ』と言われてしまって……。いやあ、俺たち、そう見られているんだと思った。このままでは、誰も跡を継ぐ人はいないよ」

安定した収入と定期的に休みがとれるようにしないと漁師になる人は現れない。嫁に来る人もいない。このままでは漁業はダメになる、と語る。

これからは、新しいかたちを作らなければ若い人は寄って来ない。自分勝手なことはできないが、でも、それ以上に、仲間がいることでこれまでよりたくさんの作業ができるし、何よりも家族と一緒にいられる時間が増える。

そう考えると、津波で何もかも失う試練があったからこそ、漁師たちの中に眠っていた可能性が引き出され、こうした新しい漁業のかたちに踏み出すことができたとも言える。

「新しいことをやって魅力あるものにしないと漁業は再生しないと思います」。今後の課題は、販路の拡大と新規参入者、後継者の発掘だと及川淳宏さんは語る。「でも、われわれは営業、販促に関してはまったく素人。陸に上がった蛸なんです。蛸は海にいると自由に動けるけど、船の上にあげると、右往左往している。まさに今の自分たちの状態だ」。

たしかに、漁師たちは良くも悪くも職人である。一年中、海に向き合って、いかにライバルより多くの魚を獲るか、という技術を磨いてきたのだから、その経験は絶品。でも、その一方で、売ることについては、組合任せで、基本的に経営というビジョンがなかったのだ。でも、そんなことを言ってはいられない。及川さんは一念発起、新規開拓や営業活動に関東地域などに出かけることもある。

このような動きに、蔵内地区の担当としてずっと寄り添っていたのがシャンティの里見容であった。観光や町起こしという観点から、全国の人々を対象にした「漁業体験プログラム」（ワカメオーナー制度）を開発したり、復興イベントに参加して芽組と県外の人々をつなぐ機会をつくったり、飲食企業とのマッチングなどにも一緒に参加した。芽組のメンバーと一緒に神奈川方面に出かけて、ワカメをアピールした。そして、横浜のレストランや居酒屋にワカメの油炒めを提案するとメニューに加えてもらえることになった。「いやあ、僕の方こそ、蔵内の漁師さんたちの底力というか、パワーに引き出していただいて動いていた感じなんです」と里見は語る。

一方、二〇一三年になると、芽組の漁師の奥さんたちが、少しでも夫たちを手伝いたいと考えて、直売所・お食事処「海の駅よりみち」を始めた。芽組の海産物の販路を少しでも確保したい

「よりみち」のメンバーとボランティア

わかめ収穫体験ボランティア

という目的なのだが、何より、地域の交流の場となり、漁村が活性化することが願いであった。春には「わかめ祭り」、夏には「ほや祭り」など、季節ごとの海産物にちなんだイベントも行った。二〇一四年には、長野県の中学生の修学旅行を受け入れた。同じようなリクエストが千葉や神奈川の学校からも寄せられた。体験学習の場としても注目され始めているのだ。さらに、婚活イベントも行っている。「後継者がほしいからね。この地域には若い人がいないし、女の人も少ないので、それでやることにしたんです」と、代表の三浦絹子さんは語る。

このような大人たちの背中を見て意気に感じたのだろうか。二〇一三年からは、青年たちが芽組に加わるようになった。一人は、三浦伸一さんの息子さんの三浦卓也さん。「震災前までは、写真の仕事をしていたんですけど、瓦礫の仕事もひと段落したころ、ワカメの時期に手伝うようになって、みんなに受け入れてもらって、それから、一緒にやるようになりました」。そして、もう一人、二〇一五年の春からは、及川淳宏さんの次男、及川直輝さんが芽組に入った。「埼玉からワカメとりの手伝いに来た人がいたんですが、その人からなぜ船に乗らないの？　と言われて、そのとき気持ちが動いたんです」。

二人は幼いころからワカメの手伝いをしており、そのことも決心につながったようである。これで芽組のメンバーは六人となった。自分から声をあげてくれたことは、後継者不足に悩む漁師たちにとっては、嬉しいことに違いない。

「昔は、親が『やれ』と言ったものだけど、今はそういう時代ではないので、俺から言ったことはないです。周りが気持ちを引き出してくれたんでないですか。やっぱり、嬉しいね。こうして若い人が参入してくる上でも、魅力ある漁業にしないとね」。お父さんの淳宏さんがつぶやいた。

ところで、シャンティの方は、二〇一四年の春、蔵内（芽組とよりみち）の担当が里見容から東さやかにバトンタッチとなった。里見は個人として道を切り開きたいという意向から退職することになったのだ。東が自ら手をあげて引き継いだ。

じつは、この漁業支援、シャンティ内部において、必ずしも賛成意見ばかりではなかった。「ここまでやったんだからもういいだろう」「生業はNGOが手がける範囲ではない」「芽組＝個人の支援はすべきではない」「ハード面での支援はもうフェーズが違う」。さまざまな意見があった。

里見や東にとっては、現場で漁師さんたちやお母さんたちの気持ちを受けとめているだけに、孤軍奮闘の思いであったかもしれない。ただ、東京事務所としてみれば、資金調達のメドは本当に立てられるかという懸念もあった。全体的視野から見て判断は慎重にならざるを得ない事情もあった。

ともあれ、今回の漁業支援のことは、今後、シャンティが生業支援にどう向き合うべきなのか。新たな課題を提起するかたちになったと言える。

シャンティは、二〇一六年五月で気仙沼事務所を閉じて、気仙沼での支援活動に区切りをつけたのだが、今後も芽組を応援していきたいと考えている。

活動した人たち 6

政治の道を志すきっかけになりました

元気仙沼事務所　ボランティアスタッフ
武田祐樹

私が気仙沼市に入ったのは、二〇一一年の六月からです。震災当時は札幌におり、情報を得るためにテレビをつけると、飛び込んできたのは津波で家や車が流される映像でとても衝撃を受けたことを今でも覚えています。そして、そのときに〝若い世代として、この現実を現場へ行って、状況を実際に目にし、肌で感じ、いろいろな方から話を聞くことをしなければならない〟と、どこからともなく湧き起こってくるのを感じました。そして、できればほんの僅かでも良いから何かの役に立ちたいと思い、退職を願い出て、被災地へ向かうことを決めました。

気仙沼へ行った理由は、私の兄の友人の多賀宗恵さんが震災発災後、早い段階でシャンティのボランティアスタッフとして活動していたためです。当時、彼に現場の状況確認のために連絡をとってみると、「まだまだ大変な状況でやることがたくさんあるから、とにかくすぐにでも来てほしい」と言われました。私を気遣って平静さを保っていましたが、現場の大変さと緊張感が伝わり、早急に行かねばと思いました。

私が入った六月は、所どころ迂回路はあっ

たものの、国道四五号線は概ね通行可能になっていました。気仙沼駅から気仙沼事務所の拠点がある本吉町までの道中、車内からは〝建物が流され、基礎部分のみが残ったところ〟〝鉄道橋の上へあがった車〟〝立ち枯れている樹々〟など、津波が残した爪痕の大きさを目の当たりにして言葉を失いました。

武田祐樹

　当時、避難所にはまだまだ多くの方が避難生活をしており、われわれは、二人ひと組で本吉地域の避難所を周り、ニーズの調査、そして、その後控えている仮設住宅や個別再建で移転した際に既存のコミュニティを維持できるようサポート役に徹しました。

　さらに、それまでは各支援活動団体が個別に活動することによって各避難所への出入りが重複するなど、かえって被災された方々にかかっていた負担を解消するため、「本吉連絡会」ができて、情報共有と活動場所の住み分けを行う活動が始まったのもこのころだったと記憶しています。

*

　本吉地域では、主に津谷地区と小泉地区を担当しました。私が入る以前より学生ボランティアとして杉山知佐子さんがそれらの地区で活動しており、キーパーソンと良い関係をつくっていたので、スムーズに活動することができました。杉山さんは日々の活動の中、各地でいろいろな相談や悩みを聞いており、私がその後深く関わらせていただくことになった小泉地区の蔵内も、彼女の話の一つとして耳にしたことがきっかけです。

蔵内の漁師の方々が「ワカメの養殖業を一日でも早く再開したいが、養殖施設が津波で丸ごと流されたから、一から新たに作るとなると……もう無理だ――」と話している、何とか力になれないか、と杉山さんから相談されました。私はその話を聞いたときに、これは支援が必要だと感じたため、彼女と蔵内へ赴き、改めて漁師の方々から話を聞きました。そこで養殖業を再開させるために最大の壁となっているのが、土俵づくりだということを知りました。土俵とは、アンカーとも呼ばれ、砂利を袋に詰めたもので養殖施設を流されないように固定するためのものです。これは、養殖施設を作るための足がかりとなるのですが、また新たに始めるためには数千もの土俵が必要となり、一袋が三〇kg程度にもなるため、かなりの重労働となるのです。

そこで、杉山さんの意向も再確認した上で、シャンティ気仙沼の会議の議題としてとりあげてもらいました。そこでは反対意見もありました。「仕事に対する支援を始めるとボランティアの活動内容がどこまでも広がってしまい、歯止めが掛からなくなる可能性があること」「一つの地域だけ、一部の人々だけを応援するというのはおかしいんじゃないか。それは、場合によっては地域の中に妬みや差別を生み、既存のコミュニティの破壊につながるのではないか」など、さまざまな意見が出ました。しかし、最終的にはシャンティ気仙沼の責任者である白鳥孝太さんが受けとめてくれて、活動として認めてもらえることになりました。その後は、ボランティアセンターや本吉連絡会などを通じ、多くの方々にお手伝いいただいたため、無事二〇一一年中に土俵づくりは終わり、ワカメの養殖までこぎ着けることができました。

＊

土俵づくりが一段落し、これからどう蔵内と関わっていくか悩んでいたころ、里見容さん（シャンティ気仙沼の元職員）が、南三陸ではオーナー制を活用し、ワカメの漁業支援の活動を行っているところがある、と会議の中で発表しました。それを聞いたときに「これだ！　これなら蔵内の漁師さんたちのニーズとも合致する」と思い、彼に相談し、事業化したのが「マイワカメ」です。マイワカメとは、ワカメを育てる出資者を募り、種付けから収穫まで年間三、四回現地に足を運んでもらい、ワカメの世話する体験型のプログラムです。

ここから私は主に活動のサポートに回り、彼をメインに蔵内での活動を進めました。その後、蔵内のワカメの中でもとくに良質なものを厳選した商品「こいわかめ」が誕生し、販売ルートの拡大のために見本市やイベントへの出品、蔵内のお母さん方がつくった地域の特産の物販と軽食を兼ねた「海の駅 よりみち」のオープンのためのサポートなどの活動を行いました。

＊

なぜ、漁業支援に思い入れが強かったのかというと、それは漁師さんたちがおっしゃっていた言葉があったからです。「漁師は蔵内の魂。だからその灯をここで絶やしてはいけない。だから、もう一度自分たちが立ち上がることでこの町を活気づけ、未来へとつなげたい」と。私はこの言葉を聞いたときに胸が熱くなると同時に、この気持ちを大切にし、何とか力になりたいと思いました。

＊

これまで地域のことに関わる集まりに参加したことはありませんでした。そのため、気仙沼でいろいろな会に参加し、自治会や地域の〝つながり（コミュニティ）〟というものが、いざというとき、人の命を救ったり、支えてくれるのだということを肌で感じ、その重要さを実感しました。

また、気仙沼では国の政策と各自治体の要望を擦り合わせることの難しさを感じました。政府や行政の方々が日々懸命にやっているこ とはとても感じましたが、間を取りもつ人がいないのです。そして、その役割を多くは、外から来たボランティアが行っていました。しかし本来は政治家が担うことではないかと感じました。そのことが、政治の道に興味をもった理由です。

私の出身は東京都です。今ではそのつながりが希薄な地域が多く、いつか起こると言われている「首都直下型地震」などが発生した時のことを想像すると、現在の東京のコミュニティや備えでは不安がある地域が多いと感じました。そのため、地元のまちづくりや災害対策の協議には積極的に参加するよう心がけています。

＊

シャンティ気仙沼の一員として活動させていただいた三年間は、感謝の思いしかありません。とても多くの学びと人とのつながりの機会を提供してもらえました。学びは、自分や家族をはじめ、地域への防災意識へ活かし、人のつながりは一生ものの宝となりました。

しかし、反省するところもあります。中でも、子どもとの接し方は難しいと思いました。自然体でいないと警戒され、不用意な言葉は心に大きな傷をつけてしまう場合もある。これは、大人においても同様のことですが、子どもはとくにそうだと感じ、考えさせられる場面が多くありました。
　また、ボランティアと被災された方々との線引きがとても難しいと思いました。その状況に応じて、対応するしかないことはわかりますが、たとえば蔵内での活動の中でも、どこまでボランティアが入っていくのか、どこまでが漁師の方々がやらなければならないのか。正直言って線引きはつけられないと思いました。しかし、やり過ぎてはいけない場合もたくさんあります。働く意欲や生活する意欲へ影響することもあります。われわれが気仙沼を離れてもその後もそこで生活するのは漁師の方々です。そのため、どのように接するのかについては、最後まで考えさせられたことでした。

　そのような中で、心がけていたのは、「寄り添う」ということでした。シャンティや他の団体との話の中でも度々耳にしたこの言葉は「あくまで黒子として徹し、人々に寄り添い、人々の背中を押したり、時には手を引く」というものでとても腑に落ちたことを覚えております。それはシャンティのとても素晴らしいところだと思います。これからもシャンティは、皆さんに寄り添っていただきたいと思います。
　そして、私も含めて、気仙沼を離れ、地域を離れても、せっかくつながった方々とのお付き合いが、細くても構わないので、いざというときにつながれるよう、今後も長く、長く続くといいなと思います。

（二〇一七年一月六日）

活動した人たち 7

気仙沼での私の活動はまだ続いています

元気仙沼事務所職員　里見容

里見容

震災当時、私は立命館大学の学生でした。どう関わろうかと思っていたのですが、シャンティが募金をしているのをインターネットで知りました。その一年前、シャンティのカンボジア事務所にインターンシップで行っていたのですが、そのときに、カンボジア事務所でお世話になった鈴木晶子さんが気仙沼に入っていたので、身近な人が関わっていることを知って、気持ちが動きました。それから、阪神・淡路大震災のとき、たしか中学三年生ぐらいのころだったと思います。「ボランティアに一緒に行かないか」と母に誘われたことがあったのですが、よくわからず、結局、そのときは行かなかったんです。そのことが自分のどこかに引っかかっていて、今度は行かなければという思いがあったのだと思います。

大学に入る前には、社会人をしていて、建設会社の不動産部門で働いていたのです。当時、実家で暮らしてはいたのですが、あとは一人暮らしをすれば自立できるというようなことを考えていて、社会を知ったつもりになっていました。ところが、二〇〇六年、スタディツアーに行く機会があって、故郷の大分県のお坊さんたちに誘われて、シャンティが活動しているミャンマー（ビルマ）難民キャンプを訪れたことがあるのです。そこで二〇年以上も前から避難している難民の人たちの生活を目の当たりにして、日本の生活とのあまりの違いにとても衝撃を受けました。「自分は何も知らないんだ。自分のまわりだけ見ていればいいものではない」ということを感じて、二〇〇七年、思い切って会社をやめて、二〇〇八年に大学に入ったのです。大学では、社会学を専攻することにしました。

＊

震災後のことに話は戻るのですが、支援活動に関わるのであれば一年ぐらいはやろう、と思って、大学を休学し、シャンティの手伝いをすることにしたのです。はじめは東京事務所で、二週間ほど緊急救援の後方支援に携わっていましたが、その後、現地の人手が足りないということで、急きょ気仙沼に行くことになりました。四月七日、気仙沼に着いた日の深夜に、震度五強の余震があったのをよく覚えています。

はじめのころは、やれることは何でもやる、という決意でした。仕事の内容としては、中長期で入っていたこともあってか、議事録をとったり、避難所を巡回する活動が多かったです。四月上旬、後に災害ボランティアセンターとなる社会福祉協議会の入っていた建物で行っていた支援団体などが参加する定例ミーティングで、シャンティの立場が決まって、本吉地区（旧本吉町）の支援を行うことになりました。それから数日、当時、拠点をおいていた市街地から本吉に通うことになりました。僕は気仙沼の南にある小泉地区の担当ということになってヒアリングをしたり物資を運んだりしていました。ある避難所を訪れたとき、かなりの被害を受けているにもかかわらず明るく応対してくれる人たちを前に、複雑な心境になったことを覚えています。

その後、一ヵ月ぐらい、一関の温泉地へ、送迎バスの手配の仕事もしました。水道と電気がない中で、自衛隊が用意したお風呂もあったのですが、どうしてもお年寄りや女性はゆっくり入れないこともあり、気分転換も兼ねてということもあってその企画が行われました。皆さん喜んでいました。

その後、気仙沼事務所の広報担当となりました。写真をとるのは好きですが、ものを書くのは苦手だったので、人の話を聞いたり、見たりしたことを文章にまとめるのは、けっこう貴重な体験でした。何をしなければいけないのか、と考えるきっかけになりました。難しかったのは、気仙沼事務所の活動がだんだん広がっていったので、何をやっている活動なのか、わかりやすく伝える視点が作りにくかった点です。

＊

何が必要なのかを洗い出していく中で、僕は最初から生業支援の担当ということになりました。生業について自分でもよくわかっていなかったんですけれども、フェア・トレード（公正貿易）に関わっていたこともあって、やりたいと思って手をあげました。

生業支援のきっかけとなったのは、杉山知佐子さんという女性ボランティアの方です。ユースフォー3・11（Youth for 3.11）の派遣で、四月から来ていたのですが、よく蔵内地区に出入りしていました。たまに、ワカメのことを夜のミーティングで話していました。たしか、二〇一一年の七月ごろだったと思いますが、他でどういう活動をしているか、シャンティの気仙沼事務所職員の白鳥さんや東さん、ボランティアの杉山さんと私とで石巻に視察に行きました。今は解散した団体なんですけど、石巻の団体が養殖漁業の支援をボランティアでやっていて、漁具を作ったりしている、という話を聞いて、気仙沼ではどうなのだろうと思って、戻ってきてから蔵内の人たちにその話をすると、「そういうのがあれば助かる」ということになって始まりました。八月か九月ぐらいのことだったと思います。

養殖の設備や施設が全部流されたので、それを一から作らなければならないということになって、砂利の入った土嚢袋を、おもり（アンカー）として使うんですけど、それを六千個ぐらい作らなければならない、ということになりました。一番最初に応援に来てくれたのはＩＶＵＳＡ（イビューサ）という学生ボランティアの団体でした。シャンティからも声をかけて大勢のボランティアの方に来ていただきました。そうした方々がいなければ、漁師さんたちの養殖漁業の再開がかなり遅れていたかもしれません。「これはいける」と思って、気仙沼の災害ボランティアセンターに掛け合ってみたら、「経済的なこと、個人の利益に関わることはできません」と言われて、それには「ええっ？」と驚きました。だったらＮＧＯがやるべきことではないかと思いました。

でも、いろいろな困難もありました。「こいわかめ」の袋のデザイン一つを作るのも本当に大変でした。一般的な企業の仕事であれば問題はないのですが、非営利団体であるＮＧＯとしてどう対応すればいいのか戸惑いもありました。

ＮＧＯがどのように生業支援をしていくべきか、ということは、今回の東日本大震災の経験をもとにシャンティとしても、NGOの業界としても考えていくべきテーマだと思います。いわゆる行政では行き届かない支援の必要性があるケースもあります。たしかに、一団体に支援していいのか、ということはあるとは思いますが、一個人でなければというのが一つの考えです。何よりも震災でなくなった生活基盤を取り戻すためには、仕事がなかったらどうにもならないからです。それを取り戻すことが自立となり支援がいらなくなることであり、それをどこまでやるのか、ということだと思いました。

私は二〇一四年の三月までシャンティの気仙沼事務所に在籍し、蔵内のプロジェクトの中心となって活動していました。まる三年間いたことになります。では、その時点でどうしてシャンティの活動を離れたのかといえば、シャンティ自体が撤退に向かっていて、何か新たなことをやっていく、という状況ではなくなっていたからです。個人としては、地域に三年いたことで、人との関わりも増えて、やれることも増えてきて、復興もまだこれからだろうと感じていたときに、組織としては撤退しなければならない、というギャップ、難しさからでしょうか。自分で道を切り拓いていこう、という思いでした。

＊

ある人から「一緒に気仙沼の観光をやらないか」と声をかけていただいたので、私は誘われるように、気仙沼市役所の観光課で働くことにしました。もっとできることはたくさんあると思いました。観光といっても、多くの人に気仙沼に来ていただいてお金を落としてもらうこともそうですが、地元で輝いている人たちと接して、感動して元気になっていただきたい。そして迎える側の気仙沼の人たちにおいても、来ていただいて喜びと励ましを感じ、元気になっていただきたい。そういう観光をやっていきたいという思いでした。そこには蔵内の人たちのことを人々に伝えたいという思いがあると思います。それだけ蔵内の人たちの姿から引き出していただいたものは大きかったと思っています。それがあったから、引き続き気仙沼で活動していきたいと思ったのだと思います。

はじめは、漁師さんたちを支援しようという思いで行ったと思うんですが、いや、いやそうじゃない、すごい人たちがいるぞ、と思いました。震災でたまたま彼らが困難な状況におかれているだけなのです。すごい底力のようなものを感じました。どこに光を当てれば、より本来もっている力を取り戻していけるかなのだ思いました。だから自分の中では、その活動はまだ続いているんです。

言葉にすれば、生産者の顔が見えた、ということになるんだと思いますけど、それだけではないものを見ることができたんだと思います。われわれの生活がこういう人たちとつながっているのだという感覚でしょうか。食べ物ということにしても、今まで、自分は、ワカメは、味噌汁の一つの具材ぐらいにしか思っていませんでした。想像力の問題かもしれないですが、それほど関心をはらうことはありませんでした。でも、あのような姿をまざまざと見せられて自分のこれまでの考えが打ち砕かれた気がしています。

私としては、今なお震災のこと、地域のことに関わって、答えを探しているのだけど、答えは見つからず、どこまでも近づこうとしているというところでしょうか。今も続けて取り組んでいるという感じです。

今年、二〇一五年の四月、都市計画課に配

属されました。気仙沼のまちづくり、という意味で、気持ちはこれまでと変わりません。

東日本大震災がきっかけで東北の沿岸部の人たちは、人生が変わらざるを得ませんでした。そのことをきっかけとして自らの意思で東北に来た人も少なくはありません。撤退というのはあくまで組織のタイミングであって、私自身も含め、自らの意思で東北に来ている人にとっては、自身の人生とは切り離して考えられないのだと思います。

（二〇一五年六月二〇日）

活動した人たち 8

蔵内の漁師さんたちは漁業革命を起こしたのだと思います

元気仙沼事務所職員　東さやか

二〇一四年三月、これまで生業支援（漁業支援）を担当していた里見容さんが退職することになりました。

気仙沼での活動をあと一年継続するのか二年にするのか、はっきりしない時期でした。何年続けるにせよ、彼の退職や意見を聞いてすぐに活動の終息を判断し、この支援を終わらせてはいけないのではないかと感じていました。というのも、漁師さんたちから今後の漁業に対する不安な思いを聞いていたからです。そして「生業支援」と呼ぶには、まだ十分と言い切れないものがあると思っていたからです。

そこで、同年四月、私は生業支援（漁業支援）を引き継ぎたい、と手をあげたのです。その後、六月、東京事務所から職員が派遣されて「二〇一三〜二〇一五年三ヵ年計画の中間評価」が行われることになりました。聴き取りが行われて、その後の評価結果も踏まえて、今後の漁業支援の計画案について、気仙沼事務所が考えて提出しました。

シャンティは、それまで三年間、生業支援（漁業支援）を続けてきました。これまでも十分やったではないかと満足する人、評価する人はいたかもしれません。でも、そのままでは漁業を継承していける可能性は低く、芽組のメンバーは不安を抱えていたのです。どういうことかといえば、「芽組」の人たちは、収穫したままの海産物を生産するだけでは、漁業を若手に継承していくための基盤が見込めないと考えていました。これまでの海産物に付加価値をつけて、さらに加工することで販売期間を年間通したものにできる。そうすれば、新たに参入してくる若手漁師たちも、将来も仕事を継承していけることになる。つまり、加工場がどうしても必要だということなのです。

この課題をシャンティとして何とかできないかと考えていました。もちろん、生業は収益ということが含まれますが、この地域に漁業を継承していくことで、震災後、絶望しかけた地域の人たちの「やりがい」「生きがい」を支援することができます。被災地の「まちづくり」という全体の支援にもつながります。

でも、反対意見も少なくありませんでした。東京事務所の人たち、理事の皆さん、誰も理解してくれないのだろうかと、とても悔しい思いを感じたこともあります。

二〇一四年九月、反対意見はありましたが、それでも助成金を申請することにしました。正直言って、この時期は、芽組の人たちやよりみちのお母さんたちに、どう顔を合わせていいか、どう話をしていいのかわからず、苦しい時期でした。でも、ワカメの収穫の手伝いに行ったり、毎週、一緒にご飯を食べに会いに行きました。

同年一一月、ある助成団体の漁業支援の募集を見つけて申請したのですが、無念にも落ちてしまいました。そして、翌年、二〇一五年の二月、もう一度同じ団体に、指摘された箇所をすべてクリアにして申請を試みました。このときには、東京事務所の職員にも多大な協力をいただきました。落ちたらどうする、という不安もありながら、自分ができるだけのことをやりました。そして、とうとう同年三月、二度目の申請が採用されることになったのです。

これで、シャンティは二〇一五年四月から二〇一六年の三月まで、漁業支援を行い、「芽組」の自立化をはかれることになりました。これで、念願の加工場を作れることになったのです。


どうして私は、ここまで頑固にこの「漁業支援」をやってこれたのか。それは、この活動に対する気仙沼事務所のメンバーの理解とサポートがあったからこそと思っています。そして、現場責任者であった白鳥さんが私を信じてくれたからだと思います。今となれば、シャンティの地元職員も、このまちの「漁業継承」の重要さに気づき、共助し合う「芽組」の姿勢に魅せられ、NPO法人「浜わらす！」として、海辺の暮らし方や助け合いの形を「芽組」から学び、一緒に復興のまちをつくっていきたいと話すようになりました。

漁業はこのまちの文化です。「芽組」の活動はこれまでの漁業に「革命」を起こしました。震災から「互いに助け合って生きていくこと」を学び、その価値に気づき、漁師グループを結成し、「芽組」は漁師のプライドと生きがいをかけて、今、スタートラインに立っています。震災直後から、寄り添い、一緒に悩み、喜び、ともに復興のスタートラインに立てたことが、シャンティにとって一番の成果だと思います。

これまで一度も会ったこともないメンバーが、シャンティ気仙沼事務所の職員として、突然、東日本大震災後に出会って、一緒になって何年もかけて忍耐と努力で積み上げてきた結晶だと思います。バラバラの個性でも、熱意が一つになってここまで続けてくることができました。漁業支援というだけでなく、気仙沼の「まちづくり」の一環として貢献できたのではないかと思います。たとえ、どんなに小さな成果でも、シャンティの活動はこのまちと人に寄り添い続けたことに嘘はありません。私はそんな団体で活動できたことを幸せに思います。

（二〇一五年六月一九日）

6 仏教者が果たした役割とは

震災後、仏教者はどう動いたか——阪神・淡路大震災との違い

「被災地に宗教者は立っていなかった。主役を演じていたのは、ボランティアであり、カウンセラーであり、精神科医だったではないか」——。思い起こされるのは阪神・淡路大震災の年、一九九五年一〇月、国際宗教研究所の主催で京都で行われた「阪神大震災が宗教者に投げかけたもの」というシンポジウムでのこと。コメンテーターとして参加した宗教学者の山折哲雄氏のこの言葉が物議をかもすことになった。仏教はじめ、キリスト教、神道、新宗教を代表して参加していたパネリストたちは、たちまち気色ばんだ。そして、「マスコミの報道だけから判断するのは学者のとるべき態度でない」と、ただちに辛辣な反論が応酬された。

曹洞宗の方々と連携しつつ活動していた当時のシャンティからすれば、山折氏のこの発言には

忸怩たる思いを禁じ得なかった。だが、残念ながら、たしかに被災地の寺院が門戸を閉ざしていた面があったのは事実であった。ボランティアの受け皿としてお寺の一部を使わせていただけないか、とお願いに行っても、檀家さんに迷惑がかかるから、とか、葬儀や法事などに支障をきたすから、と断わられ、正直に言って幻滅を感じたものである。それだけに、その後、真光寺（時宗）や八王寺（曹洞宗）が、たとえ一時的にでもボランティアのために庫裏を開放してくださったときは本当に感謝、感激であった。

そのときとくらべてどうであろうか――。今回の、東日本大震災の被災地における宗教者、とくに仏教者の存在感は、比較にならないほど大きなものがある。

多くの仏教者が被災地に駆けつけて、積極的に、精力的に活動を開始した。全国各地から、救援物資の配布のため、あるいは復興作業の手伝いのため、多くの僧侶たちが救援活動に駆けつけた。被災地や遺体安置所などに赴いて読経し、供養をして歩いた僧侶も少なくない。そればかりではなく、あとで、少し詳しく触れたいのだが、今回は、被災者の避難所として檀信徒や一般の方々を受け入れた地元寺院も数多く存在する。

阪神・淡路大震災のときと何が違ったのだろうか――。やはり災害救援に対する意識が高まったことは間違いないのだと思われる。「ボランティア元年」と言われた阪神・淡路大震災以降、当時、神戸に駆けつけたボランティアが中心になって全国レベルの災害救援ネットワークが構築され、どこかで災害が起きたときは、すぐに駆けつける体制が整っていった。〈困ったときはお互いさま〉という「災害文化」が浸透していったと考えられる。

仏教者においても、公益性や社会貢献に対する意識、ボランティアやNPO活動に対する理解が高まり、行動する人々が増えていることも事実である。それにしても、今回はあまりにも甚大な災害で、とても座視できないという現実もあったと思われる。寺院と檀信徒とのつながりの強さという、東北ならではの地域性も反映していたと思われる。

さらに今回の震災後は、「臨床宗教師」という心のケアを行う宗教者、およびその養成講座が誕生したことや「宗教者災害支援連絡会」という宗教者によるネットワークが組織化され、宗教を超えて情報共有し、連携していこうという気運が生まれたのも画期的なことである。

では、仏教者が果たした役割という点に関連して、シャンティと関わってくださった三人の言葉に耳を傾けてみたい。

まず、避難所として、シャンティの活動拠点としてお寺を開放してくださった気仙沼市本吉町・清涼院の三浦光雄住職。次に、気仙沼市内のお寺を巡って聴き取りを重ね、災害時に果たすべき寺院の役割について調査した元ボランティアスタッフの須賀良央。そして、『寺院備災ガイドブック』作成の中心となり、それを用いた研修を各地に出かけて指導している元シャンティ職員の自覚大道。以上、三人である。

〈インタビュー〉

お寺という環境は、人が集まれる場所でありたいと思っています

――震災後、避難所としてお寺を開放した清涼院・三浦光雄住職

――この度の大震災に際して、避難所として、それから、シャンティの支援活動の拠点としてお寺を開放してくださったわけですが、振り返ってみて、今のお気持ちを聞かせていただけますか……。まずは、震災当時の様子からいかがでしょうか。

三浦　あの日、はじめは津波の様子を見に行こうかと思ったんです。でも、雪が降ってきて、そのうちにみんなが大慌てで走って来るし、道路がやられたので交通整理が始まって、これは大変なことになったと思いました。緊急に使ってもらえるのものは何かと思って、ちょうど花祭り用のストーブが二台あったので、それを引っ張り出して、震災の三年前には車庫もできていたので、そこも使ってもらうことにしました。それから、お墓に塔婆があるから、それを全部焚き付けにして暖をとってもらいました。

三浦光雄住職

三日間ぐらい余震がひどくてね……。ストーブが全部ファンヒーターなもんで、電気がこなくて使えませんでした。普通のストーブがないもんで。私なんか、三、四日、車の中にいました。どうしてかというと、揺れがすごいし、暖房もないから、こわかったんです。やっぱり車だと、きゅうくつですね。体が痛いし、寒い。いただいた毛布を下に敷いて、上にかけて。夜寝るときだけ車のヒーターをつけました。みんなも避難して来ましたね。このへんに車とめて。だから、避難所になったのは自然な流れだったんです。地蔵盆のお祭りなどやっていて普段から来たことがあるから、来やすかったんじゃないでしょうか。

――皆さんはどこに避難したんですか。本堂ですか。

三浦　はい。最初は本堂に避難してもらって、こっちの庫裏に物資を置いていました。そのうち、だんだん物資が多くなってきたから、今度は、物資を本堂にやって、皆さんにこっちに来てもらいました。どんどん毛布とか、ジャンパーとか、靴とか、溜まってきて、本堂の天井にくっつくくらいでしたね。

――避難所の運営の管理者になって、体調を崩してしまったご住職がおられたということを耳にしますが、三浦さんは大丈夫だったですか。

三浦　まあ、私はたまたま、震災前に癌が見つかって、石巻の日赤で手術する予定だったんです。ところが、ああいうことになってしまって。何とか早く処置したいので、どこか紹介してくださいってお願いして、結局、盛岡で手術することになりました。手術は五月一一日でした。四月の末に入院して五〇日間いましたね。寺は、息子が二人いたので助かりました。ここは、最初、全面開放にしてジャパンハートという医療系ＮＧＯの診療所だったんです。その関係者が男女七、八人ずつくらいいましたね。

――診療所はしばらく続いたんですか。

三浦　三月末から三ヵ月間ぐらいですかね。

――退院して戻ってきて大変だったんじゃないでしょうか。

三浦　でも自分としてはそうでもなかったんです。だって、畳の部屋はあるし、布団もあるし、トイレもある。あとは、ライフライン、電気や水道が復旧してくればよかった。避難して来た人の中には、お寺は天井が高くて圧迫感がなくてよかったと言う人もいました。

いろいろな人がいましたね。仕事で朝早く出ていく人。反対に、朝、帰って来る人もいるわけです。だから、掃除機とかやっていると、「うるさい」とか言われてね。いろいろな苦情やらストレスがありましたね。

ここは避難所なんだから食事はみんなで一緒にとることにしたんです。朝、昼、晩、青空食堂で、列に並んでね。来ていた支援物資は、もちろん全部出しました。

かえって健康的だったかもしれません。そのあと入院したら血糖値も血圧もすごくよくて、手術しやすかったようです。炊き出しも、最初のころは、味噌汁の具といっても菜っぱしかありませんでした。パンと牛乳もありました。でも、そういう生活も馴染んでくると、何だか人間の原点を見せられるような感じもありましたね。明るくなったら外に出て食事をして、暗くなる前に夕飯をとって……。夜になったらろうそくの明かりのところや、ストーブのところにみんな集まっていましたね。同じ長屋の仲間のような状況なんです。干渉もされる面もあるんだけど、あれがかえって変に孤立しないでよかったのではないかと思います。電気がついていれば、みんな部屋に戻って、個性は尊重されるかもしれないけど、かえって寂しいんじゃないでしょうか。ある程度干渉したりされたり、迷惑かけたり、かけられたりしてやっていた方が楽しいんじゃないかな。

――何人ぐらいの方が避難されていたんですか。

三浦　泊まっていた人は最初のころは八〇人ぐらいだったと思います。だんだん減ってきて、五月、六月あたりは五〇人ぐらい、七月に入ったあたりから二〇人ぐらいになって、最終的に八月いっぱいで閉じました。

――シャンティがこちらを訪ねて、最初にプレハブの事務所を作らせていただいたのは、四月でしたね。

三浦　そうそう、震災後、一週間ぐらいたったころに三部さん（シャンティ副会長）が来てくれました。どこか、支援活動の拠点になる場所を探していたんだと思います。三部さんとは二〇年来の親しい付き合いなんです。

寺の後ろは、杉の木と竹の山でした。震災の三年前ぐらいに竹藪を切って整地して、駐車場にしたんです。木があると防犯上もあまり良くないし、火災などでも危険だし。これから益々車社会になって、駐車場があればお参りする人も便利になるし。そこ（駐車場）ならいいかなと思って、それでシャンティさんに、「使っていいですよ」と言ったんです。

何と言っても、お寺という環境は人が集まる場所でありたいと思っているんです。亡くなった人の供養だけでなく、生きている人が老若男女問わず、足を向けるような。ですから、毎年七月に地蔵盆をやっています。出店が出るので子どもたちも来ますよ。それから、老人ホームの人たちが月に二回来るんです。寺の前がロータリーになっていて、車イスでも大丈夫なんです。そういう環境のお寺って少ないらしいですね。

お茶とお菓子を出して、ここでゆっくりしていただくんです。一五分ぐらいの滞在時間ですけど、そういう場所こそお寺ではないかと思っています。いろんな人がお寺に来てくれる環境ということですね。ここでライヴもよくやるんですよ。

でも、人が出入りするんだから、汚くしていたらだめです。お寺は旅館ではありませんが、お寺は、そこに来た人がストレスをためるような場所ではだめです。窓も拭いていない、蜘蛛の巣だらけのお寺じゃだめ。そこが一番の基本だと思います。あとは、私は病気もして、年もとったので、自分を立派に見せようとすると疲れるから、みんなと一緒になって汗を流して、お酒を飲むときは飲んで、腹をわって話して……。人生の下り坂も捨てたもんじゃない。やっぱりコミュニケーションだと思います。

——シャンティに場所を提供してくださって、いろいろとご迷惑もおかけしたと思いますが、振り返っていかがでしたか。

三浦　いやあ有難いですよ。こんなときでないとわれわれの存在意義を発揮できないですからね。法事ばかりやっていてもこんなふうに人と関わることができません。こういうことがあるから、生きている人たちと広く深くかかわることができるじゃないですか。避難所だったころ、いろいろな人が来ましたよ。若い人たちも来たし、東南アジアの人たちも来ました。カナダの人も風邪をひいたとか言って……。人はいろいろだからね。寄り添ってもらいたい人もいれば、そっとしといてもらいたい人もいる。勉強になりました。

ともかく、うちは男ばかり三人だったので家族が増えて楽しかったなあ。親戚、兄弟みたいに付き合ってました。あとは他宗派の人たちや他の宗教の人も来てましたね。でも、壁を作らないで付き合いました。その中に郵便局に勤めている人がいたんだけど、その人は震災が落ち着いて、また職場に復帰して、どこかに行くと、いつもおいしい日本酒を買ってきてくれてね。その郵便局に行くと、わざわざ局長さんを呼んで「局長さん、私がお世話になったお寺の住職さんなんです」って言ってくれるんです。ああ、人って変わるもんなんだな、やっぱり、壁をつくらないで寄り添うことって大事なんだなと思いました。

ここは曹洞宗のお寺だけど、私は曹洞宗だけが一番などと思っていないです。栄西さんでも、親鸞さんでも、日蓮さんでもそうだけど、その当時の信者さんは、教えというより、その人が素晴らしかったからついていったと思うんです。本当はその人の人間性が好きだった。その人が言うことだからついていこうと思ったと思うんです――。

――シャンティの事務所だったコンテナハウスは、そのまま「浜わらす」の事務所として使わ

せてもらうことになって、引き続き清京院さんの境内でお世話になることになりました。

三浦　トレーラーハウスだから、将来、東南海地震とかあったときには、そっちにもっていくのかもしれませんね。でも、何もなくて最後に使わなくなったら、うちで買い取ってコーヒーショップに使おうかな（笑）。そりゃ冗談だけど。お寺の土地のことは問題ないし、うちのお檀家さんだっていろいろお世話になっているんだから、どうぞ使ってください。

――ありがとうございます。これからもよろしくお願いいたします。

（二〇一五年六月二〇日）

活動した人たち　9

お坊さんとして、漁師として生きる

元気仙沼事務所　ボランティアスタッフ　須賀良央

私は静岡県浜松市の寺院の出身で僧侶です。浜松のお坊さんたちと被災地の橋渡しをする役目をもちながら、シャンティの活動に関わっていました。二〇一一年の三月一九日に初めて気仙沼に入りましたが、その年の七月からは住まいも気仙沼に移して本格的に関わることになりました。

若いボランティアたちを連れて、「何が必要ですか？」「困っていることはありませんか？」と、毎日、避難所を回っていました。そうしているうちに、お寺が避難所になっているケースが多いことがわかりました。その

須賀良央

ころから、東海地震、東南海地震がいつ起こってもおかしくない、という情報も聞こえてきました。まさに僕は東海地方の出身なので、そのときに備えて、今回のことから学べること、何かできることがあるのではないかと思うようになりました。それでお寺へのヒアリングを始めることにしたのです。八月末のころだったと思います。

「実は、僕は静岡県出身でなのですが、少し教えていただけますか」と、聞き始めることにしました。気仙沼は大島を除いて全部回りました。浜松から来たお坊さんたちも一緒に連れて回るように心がけました。宗派は関係なく。石巻にも行って三ヵ寺ぐらい回りました。そしてテープ起こしをしてまとめました。

*

こんなふうに話すと、華々しく活躍していたように聞こえるかもしれませんが、そうじゃないんです。現地に行った初めのころから無力感を感じていました。

毎日、目の前に悲惨な姿を突きつけられるわけです。道すがら、ちょっと脇に目をやると、いまだに遺体が埋まっていることを示す旗が田んぼの中に立っていたり、すごくやるせなかったです。

たまたまある避難所に行ったとき、四〇代

ぐらいの女性がいました。震災からだんだん時間がたっていく中で自分の心の中を見つめるようになって、自分のことを許せなくなったようです。「お坊さん、こんなに苦しいの。何とかして」と、私に助けを求めてくるんです。〈津波から逃げるとき、隣のおばあちゃんが寝たきりって知ってたのに、なんで連れてこなかったんだ。自分が殺したんだ〉という思いにすごい苛まれて、毎日毎日、苦しい思いをして、泣いて過ごしている人が私に対して、「須賀さんはお坊さんでしょ？　なんか話をしてくれない？」と言うんです。でも自分は一緒になって泣くことしかできなかったです……。こういう人たちがもう一度立ち上がれるようになるときに、お坊さんという存在が必要なのだとすごく感じました。そして、こんな自分じゃだめなんだということを思い知りました。

今まで、「お坊さんでございます」と言って、法事に行って、葬式に行って偉そうなこと言ってたのに、いざ涙流している人の隣に行ったとき、何にも話せない、何もできないのです。本当に嫌でした。もうお坊さんやめようって自分の中で決心した時期もありました。

＊

こうして二〇一三年の一〇月くらいでしょうか。「浜わらす」の一回目のイベントが終わったころです。シャンティの活動自体は、自分がやりたかったことなので充実はしていたんですが、僧侶としての自分の未熟さ、非力さ、そして外から来た人間として手伝っていることにとても限界を感じていました。地域の人たちと話をしていても、どこまでいっても自分は他所から来た人間であって、地域の人たちの根底にある苦しみや悲しみを到底理解し得ないのだと思いました。

次の年（二〇一四）の三月にはシャンティを離れることが決まっていたこともあって、今後、自分は何をやっていきたいのかと、本当に悩みました。そして、ともかく、地域の人たちと一緒になって汗を流し、泣いて、笑って、共に暮らすことがまず第一歩ではないかと思いました。この地域にもう一歩踏み込もうと決心したのです。

そして思い浮かんだのは漁師さんのことでした。津波であれだけの被害を受け、自分の船を流されながらも、何とかして海で魚を獲りたいって頑張っている漁師さんたちのことをすごく逞しいと思っていたのです。前浜の菊池敏男さんの生き方に僕はすごく感銘を受けていたので、そんな自分の思いをぶつけてみました。「こういうふうに考えていて、お坊さんをやめるわけではないんですけど、漁師としてやりたいんです」と。そうしたら、「いいんじゃないか」と、受け入れてくれてくださったのです。「人手が足りないから手伝って」と言ってくださいました。二〇一四年の一月のことでした。

菊地さんも、震災後、仲間と三人で協業でワカメの仕事を始められた方です。有り難くもそこに加えてもらうことになったのです。そして、二〇一四年の四月から漁師としての歩みが始まりました。四月から一ヵ月半ぐらいの期間、ワカメの仕事に従事しました。そのうち、菊地さんが、「いろいろな漁を勉強した方がいいよ。須賀君もそろそろ結婚だろうし、お金もちゃんと貯めた方がいいだろうから」と言ってくださって、二〇一五年の四月からは定置網の船に乗っています。

僧侶でありつつ漁師であるこんな自分の生き方に対して、岩手のあるお坊さんは、「須賀君、そういうスタイルすごく面白いと思うよ」と、応援してくれています。でも、「たまにはちゃんと着物を着ないと、自分が何者だったのか、自分の立ち位置がブレてしまっては何の意味もないから」と、お寺で法要があるときには手伝いに呼んでくださっています。気仙沼のお坊さんたちも、自分がこういう生活をしていることを知ってくださるようになって、何かあると「須賀君、忙しいから手伝いに来て」と、声をかけてくださって、今も仏教界とはつながりをもっています。

＊

ともかく、私が思い悩んでいるときとか、何か行動を起こそうと考えているとき、有馬さん(注)の生涯を書いた『泥の菩薩』を読むことがあります。そこから気づかせてもらったことがすごく大きいのです。たとえば、一九八〇年ごろ、有馬さんや曹洞宗の先輩方が、難民キャンプで活動していた時代、難民たちから、共に生きることの大切さを教えられたというくだりがありましたが、自分の中ですごく大きい気づきがありました。それから、〈ボランティアは主人公ではない。黒子であり、触媒である〉という言葉にも、とても共鳴していました。でも、浜松の皆さんに対してそのようにできなかった自分がいるので、今は、その言葉にほろ苦い思いがあります。有馬さんはすごくパワフルな方でうまくやっていけたのだと思いますが、僕は突っ走ってしまったり、感情的になったり、未熟さを思い知らされています。

でも、それは、浜松から出てきて気仙沼で活動したからこそわかったことです。それでよかったと思っています。こういう自分がいるとは思いませんでした。自分の中に、人の苦しみ、悲しみに寄り添う僧侶として生きていきたいという願いがあることがはっきりしました。でも、そう思っても、そうやりきれない自分の未熟さ、非力さがあることも思い知らされました。その後悔をバネにして、願いの方に少しでも近づいていきたいと思います。今後、たとえどこかのお寺の住職になれなかったとしても、その場その場で、人の苦しみ悲しみに寄り添える僧侶として生きていければいいと思っています。

（二〇一五年六月二〇日）

（注）有馬実成（ありまじつじょう）：シャンティ創設の中心となった人、初代専務理事、山口県周南市・曹洞宗原江寺前住職（一九三六―二〇〇〇）。

活動した人たち 10

避難所寺院の活躍や苦労を教訓として伝えたい

元東京事務所職員　自覚大道

東日本大震災は、想定外の大災害となって多くの寺院が避難所となりました。当時、シャンティに在籍していた私は、震災発生、約一ヵ月後、気仙沼の清凉院の敷地にシャンティの現地事務所を立ち上げるため、現地に赴きました。清凉院は避難所となっており、自衛隊も中継基地として利用し、さらにはボランティアの活動拠点ともなっていて、一緒になって活動している姿を目の当たりにして、「お寺がここまでできるのだ」と、とても感銘を受けました。そして被災地寺院のこのような活躍や苦労を教訓として形に残し、今後の災害時に活かさなければならないと思ったのです。

まずは、震災後一年目の三月、寺院に必要な備えと、避難所寺院などからの情報を盛り込んで、A3判両面刷りの「お寺のための防災ガイド」を作成して全国各地に配布させていただきました。この配布に際しては、数社の新聞記事に取り上げられたこともあって、一般の方を含めて多くの方から問い合わせをいただきました。その後、もっと充実した内容を作成したいという思いと、超宗派のものとして広く浸透させるためには、仏教NGOネットワーク（BNN）で制作した方がいいのではないかと考え、全日本仏教会、仏教伝道協会、全日本仏教婦人連盟の三団体からご支援をいただき、『寺院備災ガイドブック』を発刊することができました。

自覚大道

*

制作にあたっては、さまざまな災害に対応できるよう心がけ、寺院に特化した内容も盛り込むことにしました。そして日本は地域によって災害の特性が違うので、さまざまな自治体の防災情報も調べることにしました。

その上で、本ガイドブックでは、東日本大震災において被災した寺院や公設・私設の避難所として地域の支援活動の拠点となった寺院の教訓をまとめ、次の災害に備える上で知っておきたい知識やノウハウを紹介しています。地震や津波以外のさまざまな災害に対する備えや医療処置、避難所運営マニュアルも掲載しています。これ一冊があれば、事前の備えにおいても被災後の行動においても何が必要なのかがわかる、というものをめざしました。

とくに自治体では取り上げにくい原発事故に関する対応も掲載しています。付属資料に載せた「日本の活火山・原子力発電所マップ」は自治体では作成できないのではないかと思います。また、第三章の寺院の避難所運営マニュアルは、お寺が避難所となった場合はもちろん、ボランティアとして避難所に行く際にも、避難所がどのように運営されているのかを知る上で参考になると思います。それから、避難所の時間経過と対応についても掲載しているので、支援に行った場合、刻々と変わる避難所のニーズを把握することができると思います。

さらに仏教ＮＧＯネットワークでは、このガイドブックをテキストにした研修会や避難所ワークショップの開催を呼びかけて、講師を派遣し、寺院と地域の絆で高める防災活動を全国で進めています。

＊

私がうかがった群馬県の研修会では、参加された寺院の副住職さんから「うちの寺が高崎市民間第一号の指定避難所になりました。そして市の防災担当者がお寺に相談に来た際、『寺院備災ガイドブック』をもって来たんですよ」とのお話をうかがいました。実際に、本ガイドブックは、市町村の防災担当者からも申し込みがあります。

現在、全国各地で災害に備えて宗教施設との協力関係を結ぶ自治体が増えています。具体的には、千葉県勝浦市や岩手県釜石市、群馬県桐生市などでは、地元仏教会と行政が寺院を避難所などとして利用する防災協定を結んでいます。また、京都市では市内の神社仏閣が災害時に観光客避難者を受け入れる協定を京都市と結びました。今後は、このような協定がさらに増えていくことが望まれます。

そして行政との連携だけではなく、日ごろから地元の自治会やＮＰＯなどとも連携を深め、さらには寺族や寺院の役員さんとも災害時にお寺に何ができるかを話し合い、そのときに必要な知識や備品を備えておくことも望まれます。

こうして事前の備えにおいても、被災後においても、地域の命を守るために寺院は行政や地域社会と連携して大きな役割を果たすことができるはずです。ぜひ災害の備えへの一歩を踏み出していただきたいと願います。

（二〇一七年七月七日）

7

五年間を振り返って

大海を行く「一艘の船」、その経験を財産として次へ

元気仙沼事務所 統括責任者　白鳥孝太

二〇一六年六月一日。シャンティ気仙沼事務所の「長く」も「短く」も感じる活動が終わりました。

まだ感慨に耽る余裕はありませんが、怒濤のごとく過ぎた五年間を振り返って、一つの風景が見えてきました。それは、大海を行く「一艘の船」の姿です。

言わば、被災地の状況（自然や地域社会）は「海」、全国からのご支援は「風」。その中をじわり

じわりと進む「船」がシャンティ気仙沼事務所です。さしづめ「船主」は公益社団法人シャンティ国際ボランティア会でしょうか。そして、私たち気仙沼事務所の職員、ボランティアは「乗組員」。気仙沼での私たちの活動は、まるで大海を行く「一艘の船」の航海だったように思います。

海の表情は、日々変わります。荒れる海、吹きすさぶ風、見通しのきかない舳先、大小の波に揺れる足元。でも、穏やかな日々もありました。爽やかな海風、うららかな太陽。湖面と見紛うばかりに、美しく月が水面に映ることもありました。

「航海」である以上、行く先（目標）を定めなければなりません。目標のない航海はとても危険だからです。自然界は無情です。海は荒れたり、逆風になったかと思えば、無風になったり。思うように事が運ぶことは、ほとんどありません。舵を切るのは、一筋縄ではありません。時には、一旦、行きたい方向とは反対に舳先を向けることが必要になるときもあります。凪の中でじっと待つこともあります。私たちの支援活動にとって方向性や計画はまさに「航海図」そのものでした。

また、一度乗り込んだ「船」から、簡単に下船することはできません。乗組員同士、お互いの好き嫌いにかかわらず、時に一緒に笑い、時に争い、傷つけ合いながらも、「同じ釜の飯」を食い、折り合いを付けながら、生活を共にしていくしかないのです。スタッフの皆がそれなりに苦労したと思います。

被災地の復興は、まだまだこれからと思うところがたくさんありますが、「シャンティ気仙沼丸」の航海は終わりました。難破や座礁など、大きな事故に遭遇することもなく帰港できたことを、まずは一つの成果として受けとめて、私は、ここで船を降りようと思いました。

東日本大震災の被災地では、多くの方々が命を失い、家々は流されて、まちが消滅しました。その後、現場に駆けつけたわれわれボランティアが目の当たりにしたのは、それらの厳しい現実の中で、もがきながらも必死に立ち上がろうとする地元の人々の姿です。

白鳥孝太

人々は、苦しい現実の中で迷い、時折立ち止まりながらも、一歩一歩前に進むその「生きざま」を私たちに見せてくれました。そばにいさせていただき、時に一緒に泣き、一緒に笑い、一緒に頭を抱えて悩んだこともありました。そのような経験は、今にして思えば悪夢だったかのように感じる部分もありますが、私たちにとっては「一生の財産」です。

シャンティ気仙沼事務所を閉じた今、この「財産」を抱えて私たちは何処へ行くべきなのか……。この財産は、私たちが子や孫、または後輩たちに伝えていくべき先人たちの「知恵」や「文化」でもあります。私自身としては、「財産」であるこれらの経験を、他の地域、別の職業という形で、次の航海で活かすことが、これから進むべき方向であると感じています。

「シャンティ国際ボランティア会」という団体が、この財産と経験を記録として残すばかりではなく、志と情熱をもって他の地域や次の世代に伝え続けてゆくことを切に願っています。

第3章

走れ東北！　移動図書館

1　岩手を走る移動図書館、発進

シャンティらしい活動を

「シャンティらしさを活かした活動ができないだろうか」

「図書館活動はできないだろうか」

気仙沼での活動を開始して一ヵ月ほどたったころ、理事やスタッフの中から、そんな声があがり始めていた。

そのことも踏まえて、二〇一一年四月二六日、専務理事、事務局長、次長に、気仙沼事務所の代表を加えた四人が岩手県の水沢江刺の民宿に集まり、今後の展開について協議した。

気仙沼からさらに宮城県内に事業地を広げていくべきではないか。いや、岩手に新しい事業を展開すべきだ――。意見は二分したが、結局は、岩手での活動の方向に落ち着いた。そして調査のため、五月の連休中に、市川斉（常務理事）と鎌倉幸子（当時広報課長）を岩手に派遣することを決めた。

「岩手に行ってくれるかな」――。その日の夜、関（事務局長）は、早速、鎌倉に電話を入れた。急な話に戸惑ったが、鎌倉は、気仙沼の図書館を訪ねたときのことを思い出していた。

すでに四月の初め、鎌倉は、気仙沼市内にあったシャンティの仮事務所に寝泊まりしながら、避難所を回って必要な物資の聞き取りをしたり、炊き出しの手伝いをしていた。そして情報発信のために現地調査をしていたときであった。やはり気になって、空き時間を利用して気仙沼図書館を訪ねることにした。

鎌倉は、かつてカンボジアの図書館事業の調整員として九年間活動したことがある。図書館活動に強い思い入れをもっていた。でも、「まだ図書館ではないのではないか」「まだ本ではない」という気持ちももっていた。

四月三日、その日、気仙沼図書館は閉館日であった。が、ちょうど居合わせた図書館員の山口和江さんがこころよく館内を案内し、被災の状況や自らの身上についても話してくださった。避難所にいる子どもたちに何とか本を届けたいと苦心していた。

「こんな時だからこそ、今出会う本が一生の支えになると信じています」

「食べ物は食べたらなくなります。でも読んだ記憶は残ります。だから図書館員として本を届けていきたいのです」。その言葉が胸に迫ってきた。

かつてシャンティが難民キャンプの活動を通して気づいたこと、「本や図書館は心の栄養」に通じるものがあると思った。希望を失わずに図書を届けようとしている図書館員の使命感に恥じ入る思いであった。でも、行政職員のお話を聞く限りでは、図書館の復興などは一番後回しになることが推測された。

〈あきらめてはいけない。東北でも図書館の活動を通じて、必要としている人に本を届けたい〉。抑えていた思いが再び湧きあがってきた。

でも、そのときは意外にも早くやってきた。調査のため岩手に入ることになったのだ。とくに図書館活動の可能性の調査は重要なテーマである。ただ、着手するとなれば、国内初めての活動となる。それに図書館も本も失われた状態でできる図書館活動はどんなものなのか。これまでのアジアでの事業は、子どもが対象で読み聞かせに重点を置いていたが、東北ではそれでいいのか――。考え始めればきりがなかった。

今こそ移動図書館だ

ともあれ、岩手県沿岸部の被災地にある図書館の現状視察を含め、支援の可能性を探るため、市川と鎌倉が岩手に向かうことになった。

五月二日、まず盛岡市にある岩手県立図書館を訪問。そののち車で海岸部に移動して宮古市へとまわり、そこから南下して大船渡市、陸前高田市へ。さらに再び北上して大槌町、山田町へと向かった。五月六日までの五日間の調査であった。

とくに陸前高田市立図書館、大船渡市立三陸公民館図書室、大槌町立図書館は、予想されたと

図書館名	人　的	建　物	設　備
宮古市立図書館	なし	一部亀裂（修繕済み）	本100冊ほど落下
宮古市立図書館田老分室	なし	床上15センチ浸水	水濡れ資料あり
釜石市立図書館	なし	ひび割れ	本５割程度落下。郷土資料、汚損のため利用不可
大船渡市立三陸公民館図書館	なし	津波の被害に遭い、骨組みしか残らず	全て流失
大船渡市立図書館	なし	なし	本の落下、照明の故障等。郷土資料、水濡れ
陸前高田市立図書館	全員行方不明または死亡	壊滅状態	把握不能
山田町立図書館	職員１名死亡（非番）	大きな被害はなし	図書散乱、図書30,000冊流失
大槌町立図書館	なし	壊滅状態	把握不能
野田村立図書館	なし	壊滅状態	把握不能

図書館の被災状況（岩手県立図書館資料より：2011年４月30日時点）

はいえ、いずれも壊滅状態であった。備品も流失し、まったく機能していなかった。大船渡市立三陸公民館図書室は当分の間休館。その他は、再開の目処さえ立たないという状況であった。陸前高田市立図書館は、図書館員が全員行方不明か死亡という悲惨な状況であった。

じつは大船渡市内にもう一つ大船渡市立図書館がある。そちらは建物の被害も人的被害もなかった。そこで同図書館の係長（当時）、吉田裕勇さんと会うことができたのは幸運だった。貴重な示唆をいただくことができた。

吉田さんは、常設図書館はともかく、移動図書館は早く走らせたいと強く願っていた。なぜなら、移動図書館はただの本の貸し借りでなく、学校や住民のニーズを聞き取る最善の方法だと捉えていたからである。たとえば、住民の方々が役場に来るときというのは、被災した証明書、住民票をとりにくるとか、何か用事があるときだけ。住民集会を開いたとしても出席するのはほとんどお父さんたち。とすると、ご婦人たち、高齢者、子どもたちがどんな状況、どんな思いでいるのか。役場にいるだけではそれが見えてこない。でも、移動図書館で回ると、すべての世代の気持ちがわかる。だから、今こそ移動図書館が必要。そういう考えであった。

もう一つ、避難所をまわって見えてきたのは、本が届いているにもかかわらず、誰も手にしていない現実である。気仙沼もそうであったが、岩手でも同じであった。避難所にダンボールに入った本が届いているのだが、どう扱っていいかわからず、そのまま放置されているのだ。簡単なルールを決めて、「読んだら一週間以内に戻してください」「また戻してください」と書いた紙を一枚を貼っておくだけで借りることができるのに、「もって行っていいのかどうかわからないので、怖くてさわれないんです」。誰に聞いてもそう答えるのだった。

それで思ったのは、読みたい本と出会うためには、本と皆さんをつなぐ人がいて、何が読みたいかを聴きとり、その意を汲んで巡回するという仕組みを作らない限り、無理なのではないだろうか、ということだ。それに、仮設住宅が町の中心から離れた山の中につくられる、ということであれば、たとえ常設図書館を作っても来られない人がいる。それよりは、移動図書館で回って、吉田さんが語るように、ニーズに応じて形を変えていってもいいのではないか——。こうして、さまざまな声を集めることを通して、市川と鎌倉の胸のうちに移動図書館による巡回というスタイルが形づくられていった。

続ける覚悟はありますか?

二人は東京に戻って急いで事業計画を立案して提出。六月一〇日の理事会において、移動図書館活動を中心とした岩手県における図書館事業の計画案が承認された。

対象は、岩手県の山田町、大槌町、大船渡市、陸前高田市の仮設住宅など。仮設住宅の人々の孤立化を避ける意味でも、本の貸し出しだけでなく、定期的に小さなイベントも行い、交流できる場となることも配慮する。そして、終了時期は、仮設住宅が閉鎖となる二年(または三年)後、行政の仮設住宅へのサービスが終了する時点までを目処とすること。その後は、地元NPOを立ち上げ、撤退後も一定の資金提供で応援することなどが盛り込まれた。

車に図書を積んで各地を回って読書を推進するこの活動は、創立以来、三〇年間にわたって取り組んできたシャンティにとって最も伝統ある活動である。一九八〇年代、カンボジア難民キャンプを車で回り、子どもたちに読書の機会を提供したのがこの活動の出発点である。アジア諸国で実践してきた活動を、日本の被災地で取り組むことになり、これまでの蓄積を日本という土壌でどう活かせるか、新しい挑戦であった。

じつは理事会でこのことが決まった後、鎌倉はそのことを喜び勇んで大船渡市立図書館に報告とお願いに訪れた。喜んで「一緒にやりましょう」と言ってくださるかと思ったが、返事は意外なものであった。担当の方は険しい顔になって言った。「嬉しいけど、わかりますか？　移動図書館は約束なんですよ。その覚悟はありますか？」

移動図書館の日は、雨の日でも、おばあさんが傘をさして、濡れないように、ビニール袋に入れて待っている。決められた場所に、決められた曜日、決められた時間に行くのが移動図書館。お祭り気分で入って来ている団体もある。今日は寒いからやめようとか、覚悟がないなら来ないでほしいということであった。

「二年はやります」と言ったら、「二年ですか。それぐらいなら……」と、お許しをいただいた。来てくださる子どもたち、利用者さんに扉を開け続け、約束を紡いでいく覚悟。そこから生まれる信頼感が大切であることに気づかせていただく体験であった。

遠野市に岩手事務所オープン

そして、準備にとりかかった矢先のこと。「ええっ、そんな無茶な」。担当者としてはそう言いたくもなった。「六月上旬まで岩手事務所を開設するように」という指示がおりたのだ。決定後、ひと月もたたない時期になぜ……。

訊いてみると答えはこうだった。七月になると夏休みになるので、多くの子どもたちに移動図

シャンティ岩手事務所（遠野市）

倉庫内に設置する本棚の組み立て

書館を利用してもらえる。だから、それまで何とか態勢を整えたい——。その事情は理解できなくはないので、ともかく市川、鎌倉が中心となって必死になって事務所を探した。

　事務所を設置する場所として、当初は、釜石市も候補にあがった。でも、被災地に確保するのは難しそうであった。国道四五号線の道路が混むのではないかという懸念もあった。それに、支援する側のメンタルケアを考えると、ずっと被災地の中にいるのは精神的にきついものがあるのではないか——。そこで、結局は、どの被災地にも比較的近く、アクセスも便利な、岩手県遠野市に事務所を借りることに決定した。

　借りた場所は元縫製工場であった。工場は数年前に閉鎖されて、人の出入りがなかったため、かなり埃がかぶって汚れていた。二〇人前後のボランティアたちが各地から駆けつけて、最初の一週間は床ふきなどの掃除や壁貼りに没頭した。遠野の冬は雪よりも凍結がこわかった。気温がマイナス一五度まで下がることがあるので配管が凍ってトイレやお風呂が使えず、寄宿していたメンバーはとても苦労した。

倉庫の本棚の組み立て。本の受け取りと整理。貸し出しシールを貼る作業など、ほぼ一ヵ月、ボランティアたちの奮闘は続いた。

当初のスタッフ態勢も決まった。広報課長の鎌倉が岩手事務所図書館事業のスーパーバイザーを兼務することになり、市川と鎌倉の二人を中心に、そこに古賀東彦《こがはるひこ》が現地責任者として、東京事務所から六月一六日付けで赴任した。

そして急いで現地スタッフの募集を開始。地元の方々に仕事の場を提供し、できるだけ一緒に地域の復興のお手伝いができればと考えて、地元の人を募集した。そして、七月一日付けで田中明博（図書館活動プログラム担当）を採用。その後、八月一日付けで、同じく図書館プログラムスタッフとして吉田晃子、そして経理・総務担当として千葉りかが加わって、初期の態勢が整った。

運行先はどこにする？

一九八一年からアジアで図書館活動に取り組んでいるシャンティは、図書館には四つの要素があると考えている。①図書スペース、②本、③図書館員、④利用者である。

何と言っても、七月から運行を開始するためには、どこの仮設団地を訪問するのか、運行先を決めなければならない。それも事務所開設から一ヵ月の間にである。

ところが、六月は、活動する各市町村において避難所から仮設住宅への引っ越しが決まった時期でもあった。それゆえ、プレハブが並んでいるだけでまだ入居者がいないところ、あちこち引っ越しの真っ最中で騒然としているところ、自治会長が決まっていないところ、など、その様子は仮設団地によってさまざまであった。

地形的な面からも、岩手はもともと狭い住宅地が津波にさらわれたため、仮設団地を作れるような広い場所がなく（学校のグランドや田んぼなどに限られる）、ナビにも乗っていないような、山間の不便で狭い場所が仮設団地になることも多かった。

そのため、訪問先の候補を選ぶにあたっても、大雑把な地図をもとに、ただ活動地をうろうろするしかなく、ちょうど行き当たった仮設団地の自治会長さんが、受け入れに前向きだったというご縁によって決定するなど、どちらかといえば偶然の決定となった感が否めなかった。とはいえ、勝手に訪問先を決めたわけではない。各活動地の図書館、および仮設団地の担当部署を回り、活動への理解を求めるとともに、移動図書館の訪問先の相談にも乗っていただいた。地元の教育委員会から後援名義もいただいた。

シャンティとしては、活動する市町内で、一部地域に偏らないよう、たとえば、陸前高田市での活動であれば、竹駒、高田、小友、広田など、訪問先を分散させるように配慮した。

運行先の決定にあたっては滝沢村立湖山図書館（当時）の村上斉さんからいただいたアドバイスが役に立った。

避難所にしろ、仮設住宅にしろ、いきなり行って、本を貸し始めます、と始めるのではなく、前もって、代表の人や、中心になっている人に挨拶をしておくことが大切。そうでないと、「何やってんだ」と誰かに問いかけられたとき、「いや、俺も知らねえ」となって、その後、立ちゆかなくなる――。一緒に連れて行って、挨拶のしかたを手ほどきしてくださることもあった。

本を揃える

移動図書館を始めると言っても、本も本棚も図書館車もない岩手事務所であった。本については、二〇一一年六月二二日、盛岡に活動拠点をもつ「3・11絵本プロジェクトいわて」（末盛千枝子代表）から、絵本・児童書類、五〇〇〇冊の寄贈を受けることができた。当初は子どもたちが支援対象の中心であったのでとてもありがたかった。

遠野でトラックを借りて盛岡の公民館まで本を受け取りに行った。到着すると、すでに絵本類が一〇〇箱のコンテナに用意されていた。仕分けや本の掃除も行き届いていた。

それ以外にも、大手出版社が合同で立ち上げた「〈大震災〉出版対策本部」から文庫本や実用書を、「ブックオフオンライン株式会社」から話題本、「忍者ツールズ」漫画寄付キャンペーン（コミック中心）、「カルチュア・コンビニエンス・クラブ（雑誌などが多かった）」などからも、それぞれ一〇〇〇冊単位で寄贈を受けた。

このような図書寄贈のプログラムはいくつかあったようで、先ほども触れたが、一方では、大量の中古の絵本類が仕分けもされないまま被災地に送りつけられ、避難所の入り口で迷惑物資になっていることも見かけた。「本をいかに活かすか」は活動当初からの課題でもあった。

軽トラの移動図書館車で

次に、本を積み込む移動図書館車である。

予算はあったのですぐ手に入ると思ったが甘かった。日産自動車株式会社からは、震災のため新しい車のニーズが集中したため、納車まで時間がかかる、との説明を受けた。

そこで、そばにあった軽トラックを仕立てて運行することにした。シャンティの支援団体の車で、車体には団体名の「ヌンソンサン浜松」の名前が入っていた。ところが、二回目の運行のときであったか、大船渡市の中学校を出る際、爆発音がしたと思ったら、翌日の山田町の運行の際にはエンジントラブルが発生して動かなくなってしまった。その後、修理して何とか運行できた。次の図書館車がくるまで大活躍であった。最初の段階で、本式の大型の図書館車で乗り込むのではなく、この車で仮設団地を訪問できたのは、むしろ威圧感がなくてよかったのかもしれない。

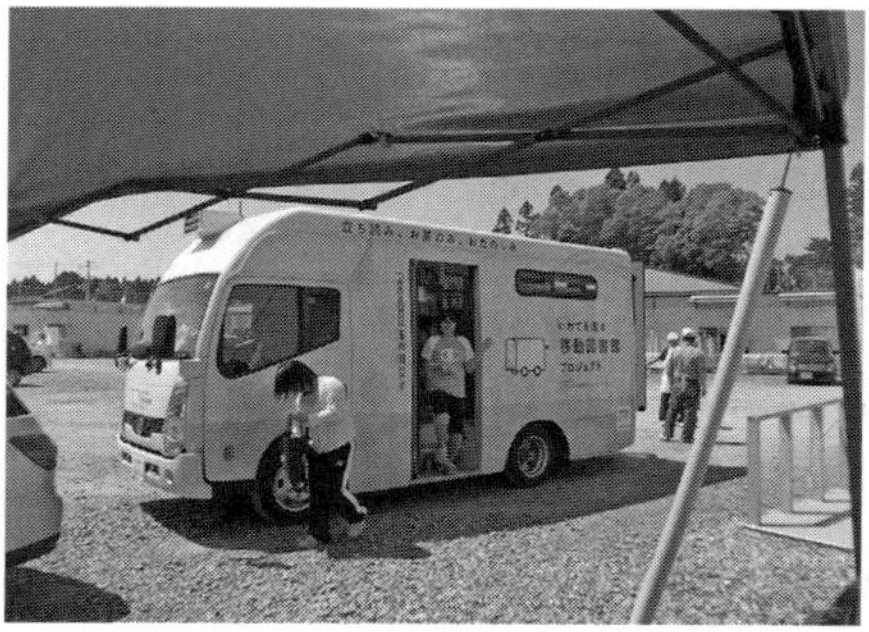

日産自動車から寄贈の車

その後、二〇一一年一一月下旬、やっと正式な図書館車が岩手事務所にやってきた。枚方市から寄贈を受けたもので、ミッフィーが車体に描かれていたこともあり、「ミッフィー号」、あるいは枚方市からきたので「枚方号」と呼ばれていた。中乗り型だったので、雨の心配が減ったが、ＬＰガス車のため、燃料の充塡場所が限られた。同じ年、二〇一一年一二月には、メリルリンチ日本証券株式会社より、移動図書館車の寄贈を受けた。大槌町において、町長ほかを招いて贈呈式も行った。この車は、その後、大槌町や山田町の活動で活躍した。ハッチを開くと上部に隙間ができるため、雨の日はキャンプ用のシートを覆う必要があった。通称「ボンゴ」と呼ばれていた。

その後、日産自動車から二台寄贈を受けて、林田製作所で改造した。一台目は二〇一二年二月にデビュー。陸前高田市や大船渡市での運行に使われた。二台目は二〇一二年四月にデビュー。大槌町、山田町での運行に使われた。これも中乗り型で、なおかつ新しい車だったので、悪天候に強く、活動の安定に寄与した。

個性ゆたかなボランティア、ドライバー

個性的なボランティアたちに支えられての活動でもあった。ボランティアにたよらず自分たちだけで運行するようになったのは一、二年先のことである。

当初の軽トラック移動図書館車のスタイルをつくったのは、阪神・淡路大震災時に一緒に活動してつながりができた人たち（通称・神戸組）であった。当初、確保できていた車両はワンボックスカーと軽トラック。当初の古賀のイメージでは、本を積んでワンボックスカーで出かけて、その後にプラスチックコンテナを並べて、そこでお茶を飲んでもらうというスタイルだった。でも、「それだと図書館っぽくないよね。これに棚を積んだら」と神戸組の高橋康次郎さんがグッドア

イディアを発案。ホームセンターに行って、カラーボックスを買い込み、みんなで本棚を作ることになった。そして、どこにもないユニークでかわいい図書館車ができあがった。彼らは初回の運行にも同行して、移動図書館車（軽トラ）の運転手や子どもたちの遊び相手にもなってくれた。

小学校に入る前の娘さん二人を連れて、何度も運行を手伝ってくださった秋田のお坊さんも深く印象に残っている。運行のサポート以上に、気持ちに余裕のないスタッフを見守り、支えてくださったことがありがたかった。長野の近藤光俊さんはボランティアスタッフとして遠野事務所に半常駐であった。大槌町のかねざわ図書室のオープンに情熱を注いでくれた。ペットボトルのジュースからおいしいコーヒーへと、利用者の皆さんにお出しする飲み物がグレードアップしたのも近藤さんの試みからであった。埼玉から毎週のように駆けつけてくれた三木真冴さんは、その後、岩手事務所の核となって活動を安定させ発展させた。現地責任者の古賀の赴任とともに遠野に移り住んだその奥様も、運行先のお話し相手として、経験の少ない他のスタッフの間を埋めた。白い割烹着を着てコーヒーなどを提供する「カフェ割烹」と名づけたコーナーも担当した。

移動図書館車の運転をお願いした地元のドライバーにも本当に助けられた。堀合さんは、毎朝、運行の出発前には、スタッフやボランティアみんなに飴玉を配るのがお決まり。「モーニングあめです」と言って。そして、みんなを促して「いくぞー」と声をあげての出発であった。そうやってテンションをあげていかないと、現場はいろいろな人のいろいろな思いが渦巻いていて、雰囲気にのまれて何もしないで帰って来たかのような感覚があったのだ。

立ち読み、お茶のみ、お楽しみ

こうして始まった活動であるが、利用者の皆さんに親しみやすく感じていただけるようにネーミングとスローガンを次のように考えた。

〈ネーミング〉

いわてを走る　移動図書館プロジェクト

聞いただけで「どこで（いわて）何をしているのか（移動図書館）」がわかるように。優しさと柔らかさを出すために、「いわて」、とひらがなに。そして、年配の方も多いので、すべての世代に受け入れられるように英語の表記は避けてこの名前にした。

〈スローガン〉

立ち読み、お茶のみ、お楽しみ

移動図書館がどういう場なのか、わかる表現にした。一人でぶらりと立ち寄っていただいてもいい。友だちを誘って椅子に座って本を読み、お茶を飲みながら皆さんとおしゃべりをしてもいい。そんな意味合いを込めてこのスローガンにした。

お揃いのエプロンで

こうしてシャンティの移動図書館活動の基本スタイルができあがった。

文字通り、気になる本や雑誌、新聞があれば気軽にページを開いて、立ち読み大歓迎。日本茶、コーヒー、ジュースなど提供するので、ほっと一息ついていただける。そして、シャンティの図書館はおしゃべり自由。利用者さん同士、あるいはスタッフと他愛のないおしゃべりを楽しんで、たくさん笑って帰っていただきたい。

スタッフはお揃いのエプロンで

そんな願いで定期的に仮設団地を訪問。毎回一時間程度、滞在し、一回に借りられるのは五冊まで。次の運行時に返していただく、というシステムである。探している本、読みたい本が見当たらない場合などは、リクエストにもお応えした。

初回の運行時から、スタッフはエプロンを身につける場合もあったが、二〇一一年一〇月中旬から、揃いのエプロンを着用し、運行時のユニフォームとした。地元スタッフは黄色、ボランティアとドライバーはベージュと色を分けた。本の貸し出しや返却、次回の訪問など、運行や活動のことをわかっている人を利用者にもボランティアにもわかりやすく示すためである。

仮設団地に到着すると集会所周辺に移動図書館車を停める。リーダーの指示にしたがい、タープや机、椅子などを運び出して設営する。

外に設営した理由は、立ち寄りやすく、同時に立ち去りやすくするためである。仮設団地の集会所は、一部の常連さんの住民が使用していることも多く、そのような場合、集会所の中に設営してしまうと、立ち寄りにくくなる人もいる。外に設営した方がのぞきやすい。誰でも立ち寄れるみんなの居場所をめざしたが、外に設営したのはそれに合った形であったと思う。

運行から戻るとスタッフみんなで活動を振り返り、利用者の皆さんから耳にした声を記録して残した。

図書館車、いよいよ岩手を走る

記念すべき初運行の日のことをお伝えしよう。

いよいよそのときがきた。二〇一一年七月一七日（日）、午前八時過ぎ。まだ名前もない移動図書館車が岩手事務所を発進。「いわてを走る　移動図書館プロジェクト」がようやく始まった。

軽トラックに本棚を積んだ小さな図書館車を先頭に、四台の車にスタッフ、ボランティア計一二人が分乗し、一路、陸前高田市へ。

陸前高田市は岩手県の南東部、太平洋に面した町である。三陸海岸の南寄りに位置し、すぐ南隣は宮城県気仙沼市である。人口一万九六二八人（二〇一七年八月三一日現在）。面積二三一・九四㎢。東日本大震災の津波によって、高田松原の美しい景観や市役所庁舎を含む市の中心部が壊滅状態となった。陸前高田市立図書館も図書館員が全員行方不明か死亡という悲惨な状況に見舞われた。

記念すべき初運行（2011年7月17日）

　寄贈を受けた一万五〇〇〇冊あまりの本から、約八〇〇冊の絵本、コミック、小説、料理本などを選び抜き、初日は、陸前高田市の竹駒、高田、小友、広田の四地区の仮設団地を回った。

　最初にやって来たのは子どもたちであった。

「何やってるの？」「マンガ読んでもいい？」「私、絵描く」。子どもたちのはしゃぎ声が呼び水になって、その後、しだいに住民の方々が立ち寄ってくれるようになった。

「仮設にいて本が借りられるなんてありがたいです」「この本は子どもが大好きで、家にも置いてあったんですよ。津波で全部流されたけど……」

　本の貸し出しだけではなく、手にした本をきっかけに、みんなの話が広がる。本の話。三月一一日に体験したこと。昔このあたりに嫁いできたころの話、等々。滞在時間の一時間はあっという間に過ぎていった。

　この日はとても暑い日だった。運行を終えて遠野に戻ってきたころには、みな、日焼けしてクタクタ。本人も疲れているだろうに、神戸組は、みんなの体調を気遣い、水分の補充を促したり、焼き肉でねぎらったり、何かと世話をやいてくれる。その逞しさ、優しさが身に滲みた。シャン

最初にやってきたのは子どもたち（2011年7月17日）

ティのスタッフに足りないノウハウも感じた。

お疲れ様会の後、古賀とスタッフの田中は語り合った。

「寄付してくれる人やシャンティの関係者以上に、そこに暮らしている人のために頑張ろう」。二人は意を強くした。そして、少し泣けた……。本当に運行できるのかと思っていた。ホッとした気持ちが強かった。

こうして、七月一七日の初めての運行から八月末まで、三六回の移動図書館活動を実施。四三三人が利用し、九〇一冊の本が貸し出された。

2

雨の日も雪の日も

ともかく無我夢中で走り続けた日々であった。

二〇一一年七月一七日の陸前高田市を皮切りに、その後、同年七月二三日には大船渡市、二四日には山田町、三〇日には大槌町において、順次、移動図書館活動を開始した。

大船渡市、山田町、大槌町について簡単に紹介する。

大船渡市は三陸海岸南部の代表的なまちである。陸前高田市の北隣に位置し、人口、三万七四〇九人（二〇一七年八月末日現在）、面積、三二二・五〇㎢。水産業や窯業が盛んで、市の沖合は世界三大漁場と言われる海域である。大船渡港は岩手県内で最大の港湾で、岩手県内初の外国航路として韓国の釜山とも結ばれている。東日本大震災の大津波によって市の中心部が壊滅状態となった。

山田町は、三陸海岸のほぼ中部に位置するまちである。人口、一万六〇一四人（二〇一七年九月一日現在）。面積、二六二・八一㎢。山田湾と船越湾を擁し、リアス式海岸を利用した養殖漁業が主要産業で、山間部には製造業の中小工場も点在している。東日本大震災のときは、大津波と猛火に包まれ、高台の一部を残してまちは壊滅的被害を受けた。

大槌町は、やはり三陸沿岸に面したまちで、山田町の南隣に位置する。人口、一万二一三〇人（二〇一七年八月三一日、現在）。面積、二〇〇・四二㎢。基幹産業は水産業。大槌湾に浮かぶ蓬莱島は、NHK人形劇「ひょっこりひょうたん島」のモデルとされる。東日本大震災では町長も亡くなり、ほどなく選挙が行われ、ゼロからの出発となった。犠牲者全員の記録をまちの事業として残す「生きた証」プロジェクトにも取り組んでいる。

雪の日も運行（2012年2月）

さて、翌年、二〇一二年には、求人を申し込んで若いスタッフたちを迎え入れた。村中一欽、黒澤智美、佐々木恵美、佐藤友貴、津田千亜希、村上悠、藤原辰憲。いずれも、地元在住の人たちである。彼らの加入によって活動がさらに安定していった。

雨の日も、風の日も、雪の日も、運行予定の日には必ず訪ねた。図書館車を待っている人との約束だからである。お陰様でそのことを通して住民の皆さんとの間にしだいに信頼関係も生まれていった。利用者の皆さんが喜んでくださる笑顔、かけてくださる温かい言葉がスタッフたちへの何よりの励ましだった。

その一年間の歩みについて、二〇一二年、古賀東彦（岩手事務所所長）は次のように回想している。

一年以上が経ち、私たちは今も岩手県を移動図書館車で走っています。初日に感じた気持ちは今も変わっていません。ただ、忘れていたこともあります。そう、初日のお客さまは子どもたちが中心でした。今でも子どもたちはやって来てくれますが、利用者の中心は六〇代、七〇代以上の女性です。東北の人たちは口が重いものと勝手に思っていましたが、どこにおじゃましても賑やかに話が弾みました。ただ、楽しく盛り上がっていると、ふいに津波で家族を失った話に移り、それが次の瞬間にはまた別の話に変わる、それが繰り返されることが多かったです。

移動図書館の活動は、一度始めたらやめられないと言います。図書館車を待っている人との約束事だからです。本を借りたら返す。そうすればまた借りることができる。昨年の夏、大型台風が近づき、雨、そして強風の被害が心配な日に運行日がぶつかったことがありました。遠野にある事務所を出て、車で一時間ほどの沿岸の町大槌に行くかどうか最後まで迷いました。結果、行ってみると思いのほか風も穏やかで、「こんな日にも来てくれるんだね」「台風で出かけるのやめたから、家で暇にしていたんだよ」と大勢の方が本を借りに仮設住宅から出てきてくださいました。行くと決めた判断が正しかったかどうかはともかく、この日を境にこの仮設団地での運行は賑やかになりました。少し大げさかもしれませんが、住民の方と信頼関係が築かれた気がしました。

雨の日も風の日も雪の日も、運行日はやって来ます。とくに、冬。事務所を構える遠野の冬は厳しく、道の凍結が怖い。そこを頼りになる地元のドライバーさんの運転で沿岸地域まで。行った先で、「大変だったでしょう」「ほらあったまって」と反対に気遣っていただくこともしばしばでした。

活動を通じてこの一年さまざまな本をお届けしました。本は不思議です。懐かしさをおぼえたり、安らぎを感じたり。今日はここまで、と好きなところで読むのをやめられるのがいいと言われる方もいました。料理や編み物の本は、本当に「飛ぶように」借りられていきました。民宿を開業するのに法人を設立したいと、会社のつくり方の本を借りていかれた方、ボランティアがどこからやってきたのか知りたいので日本地図を借りていかれた方、そのような一人ひとりの希望にお応えができたときは活動していてよかったと思いました。

二〇一二年二月には大槌町に、四月には陸前高田市に、活動拠点となる図書室をオープンしました。さまざまな方のご厚意の賜です。移動図書館車で行くことができる団地の数は限られています。滞在時間も長くて三時間。図書室であれば、予約も要らず、開館している間は好きなだけご利用いただけます。本がそうであるように、この二つの図書館も懐かしさをおぼえたり、安らぎを感じたりする場になってほしいと考えています。

移動図書館活動の初日、階段を下りながら、「図書館、待ってました！」とこちらに声をかけてくださった女性がいました。その声に笑顔でこたえられる活動をこれからも続けていきたいです。


（ニュースレター『シャンティ』二〇一二年　秋号より）


こうして一年たって活動の手応えが感じられるようになった。

岩手事務所の所長としてこの活動を牽引し、さらにその後、山元事務所の所長も兼務した古賀の重圧は半端なものではなかったであろう。

アジアで三〇年の歴史があってこその活動である、と始まった岩手の移動図書館活動だが、そう言われるたびに戸惑いを感じていた。

何せ、岩手事務所にも、そして山元事務所にも、古賀を含めてシャンティ三〇年の歴史を体験したり、知っている職員は一人もいないからだ。図書館サービスにおいても、被災地支援、心のケアにおいても素人の集団であったのは事実。シャンティのこともNGOのこともよくわからずに集まったのが岩手事務所のメンバーである。「こんなわれわれに何ができると言えるだろう。目の前のことに誠実に向き合っていくしかない」。そう思い直して歩まざるを得なかった。「これでいいのだろうか」「自治会長さんにこう言われたけど、どうなんだろう」と、その繰り返しで歩まざるを得なかった。自分たちで道を切り拓いていったと言える。

でも、考えてみれば、「NGOのみちは、〈けものみち〉をゆくにひとしい」「ボランティアは主人公ではない。触媒である」と指し示したのは、シャンティの創設者、故有馬実成である。その後も引き継がれているシャンティの基本姿勢でもある。そう考えると、岩手事務所、山元事務所の職員が道なき道を開いたその情熱と行動が、じつは、そのシャンティの原点を反映していたと言えるのかもしれない。

さて、試行錯誤を繰り返しながら、岩手事務所の移動図書館活動は、次のことを活動の要件としてさらに明確にしていった。

◆地元のスタッフを中心に、地域の行政や住民の方と協力しながら活動する。図書や雑誌は地元の書店から購入するように努める。

◆図書のサービスは人を介して提供されるべきもの。利用者が必要な情報を得るため、利用者同士が触れ合うためにスタッフがお手伝いする。

◆利用者が地元について再発見し、未来を創造するきっかけとなる情報の提供や場づくりを行う。

こうして、二〇一二年三月三一日まで、のべ二一九の仮設団地を訪問し、のべ四二五八人に、九一五八冊の書籍類の貸し出しを行った。

3 移動図書館活動、その後

その後、二〇一二年から二〇一三年までは、岩手県の山田町、大槌町、大船渡市、陸前高田市の二八ヵ所において移動図書館活動を実施。二〇一三年一月から一二月まで、のべ七一七二人の方に一万九六一五冊の本を貸し出した。

利用者は、公共図書館に行きたくても思い通りにならない高齢者の方が多く、月に二回の訪問を楽しみに待っている方が多数おられた。とくに人気のある本は、手芸や料理の本。そして、文字が大きい大活字本である。移動図書館車が訪ねることで外に出るきっかけにもなり、住民同士が近況報告や情報共有ができる貴重な場になっていた。そこで、地域の団体と連携して、移動図書館の運行の際にイベントも企画した。とくに、「遠野のかたりべを聞く会」などは好評であった。

この時期になると、しだいに仮設団地から転居する住民が増えていくことが予想された。だが、まだ残っている住民もおられ、新たに転入してきた住民との間にどうコミュニティを形成するかという問題もあり、さらなる支援が必要とされた。

なお、二〇一三年六月、それまで遠野市にあった岩手事務所を、より活動地に近い釜石市に移転した。そして同年一二月、大槌町の金沢に構えていた拠点を山田町大沢へ移転した。それ以降、岩手県の活動地域が広範にわたるため、山田・大槌グループと大船渡・陸前高田グループの二手に分かれて活動することになった。

二〇一四年からは、大槌町立図書館がほとんどの仮設団地で移動図書館活動を行うことになったので、大槌町での移動図書館活動は終了して、大槌町以外、山田町、大船渡市、陸前高田市の二六ヵ所の仮設団地で実施することになった。二〇一四年一月から一二月までは、のべ四、七三七人に一万三二五八冊の本を貸し出すことができた。この年の四月から、山田町の移動図書館活動は山田町教育委員会との協働事業となり、それによって巡回する仮設団地を増やすことができて、さらに多くの皆さんに多くの図書をお届けすることができた。

二〇一五年一月から一二月までは、のべ四五一九人、一万九六三冊の本を貸し出した。仮設団地の入居率が低下し、利用者は減少したが、それでも活動を楽しみに待っていてくれる方々がいる。二〇一五年は、仮設団地の他に、大船渡市の再開した三陸公民館、陸前高田市の災害公営住宅で、地元お話会や公共図書館と一緒に移動図書館活動を行った。

活動からいつ撤退するかは大きなポイントである。地元の公立図書館の復興や、地元の団体の

●移動図書館活動（山田町、大槌町、大船渡市、陸前高田市）

	場所	2011	2012	2013	2014
利用者数	山田町	472	3,122	3,230	2,767
	大槌町	527	1,574	1,360	223
	大船渡市	739	1,595	1,431	1,016
	陸前高田市	1,053	2,351	1,189	898
	合計	2,791	8,642	7,210	4,904
貸出冊数	山田町	969	7,085	9,529	7,909
	大槌町	904	2,709	2,918	662
	大船渡市	1,307	4,336	4,723	2,580
	陸前高田市	2,108	3,885	3,080	2,107
	合計	5,288	18,015	20,250	13,258

	場所	2015	2016	2017	合計	活動期間
利用者数	山田町	3,110	0	0	12,701	2011年7月～2015年12月まで（4年6ヵ月）
	大槌町	0	0	0	3,684	2011年7月～2014年3月まで（2年9ヵ月）
	大船渡市	660	31	0	5,472	2011年7月～2016年4月まで（4年9ヵ月）
	陸前高田市	730	268	0	6,489	2011年7月～2016年8月まで（5年1ヵ月）
	合計	4,500	299	0	28,346	
貸出冊数	山田町	7,599	0	0	33,091	
	大槌町	0	0	0	7,193	
	大船渡市	1,826	28	0	14,800	
	陸前高田市	1,538	513	0	13,231	
	合計	10,963	541	0	68,315	

活動によって読書環境が整ったころが目安ではないかと考えていた。

東日本大震災から五年が経過し、被災した大槌町立図書館、陸前高田市立図書館、山田町立図書館の再建時期が決まり、館内のレイアウトなども明確になってきた。一方、山田町での移動図書館活動は山田町立図書館へ引き継ぐことになり、大船渡市では、特定非営利活動法人「おはなしころりん」や大船渡市立図書館が移動図書館を行っているところから、二〇一六年八月をもって岩手事務所による移動図書館活動を終了することになった。二〇一六年一月からは山田町立図書館が移動図書館活動を継続している。

4

ここに来れば本が読める
——居場所としての図書館

慣れない土地での不自由な仮設団地の生活。顔なじみの人がいなければ、さらに寂しさやストレスもつのる。本を読んでホッとひと息ついて、お茶やコーヒーを飲んでおしゃべりをすることがいかに皆さんの楽しみになっていたか。移動図書館が住民の皆さんの居場所となり、交流の場となっていたことが次の声からも感じ取れる。

・津波で子どものころから大事にしていた本を全部流されました。仮設は置くところがないから買わないようにしているけど、本屋さんに行くとつい買ってしまう。でも、ここがあるからがまんしようかな。（山田町、四〇代女性）

・テレビを見ていても飽きてしまう。本を見ている方がいい。本は飽きなくていい。（山田

町、六〇代男性）
・移動図書館が来るから退屈しないでいられる。来なくなったらどうしよう。町立図書館までは行けないし……。（山田町、七〇代女性）
・夜、眠れないときに本をよく読むの。（大槌町、五〇代女性）
・よかったぁ、間に合った！　ここのコーヒーはおいしいからね。間に合ってよかったよ。（大槌町、六〇代女性）
・こういう移動図書館が来てなかったら、本も読んでなかったろうなぁ。（大槌町、六〇代女性）
・時間前なのに来てしまったよ。図書館車の中、早く見たいな。（陸前高田市、六〇代男性）
・図書室で勉強しに来ました。テーブル借りていいですか？（陸前高田市、中学生女子）
・ストレスたまって、発散しようと思って図書室に来たの。（陸前高田市、五〇代女性）
・仮設自治会のお花見会を、移動図書館と一緒の日にしたんですよ。（陸前高田市、六〇代男性）
・本を借りに来たのではなく、ここの住民の人たちと話をしたくて来たんです。（山田町、八〇代男性）
・移動図書館車の本は借りたい本ばかりで、選ぶのが大変だ。（陸前高田市、六〇代男性）
・高台移転先は、今年、貝塚を掘っているから来年整地になるんじゃないかな。出土してしまったから、どんどん建設が遅くなっているんです。高台に二〇軒移転するし、その隣に公営住宅ができるから、ほとんどの人が一緒に行くんですよ。できたら、そこに（移動図書館車）、来てほしいな。（大船渡市、三〇代女性）

移動図書館はみんなの居場所です（2012年5月）

5

どんな本が読まれたのか

被災地の皆さんに図書館としてどんな本を用意すればいいのか、職員たちにとっては選書も手探りの状態であった。図書館専門家のアドバイスをいただきながら、ともかく利用者ニーズに合った本を提供できるように心がけた。

本は、生活に必要な情報を提供してくれる。時に、疲れた心に癒しや安らぎを与え、試練を越える希望をもたらしてもくれる。

では、どんな本が読まれ、求められ、図書館がどのように必要とされていたのか、利用者の皆さんから聞いた声を交えながら少し振り返ってみたい。

飛ぶように借りられた料理、手芸の本

シャンティの図書館活動で最も多く借りられたのはどんな本かと言えば、何と言っても、料理や手芸の本である。まさに飛ぶように借りられていった。なぜかと思ってあるお母さんに聞いてみると、「食事は家族の絆だからね」と答えてくれた。

「明日、お父さんの弁当に何を入れてやろうかと思って、料理の本を借りに来たの」というお母さんもいた。訪問すると、毎回のように、「みんなで食べて」と言って、手作りの料理をもって来てくれる利用者の方がいた。私たちから借りた本を参考にして作っているという。狭い仮設住宅の暮らしだけれど料理を作って人に食べてもらうことが生きがいだと語っていた。スタッフとしてもこの活動のやりがいを感じるときであった。

あまりに人気が高く、スタッフも料理の選書には悩んだときもある。次は、ある日のスタッフのつぶやきである。

料理の選書の件ですが……
やはり根強いのは「お弁当」と「おかず」ではないかと思います。
本のタイトルで言いますと『50円おかず』や『500キロカロリー以内』『15分で〜』『電子レンジで簡単〜』などだと思います。

やはり主婦は「簡単・安い」の言葉に弱いので……


あと、最近は話題性のある本にも注目しています。

最近は「朝ジュース」や「50℃洗いレシピ」の本を買いました。

テレビ、雑誌などで、今はどんな食材、調理方法、レシピが話題なのか、情報を入手しています。

とくに女性（主婦）はそういうのに敏感だと思うので……


あとは、料理番組は強いです。

『上沼恵美子のおしゃべりクッキング』や『はなまるマーケット』『3分クッキング』は、和・洋・中・問わないし、一冊にいろんなレシピが載っているので、選書ポイントにしています。


かねざわ図書室の最近の声で言いますと、中華料理本が人気です。

ここには中華料理の本が三冊しかなく、今回の定期購入で「ラーメン」と「炒飯」の料理本を購入する予定でいました。（大槌・山田班　S、二〇一二年）

料理と並んで手芸や編み物の本も人気が高かった。「手を動かさないと、時間をもて余してしまうし、嫌なことを考えてしまうからね」。そんな気持ちから手芸や庭いじりを始める人もいた。とくに東北の寒い冬で大人気なのが「編み物」である。「これ、ここで借りた本を見ながら作ったんだよ」と言って、お手製のセーターをもって来て見せてくれた人もいる。

仮設団地によっては、リクエストした本を参考にして、エコ・クラフトがちょっとしたブームになっていたようだ。エコ・クラフトとは、クラフトテープと呼ばれる平たいひもを使って編んで作るもので、かごやバッグ、キャラクターの小物入れなどを作る。団地によっては住民の皆さんが集まってワイワイ作っていたようだ。集会所の棚に作品が並べてあったこともある。

地図や手紙の書き方の本

それから、地図や手紙の書き方の本もリクエストされることが比較的多かった。理由を聞いてみると、「来てくれたボランティアさんがどこから来たのか知りたいから」ということであった。わざわざ私たちの町まで来てくれたことがありがたい。どんな所から来てくれたのか知りたくなって地図を広げてみたくなったようだ。

さらには、支援物資をもらったり、心配の手紙をもらったり、ボランティアで来てくれた人たちに手紙を出したいから、と、手紙の書き方の本や辞書のリクエストもいただいた。「震災で友人を失ったことは辛い。でも、震災があったことで、一生会うこともなかった人と出会って、復興に向けての一生の友ができた」という人もいた。

ちなみに地図をリクエストする方は、震災前の町を子どもたちに知らせたいという人たちでもある。二〇一一年の時点にはなかったが、一年を過ぎたころから、震災関連の本のリクエストも届くようになった。何が起こったのか知りたい、という人もいれば、まだ読みたくない人もいた。

これからの生活設計

仮設住宅に住む人たちの最大の関心は、こののち、どこに住むかである。災害公営住宅の完成を待ってそこに住むか。被災した家をリフォームして住むか、さもなくば新しく建てるか。選択肢の中から決断するのは自分自身である。「本格的に家のこと勉強しないとね」「今度建てる家は平屋になると思うけど」「間取りの本はありますか」。しだいに、住まいに関する本が借りられるようになった。

そして、住まいだけではなく、将来の生活設計に動き出す人たちもいた。「民宿を開業したいと思ってね」。法人設立のために、『会社のつくり方』という本を借りていかれた六〇代の男性もいた。

心の糧として

「震災当時は〈うつ〉になりかけたけど、五木寛之の本を読んで助けられた」と言った人がいた。中には「泣ける本が読みたくなったから、選んでくれない?」と言う人もいた。その一方では、思いっ切り笑える本を探す人もいる。人それぞれであるが、本は、それぞれの心のひだに寄り添い、心の栄養となり糧となることを再認識させられる。

ただ、「まだ小説という感じじゃないのよね、肩のこらない本をがいい」という人もいた。肩のこらない本というのは、その人によれば、「週刊誌」「写真集」「絵本」「漫画」「大活字本」のことである。大活字本は、見やすく楽しいというだけでなく、字が見えづらい方のために揃えるようにしていた。

肩のこらない本から、しだいにボリュームのある本に挑戦する人も現れた。「この間、借りた本、三部作、全部読み切ったよ」。いい本と出会えた喜びが、次の読書へのパワーとなっていく。その出会いを作れることも私たちの喜びである。

協力した人たち 1

子どもや年寄りも一緒に、なごみのときでした

山田町・山田第四団地　元行政区長
湊　義雄さん

シャンティが移動図書館活動を行った場所の一つ、岩手県山田町の山田第四団地。そこで二〇一一年から二〇一五年まで、行政区長を担われたのが湊義雄さんである。山田高校のボート部出身で、かつてはオリンピックにも出場したこともある元アスリート。二〇一五年一一月、家を新築されて仮設から転居されたのだが、今でも仮設団地の住民のことが気になって、時々出かけてはお世話をしている。ご自宅にうかがって、近況やシャンティの移動図書館への思いなどをうかがった。

——お久しぶりです。家を新築されて仮設住宅から引っ越したそうで、新しい一歩を踏み出されたんですね。

湊　復興公営住宅、五〇余っていると聞きました。なぜ入らないのかと言えば、家賃が高いのと、2DKに入りたいんだけど、3DKしかないからだと思うな。余っているのはみんな3DKだから。踏み出せる人は踏み出した方がいいと思う。もし、自分がまだ四〇代か五〇代だったら、高台にある公営住宅を待っていたかもしれないけど、年齢も年齢だから、踏み出した方がいいと思ってここに家を建てたんです。後輩のご縁で、ここに土地が見つかってね。去年の五月か六月に話があって、それから家を建てて、去年（二〇一五年）の一一月に引っ越ししました。わりと順調にいったと思います。

湊義雄さん（右）と奥様の眞保子さん

意外に仮設住宅も住めば都なんです。みんな大変だと言っているけどね……。だって遠い昔は、あれよりひどいところに住んでいたんだから。私らが小学生のときからくらべたら至れりつくせりだ。医療費はただ。支援金があったし、家財道具はあるし……。

——移動図書館でまわっていたときは大変お世話になりました。

湊　いやいや、こちらの方がお世話になりました。シャンティさんとは図書館だけの関わりだったんだけど、仮設の人以外でも本を借りに来る人が二、三人いたね。楽しみにしている人たちがいたんだよ……。

最初のころ、（あの仮設住宅には）入居者がたくさんいたからねえ。子どもたちもいて、みんな楽しみにしていた。今度は、セーブ・ザ・チルドレンの関係で、もとの山田駅の近くに施設を作っているよね。そこに図書館が移るということで、三月から七月の初めまで山田町立図書館は閉館。そこに図書館全部、移動するということになるのかな？　意外といいかもしれないね。近くに大きな復興住宅ができて、向こうに人が増えて、図書館が忙しくなるかもしれないね。

——当時、仮設団地の行政区長さんとして、一人の利用者さんとして、シャンティの移動図書館の活動をどのようにご覧になっていたか、聞かせていただけますか。

湊　私らが仮設に入ったのは、二〇一一年のお盆過ぎだったなあ。図書館であろうと何であろうといい。仮設以外の人が仮設に来てくれて、そこで何かやってくれるというのが本当に有り難い。仮設の人たちが、部屋にいるだけではなく、大きな部屋（集会所）に、外に出てほしいと思っていたんです。三六五日のうち、何日間かはね……。

皆さんをまとめる立場にある者としては、仮設の人たちが「こんなところに来てしまって」と思うのではなく、みんな還暦過ぎた人が多いので、そこに来て、本を借りるでもいい、借りなくてもいい。お茶を飲んだり、人と話をしたりして交流するきっかけになればいいと思っていました。

土曜日に（移動図書館車に）来てもらったのはよかったと思うな。土曜日は学校が休みなので、小学生が来られたので……。今は、土曜日でなくなったので、小学生が来なくなって、それが残念だね。曜日の設定がよかったと思う。

どうしてかというと、年寄りだけだと、あまり元気になれるという感じではないんです。子どもが来れば、たしかにうるさいけど、でも、かわいいし、なごむんです。声を聞いたり、顔を見たりしていると。移動図書館だと、漫画や絵本もあるので、子どもたちが来るんです。絵本が充実していたと思う。

何かイベントをやるとして、たとえば民謡会があるといっても、子どもたちは来ない。図書館だと、年寄りから子どもまでやって来る。赤ちゃんを連れて来る人もいる。そうして、月に二回、みんなの顔を見て、声を聴いているだけでも、気持ちがなごんでくるんです。参加型の催しもいいんだけど、人によっては、体を動かしたりすることが苦になる人もいるんです。その点、図書館だと、肩肘張らずに気軽に参加できる。本を借りるもよし、借りないもよし。新聞を読んでいてもいいし、お茶を飲みながらおしゃべりするのもいい。(開館時間内であれば)好きなときに来て、好きなときに帰ってもいい。他の人が行くから、一緒について行くという人もいたね。

自分は、昔、山田高校のボート部だったんです。これでも、その後オリンピックにも出たことがある。ボートの本が読みたかったなあ。そして、この人はこういうふうに考えている、というような本を読めば、何か役に立つかなあと思っていた。小説かエコ・クラフトの本、読んでましたね。でも、エコ・クラフト、たまたまあったからよかった。三輪車、イルカ、ライオン、みんな真似して作っています。

――今でも、元住んでいた仮設に出かけることがあるそうですね。

湊　はい、時々ね……。仮設の人が少なくなってきたね。家を建てたくても復興していないから建てられないとか。何か困っている人が残っているということだと思います。

でも、仮設を出て行った人は、仮設に行きにくくなる。「また、遊びに来てね」と言われたんだけど、こっちとしては、「いちはやく自立して、申し訳ないなあ」とか、仮設の人たちは、「あの人たちはいいよなあ」と思っているんだろうなあとか、いらぬ思いをもってしまって、しだいに行きにくくなるんです。勝手にこちらがそう思い込んでいるだけかもしれないんだけどね。

われわれも、あそこにいたころは、いろいろな人を見送ったんだけど、「また来てね」「また来るからね」と言って、一、二回は来てくれたけど、あとは来ないよね。

そうは言っても、私はこの間、雪かきするために、二回、仮設に行って来ました。救急車が行くと、「誰がどうしたんだべ」と、気になります（新築した自宅は、元住んでいた仮設への通り道にある）。自分が受けもっていた人たちが、早く仮設から出て行ってもらいたいね。そうなってやっと肩の荷が下りると思う。あの仮設の一二〇世帯、一割の世帯から死者が出ています。一二、三人、高齢で亡くなったりね。

「元気でいるかなあ」と気になるね。なまじっか、仮設の遠くに引っ越せばよかったんだけど、近くにいるから、気になります。しょうがないんだね。遠くに引っ越しても、行ったかもしれないね（笑）。お茶飲み会だ、図書館だ、というときは行っているんだけど、「また来たな」と思われてるのかもしれない

（笑）。いなくなってから悪口言われてたりしてね（笑）。

――ありがとうございました。

（二〇一六年三月六日）

協力した人たち 2

本を通してコミュニティづくり、その志はシャンティさんと同じです

特定非営利活動法人　おはなしころりん
理事長　江刺由紀子さん

特定非営利活動法人おはなしころりん。一度聞いたら忘れられないユニークな名前である。この団体は岩手県大船渡市を拠点に読書推進活動や図書・読み聞かせによるコミュニティづくりに取り組んでいる。読み聞かせを中心とした活動を展開しているが、そればかりでなく、地域の民話の紙芝居を作ったり、絵本作家を呼んでワークショップを行ったり、地域に根ざした幅広い活動を行っている。

また、同団体の移動図書館活動は、本を貸し出すだけでなく、お茶を提供してお互いの会話やつながりを大事にする点など、シャンティの活動と共通する点も見られ、大船渡市での活動ではシャンティとも連携して活動してきた。

江刺由紀子さん

また、同団体はシャンティの「絵本を届ける運動（子どもの本が足りないアジアの地域へ、日本の絵本に訳文シールを貼って送る活動）」にも共鳴してくださっており、岩手の小学校、中学校、高校に出かけて絵本のシール貼りの活動を精力的に展開。理事長の江刺由紀子さんは、ただ本を届けるだけでなく、実際にどのように活用されているのか皆さんに伝えなければならないと考え、二〇一六年には視察のために実際にカンボジアを訪問したほどである。

こうして、シャンティ撤退後も、同団体はシャンティの移動図書館活動の志を引き継いで「おはなしころりん」の活動をしてくださっている。江刺さんにシャンティの活動に対する思いなどをうかがった。

――まず、「おはなしころりん」さんの今日までの歩みについて聞かせていただけますか。

私たちは、そもそも平成一五年（二〇〇三年）、任意団体「おはなしころりん」としてスタートしました。当時は、全国的に読み聞かせがはやっていて、どの図書館でも「読書ボランティア養成講座」が行われていました。私たちもその受講生でした。それが終わって、これから何か社会貢献しようよ、と有志が集まって立ち上げたのが「おはなしころりん」だったんです。

震災後も、避難所で読み聞かせを行いました。それまで「働く婦人の家」というところを拠点にしていましたが、被災して当分使えないことになって、自宅を拠点にしようと思いました。ところが、「移動図書館活動を始めます」と呼びかけたら、全国からものすごい数の本が届いて、自宅では無理だということがわかって、結局、今のこの事務所に移ったんです。震災の年の一〇月のことです。

ＮＰＯになったのは去年（二〇一六年）の四月です。外から来た支援団体はやがて帰っていくわけで、中長期の復興支援や地域課題に対する活動となると、地元の人間が主体的に取り組まなければと思っていました。それで、地元のふつうのおばちゃんたちでＮＰＯが運営できるように、まず人材育成して、たとえば会計さんは簿記の資格をとるところから始めるとか、みんなで意識を高め合いました。そろそろ自分たちで団体をまわせそうだと自信がついてきた昨年、これから自分たちでやるんだ、という強い気持ちとともに立ち上げたんです。任意団体のままでいいじゃないの、という声もあったんですけど、県外の人たちと接点をもとうとすると、やっぱりＮＰＯ法人じゃないと通用しないと思うんです。

――「おはなしころりん」さんの支援に対する考え方、本を通して、人と人のつながりをつくる、という点、とても共感するところです。「おはなしころりん」さんは、子どもたちを対象にした活動なのですか？

子どもも大人も対象にしています。震災後、私たちは避難所を巡回して読み聞かせをしたんですが、子どもたちは私たちが「おはなし会」するのをとても楽しみにしていました。学校で行う「おはなし会」と違って、子どもたちは私たちに抱きついてきたりするんです。「本なんか嫌いだ」と言い出す子どももいました。とにかく自身の不安定さをぶつけてきました。本を通じて私たちがつながっている、ということを確認したがっているように見えました。つながっていることで、子ども自身が自分を無意識に安心させようとしているように感じました。

また、「大人も楽しみたいんです」という声をいただいたので、大人を対象とした地元民話の紙芝居も読んできました。そんな中から、読み聞かせを通じて私たちはつながることができる、人の心の支えになることができるということに気がつきました。ですから、震災以降は、読書推進という大きな柱は変わらないのですが、それに図書や読み聞かせを通じてのコミュニティづくりという柱も加えて、今は二本柱で活動しています。

シャンティさんも仮設などに行って本を貸しながら、お茶を出して、会話されていますが、うちの場合も、移動子ども図書館やりながら、お茶を出してみんなと立ち話をする、ということをやっていたので、そこは同じだと思います。

本を借りたい人もいますが、おしゃべりしたくて来る人もいるので、とにかく会話ができるように心がけています。仮設で一人ぼっちの人も、一緒に話の輪の中に入っていただくことで、それがコミュニティづくりにつながっていきます。人とのつながりを作るきっかけとなったり、つながりを強めたり、深めたり。図書をツールにみんなでつながることができます。

大人には、絵本とか昔話の面白さを思い出していただけるような「読み聞かせ講座」を開催しています。その場で何をやるかというと、来てくださった地域の住民の皆さんに滑舌練習や音読練習に挑戦していただき、その後、子どもの前で実際に絵本を読んで、楽しさを分かち合ったりしています。これは皆さんが避難所から仮設に移られたころから始めたのですが、その後、災害公営住宅に引っ越された今でも継続しています。それは、住民の皆さんの活躍の場になりますし、生きがいづくりにも結びつきます。

——では、シャンティの活動については、どのようにご覧になっていますか。

私たちもそうですが、被災地はシャンティさんにずいぶんお世話になりました。しかも、配慮が素晴らしかった。

私たちは、震災の年の五月には、移動図書館を始めていたんです。そのうち、市立図書館さんやシャンティさんから連絡がきました。「江刺さんたちがやっているところに同じ活動の他の人たちが入ることはどうなんだろう」という問い合わせでした。シャンティさんとしては、私たち「おはなしころりん」が活動している所と重ならない所でやります、ということだったと思うんです。その配慮が嬉しかったです。でも、私たちは、「そんな棲み分けはしないで、大船渡でもどんどんやってください。一緒に盛り上げていきましょう」と申し上げました。シャンティさんはこのあたりの地域の図書館事情、全部、調査したみたいですね。

いつの日だったか、「私たち同じような活動しているのに接点がないよね」、と言ったら、シャンティさんの三木さん（三木真冴・岩手事務所長代行）がすぐ動いてくれて、市立図書館とシャンティさんと私たち（「おはなしころりん」）で、情報交流会みたいなものを定期的にもつことになりました。そのマネージメントをしてくださった三木さんには感謝しています。

その情報交流会では、運営面や活動そのものにおいての課題が共有されました。たとえば、シャンティさんにうちの本が返されたり、市立図書館にシャンティさんの本が返されたり、ということもあるので、「利用者が混同しないように、返却ミスは三者でカバーしようね」と改善しました。「これ、シャンティさんのだけど返してくれる」と頼まれて、「ああ、いいですよ」と快く対応できるようになりました。

　私たち、志は同じなので、やり方、仕組みを考えて共有した意義は大きかったんじゃないでしょうか。シャンティさんが率先してやってくださったのが有り難かったです。

　それから、被災地の人間のことをよく考えてくれていたと思います。被災した方々のこともちろんですが、地域のために動こうとする私たちのような者のことも支えてくださいました。自分たちのやりたいことやる、という支援団体が多い中で、被災住民の目線に立った活動をしてくださいました。被災住民さんのためにどうしたらいいだろうと、よく考えて配慮していただきました。言葉のかけ方一つから。それが大船渡の住民に浸透した理由だと思います。私が仮設に行ったときも、おじいさんが、シャンティさんと間違ってコーヒーカップ持って出て来て、「今日は、あのおねえちゃんたちいないのか」と、コーヒーをもらいに来ていました。そんな感じで親しまれていました。活動が終わるときは、寂しく思っている住民さんたちはたくさんいましたね。

　そういうこともあったものですから、私たちはやめるわけにいかない。続けていきたいと思いました。あのとき、あんなふうにやってくれたシャンティさんがいたから、これから自分たちがやらなければならない。そういう思いを抱かせてもらいました。

　撤退のしかたについても、スパッと活動を切る支援団体が多い中で、ちゃんと地元の有志が活動を引き継いでいく形を残していかれました。その方向性に共感します。スタッフのお人柄もシャンティさんの魅力でしたね。古賀さん（古賀東彦・岩手事務所所長）、三木さんには親身になっていただきました。相談すると必ず考えたり、調べたりしてくれて応えてくれました。ここにもよく立ち寄ってくださいました。古賀さんの奥さんもモビリアの仮設住宅（陸前高田市）に住んでよくやってくださったと思います。とくにあのころは、現地の人たち、いつもイライラしていて、普段言わない暴言を吐いたり、突然泣き出したりとか……。その人たちにも配慮しながら活動してくださって本当に有り難かったです。この六年間を振り返ると、ここまで立ち直ることができたのは、シャンティさんをはじめ、多くの方々が温かい手を差し伸べてくださったおかげです。自分たちだけでは到底ここまでこれませんでした。ありがとうございました。

感謝の気持ちがあるがゆえに、他で災害が起きたときに、「募金活動しましょう」と声をかけると、「あのとき助けてもらったから」と、皆さん集まって来るんだと思います。「困ったときはお互いさま」という良い心の連鎖を広げていきたいですね。この地域には、必ずまた津波が来ます。津波に襲われるたびに地域を立て直してきた先人の思いを引き継ぎ、今は私たちががんばらねば、と思っています。その様子を子どもたちが見ていますし、その子どもたちが成長して大人になって、次の津波に備えて心してもらえればと思います。

――これからもよろしくお願いいたします。ありがとうございました。

（二〇一七年二月一七日）

6

地域に根づいた図書室

シャンティは移動図書館活動ばかりではなく、地域に根ざした図書室の運営にも取り組んだ。移動図書館活動とはまた違った意義があったと感じている。

かねざわ図書室

二〇一二年の二月、大槌町の金沢仮設団地に「かねざわ図書室」をオープン。大槌湾に臨む町の中心部から山に向かって一本道を約一五キロ上ったところにある。二〇〇九年に廃校となった旧金沢小学校の一階の校長室と職員室を町のご厚意で使わせても

かねざわ図書室にて（2012年2月5日）

らえることになった。グラウンド内には一五戸の仮設住宅があり、町内でも最も奥まった場所にある仮設団地である。

このような立地条件からして、利用してくださる方がいるのか心配であったが、二月六日のオープン以降、近隣の方はもちろん、町の反対側の吉里吉里地区からも来てくださる方もいた。自転車で山を登って来られた方がいたのには驚いた。本を借りるだけではなく、金沢地区の昔の様子を聞かせていただいたり、いつも何か食べるものを持参してくださる方も多く、岩手出身で二〇代中心のスタッフたちにはとても新鮮で、よい刺激をいただいた。

ただ、借用していた施設を教育委員会に返還することになり、それに伴って二〇一四年の三月で閉館することとなった。

陸前高田コミュニティー図書室

二〇一二年四月、陸前高田市内では最大の、一六八戸の仮設住宅が入った仮設団地にある図書室兼集会所である。

自由に使える集会所がなくて困っていた自治会、被災地に図書館を建てたいと考えておられた「アジアの友を支援するＲＡＣＫ」の河野太通会長、そして、図書活動を広げるために陸前高田市に拠点を必要としていたシャンティ岩手事務所の三者の願いが一つになって実現した。ＲＡＣＫがご支援してくださり、建物全体の管理運営は自治会、そして図書室の運営はシャンティが任せていただいた。

五〇〇〇冊近い蔵書の中から好きな本を選んだあとは、広々とした集会スペースで日向ぼっこを楽しみながら、ページをめくったり、コーヒーを飲んだりすることができる。

同図書室は、モビリア仮設団地の住民ばかりでなく、近隣地域の住民の皆さんにも利用していただきたいと考えていた。そこで、当初の二年ぐらいはイベントなどを多く行った。地元保育園の園児の絵の展示、震災前の陸前高田の風景の写真展。ミニライヴ。医師を招いてのウォーキング講座や健康相談会など。それらを通して図書室に初めて足を運んでくれた人も多く、新しい利用者の増加につながった。

陸前高田コミュニティー図書室（2012年4月29日）

近隣地域の人たちも利用してくださることで、被災状況の違いを超えた住民同士の交流の場が生まれた。つまり、被災して家を失った仮設団地の人たちと、家を失わなかった近隣地域の人たちの間に、それまで、被災状況の違いからくるわだかまりがあったのだが、それがしだいに解消されて親しくなっていった。

移動図書館とは異なった利点

こうして、コミュニティー図書室は、仮設団地の住民ばかりでなく、地域住民の交流の場としてのはたらきも果たしていった。その中心となって活動してきた職員の吉田晃子は、移動図書館とは異なったコミュニティー図書室のよさについて、次のように語る。

「移動図書館の場合は、出かけて行って滞在時間が一時間程度ですが、この図書館は開館時間（火、水、祝日を除く、一〇時から一六時）の間であれば、いつでも好きなときに来られるので、そこが一番違うところだと思います。私たち職員に、話を聞いてほしい、と言って来られる方もけっこういらっしゃいます。そこまで聞かせてもらっていいのだろうか、と思うほど立ち入った話を聞かせていただくこともあります。でも、スッキリした、と言って帰って行かれるときは嬉しくなります。『ここは家や近所では言えないことを話せる』と言っていただいています」

図書室で交流する住民の皆さん

「先日、幼い子どもを連れた若いお母さんが来て、ここで別の子ども連れのお母さんと、たまたま出会って親しくなり、またここで会いましょう、と待ち合わせの約束をしていました。そんなときが一番嬉しいときです。私も、子育ての経験の話をしたり、参考になりそうな本を紹介することもあります」

この図書室は、さながら「駆け込み談話室」のような場所にもなっているようだ。住民の皆さんの居場所や交流の場となっている。

「友の会」の発足

もう一つ、とても嬉しく、有り難かったのは、二〇一四年の四月に、「陸前高田コミュニティー図書室友の会」（以下、「友の会」）が発足したことである。

これは、地域の皆さんの考えをもっと反映して、一緒に図書館を運営しようという考えからスタートしたものである。外部の図書館の実践例を参考にしての試みでもあった。

「友の会」のメンバーには、最もよく利用している住民、近くの小学校の読み聞かせグループ、そしてモビリア仮設団地内のNPO。その人たちの中から六人の皆さんになっていただいた。

皆さん、とても協力的で、イベントの共同企画など、利用者の観点から図書室を良くするための意見をいただいた。ちなみに、「図書室の場所がわかりづらい」という意見に応えて看板を設置したり、「開館しているかどうかわからない」という声に対しても「開館のお知らせ」ボードを設置するなど、これまで職員が気がつかなかったことや職員だけでは手が回らなかったことを助けていただいていた。看板を設置してからは、「迷わず来られました」という声が多くなった。

その後、メンバーは八人となり、図書室の通常業務のお手伝いから花壇の手入れ、図書室周辺の環境整備にも取り組んでいただいた。図書室に隣接する集会スペースにも本棚を設置できることになり、そのレイアウトの検討から引っ越しまでも一緒に作業していただいた。

二〇一六年の五月からは、月に一回、図書室内にコーヒーの香りが漂うようになった。毎月一回「本格コーヒーの日」として、挽きたての豆を使ったコーヒーの提供を始めたのだ。「友の会」

●常設図書室（大槌町：かねざわ図書室、陸前高田市：モビリア・コミュニティー図書室）

	場所	2011	2012	2013	2014
利用者数	大槌町	0	460	303	8
	陸前高田市	0	3,159	4,923	4,675
	合計	0	3,619	5,226	4,683
貸出冊数	大槌町	0	471	649	23
	陸前高田市	0	4,067	8,512	7,471
	合計	0	4,538	9,161	7,494

	場所	2015	2016	2017	合計	活動期間
利用者数	山田町	0	0	0	771	2012年2月～2014年2月まで（2年）
	大槌町	4,154	4,448	2,537	23,896	2012年4月～2017年7月まで（5年4ヵ月）
	合計	4,154	4,448	2,537	24,667	
貸出冊数	山田町	0	0	0	1,143	
	大槌町	6,986	7,159	3,848	38,043	
	合計	6,986	7,159	3,848	39,186	

メンバーにも、コーヒーの入れ方講座で学んだ成果を発揮していただいた。

こうして、利用者の方、地元の皆さんと一緒に運営する「陸前高田コミュニティー図書室」は、新しい陸前高田市立図書館が完成した二〇一七年七月まで活動を続けた。

ある日の「友の会」

協力した人たち 3

「井戸端図書館」をやっています

陸前高田市立図書館元館長　菅野祥一郎さん

津波で、建物も職員もすべて失ったところから始まった陸前高田市立図書館復興の歩み。

菅野祥一郎さん

それでも震災の年からいちはやく移動図書館活動が始まった。仮設図書館をオープンして閲覧できるようになったのは二〇一二年の一二月から。

シャンティが岩手で開始した移動図書館活動も最初に訪問したのがここ陸前高田市の仮設住宅であった。二〇一二年の四月からは市内のモビリア仮設団地に「陸前高田コミュニティー図書室」を開館。市立図書館とは絶えず連携しながら活動してきた。

二〇一七年一月現在、大型ショッピングセンターの一画に新しい図書館を建設中で、市立図書館は移転準備のため休館中である。二〇一六年三月、休館前の仮設図書館を訪ね、菅野祥一郎館長（当時）にお話をうかがった。

――陸前高田市立図書館は、本当にゼロからの出発でしたね。

この図書館の場所自体が市の中心からはずれているので、どれぐらいの人が来るのか、どんなリクエストがあるのか、まったく手探りの状態から始まったんです。いくらか人が増えて来て、場所もようやく周知されてきた感じですね。

陸前高田市の地図で言えば、この図書館は西側になるので、シャンティさんの「陸前高田コミュニティー図書室」がある東側の方々からは遠いんです。私たちもバスで移動図書館やっているわけですが、回りきってないところをシャンティさんにカバーしていただいて非常に助けていただいています。東側の人たちは、移動手段がなければ来られないですからね。まして、子どもたち、中学生や高校生は車がないから来られないですからね。そちらをシャンティさんにお願いしているということです。

私が校長をしていた旧気仙小学校が震災で壊されてしまいまして、その後で館長になったんです。私の前任の館長さんも、職員も全員津波で亡くなりました。ですから、本当に手探りでした。司書さんが一番大変だったと思いますけど。


――市立図書館は、移動図書館活動もなさっているんですね。


菅野 震災の年の七月ごろから、滋賀県東近江市から車と本を贈呈していただいて、移動図書館活動を始めました。当時の市長さんが直々運転してきたそうです。いろいろなところをまわりました。今は、二台で四八ヵ所を回っています。月に一回まわっています。

私も、天気のいいときは一緒に車に乗って行くんですが、けっこう皆さん待っているんですね。こんなに待っているのか、と思いました。

たとえば、車が来るのが見えると、合羽を来たまま浜の方から上がって来るんですね。本を返すため、借りるために。あまり本を読むという雰囲気を感じない人たちです。比較的、おばちゃんたちが多いです。借りていかれる本は、最初のころは実用書が多かったです。最近は小説、読み物ですね。実用書は、家の建て方とか、庭の手入れの仕方などという本が多かったです。ちょっと落ち着いてきたのかなあという感じですね。

いつだったか、リュックサック背負ってここに来たおばあちゃんがいました。「そんなに借りて、本、読めますか」と聞いたら、「読める、読める。今、何もすることないんだから。本、読むしかないから」。そう言って、リュックサックに背負って借りて行きました。「へぇ、本が好きな人ってそこまでするんだなあ」と思いました。けっこう、常連さんが来ています。新聞読んだりしている人もいますが。そのおばあちゃん、小説などを借りて行かれました。嫁に連れて来てもらいました、と言っていました。

ここにも、毎日、四、五〇人は来ています。中高年が多いですね。移動図書館は仮設住宅と小学校にも回っています。小学校は七校。一〇時三〇分とか一三時、子どもたちの休み時間に行って三〇分ぐらい滞在します。クラスの代表で、当番の子どもや図書委員が、次々に本を取り出して借りています。慣れていますね。そうやってクラスごとに借りていきます。校庭もなくなってしまったので、本を読むしかない、という感じがあるのかもしれません。

災害公営住宅での私どもの移動図書館活動には、シャンティさんのスタッフさんも手伝ってくれて、お茶を出してくれています。シャンティの皆さん、穏やかに接してくださってお願いしやすいです。われわれだけでは何ともならなかったと思います。

――毎週、皆さんとおしゃべりをする会を開いていると聞きましたが。

菅野　はい。水曜日の午後だけですが、「井戸端図書館」というのをやっていまして、お茶を出しているんです。図書館とはこうあるべきだ、という感じでは今の状況にはそぐわないだろう、ということで、静かに本を読むのもいいんだけど、コミュニティの場を提供しましょう、と思って始めたんですよ。このお茶を出して交流する、というのは、シャンティさんの活動を見た長谷川敬子副主幹・司書（当時）の発案で、「それはいいね。やろう」ということになったんです。

お茶を飲みながら「話をしてもいいですよ」ということで、ホストは私なんですけど、「最近、暑いよねえ、寒いよねえ」みたいな話題から雑談をするんです。そこでは、あまり本の話はしないんです。まさに世間話ですね。そんな話をしているうちに、その話の内容に、別の人がとびつくんです。「あのとき、大変だったよね」と、今でも震災の話が出るんですが、そんな話をしているうちに、「どこにいたの？」「どこどこに」という話になって、「あれっ、そのとき、そこに私もいたんだよ」とかですね。いまだに、その話が出る。「これからどうする？」という話をしたり。ここでバッタリ出会って、「震災後初めて会ったね」という人たちもいます。少しでもつながりを感じて、皆さんの生きる元気につながればいいなと思っています。

毎回、参加者は六、七人というところでしょうか。二〇一三年から始めて、足かけ三年になります。うちの職員も入ってくれればいいんですけど、みんな若いので遠慮しているようで……。

――いよいよ、新しい図書館のオープンですね。

菅野　高田小学校の道路向かいの高台の中に大型のショッピングセンターができることになっていて、その一画にオープンします。初めは借りる予定だったようですが、買い取ることになったようです。私は今月の三一日で退職なんですが、新設の図書館にも、コミュニティの場を提供する、という要素を少しは残そうと思っているんです。

――ありがとうございました。

（二〇一六年三月八日）

＊

その後、二〇一七年七月、新しい陸前高田市立図書館が開館した。

7

「置き本」って知ってますか

シャンティの岩手事務所は、移動図書館や地域に根ざした図書室の他に、文庫活動にも取り組んだ。仮設団地の集会所や談話室に本棚を設置して、置き薬のように本を定期的に入れ替え、団地住民への貸し出しを行う活動である。

移動図書館で回る時間以外にも、図書館員がいなくても、いつでも好きなときに本を手にすることができるようにしてあげたいという願いからであった。大槌町の二六ヵ所の仮設団地の集会所および談話室に、文庫（いわての置き本）として本棚を設置して、月に一回、巡回した。本棚にはノートを置いた。貸し出しの記録であると同時に、読みたい本のリクエストを書いていただいたり、利用者とスタッフの交換日記でもあった。本棚は遠野市内の木工所に制作を依頼した。

地元、大槌町出身でシャンティ岩手事務所の職員だった村中一欽は、当時の文庫活動を振り返って語る。

「月に一回、仮設団地の文庫を回ったんですが、住民の皆さん、とても楽しみにしていましたね。エコ・クラフトというものがあるんです。クラフトテープと呼ばれる平たいひもを使って編んで、かごやバッグ、キャラクターの小物入れなどを作る一種の手工芸なんです。それが、仮設団地の人たちにすごい人気で、それに関する本が引く手あまたでした。行くたびに『他に新しい本はないの？』と、どんどんリクエストをいただいて、次々、エコ・クラフトの本を用意することになりました。そういうものをみんなと一緒に作りながら、気持ちがなごんでいるようでした。私も地元の人間なものですから、そうやって、楽しみを見つけながら、一歩、一歩、前に進もうとしている皆さんの姿が嬉しかったですね」

しかし、少し後悔しているのは、もっとイベントをやってみたかったが、それができなかったことだという。

「『遠野物語』で知られるように、岩手の遠野というところは民話で有名なんです。そこから語り部の方に来ていただいて、大槌町のかねざわ図書室で民話を語ってもらったことがあるんです。それがとっても好評で、『また、やってほしい』と言われました。

大槌町の「置き本」

●文庫活動（大槌町）

	場所	2011	2012	2013	2014
利用者数	大槌町	0	517	603	753
貸出冊数	大槌町	0	1,582	1,759	3,088

	場所	2015	2016	2017	合計	活動期間
利用者数	山田町	885	0	0	2,758	2012年4月～2015年12月まで（3年9ヵ月）
貸出冊数	大槌町	4,139	0	0	10,568	

地元の民話というものがこれほど皆さんの心に響くものなのかなあ、と思って少し驚きでした。残念ながら、それ一回だけになってしまいましたが……。もう一つ、悔いが残っているのは、子どもたちのためのイベントをやりたかったことです。大槌は星がきれいなので、子どもたちを集めて、星座の本などを手にして、夜空の星々を見る会をやりたかったなあと、ちょっと残念に思っています。でも、この文庫活動を引き継いでくれる人たちが見つかって本当によかったです。その人たちに期待したいと思います」

本の貸し出し数は、別表の通りである。

二〇一六年以降、大槌町で読書の機会を提供する活動に取り組んでいる大念寺さんが、この文庫活動を引き継いでくれることになり、蔵書を寄贈した。

協力した人たち 4

地域で読書の機会を提供したいです

大槌町・大念寺　大《おお》萱《が》生《ゆう》修《しゅう》一《いち》さん、都さん

大萱生修一さん、都さん

シャンティの文庫活動を引き継いでくださることになったのが、大槌町・大念寺（浄土宗）の住職、大萱生修一さんと奥様の都さん（大槌町教育委員、大槌町小学校図書ボランティア「このゆびとまれ」事務局）である。二六ヵ所全部お任せするのはご負担であるので、ニーズが高いところを選んで、十一ヵ所に絞り込んでお願いして、引き受けていただけることになった。

もともとお二人は、お寺の空間を活かし、地域に密着し、子どもたちの活動に取り組んできた方々である。地域で本を読める機会を提供すること、本の大切さを子どもたちに伝えることに強い願いをもっており、文庫活動を引き継いでいただくにふさわしい方々と出会えて喜ばしく思っている。

——この空間は子どもたちの遊び場、居場所という感じですね。本もたくさんあって。

都　私が以前、保母だったものですから、自分が集めた絵本をオープンにして、地域の子どもたちやうちの子どもの遊び場にしていたんです。

こういう活動を始めたのは、二〇〇五年に大槌小学校から頼まれてからなんです。私が保育士だったことと、住職が小学校のPTAの会長だったこともあって、読み聞かせの活動を依頼され、二一人の子どもたちを受け入れて活動するようになりました。読み聞かせだけでなくここで読書をしたり図書の整備や修繕も行ったりパネルシアターもやるようになりました。そのうち、子どもたちはここで宿題をしたり、子どもたちのよい居場所になっていました。

それから二年後に震災になって、その活動は一度、中断したんです。でも、「子どもたちと会いたいなあ」と思って、今度は、私たちの方から学校に打診してみました。町内の小学校四校が被災して、町内三ヵ所で間借り授業をしていたので、土曜日に活動することになりました。再開したのは震災の年の五月からですね。

修一　この寺は、震災後、二〇一一年の七月末までは避難所だったんです。四〇人ぐらい避難して来てここにいました。五月ぐらいになると、お寺に行きたい、という子どもたちも出てきたんです。しかし、場所がありません。本堂も、まだ四〇〇から五〇〇ぐらいのご遺骨があったもので。でも、やっぱり本堂しかないので、本堂の隅っこではじめることにしました。絵本を読んだり、一〇人ぐらいの子どもたちが来るようになって、現在に至っています。

都　子どもさんがお寺に来たいと言っても道は瓦礫でしたし、以前のようには活動できない状況でした。親御さんが送迎できる子どもでないと難しかったんです。今は、小学生と中学生で一一人ぐらいですかね。中学生は部活があるし、勉強もあるので、なかなか来られないんですが、去年の夏休みに、「アジアの国に絵本を送る」という活動を行いました。絵本の経費は伊藤忠記念財団さんが支援してくださって。うちの方からは四〇名ぐらい、大人と子どもが関わりました。会場は、ここと、コラボスクールという所の二ヵ所を使いました。シャンティの三木さん（三木真冴・岩手事務所長代行）がカンボジアで活動していたことがある、ということだったので、そのときの様子をスライドを使いながら話していただきました。七月から八月にかけて、三回に分けてやりましたね。うちは、大人と子どもの読み聞かせと、翻訳シールの貼り付け作業を行いました。中学生が小学生の面倒をみたり、いい感じで行うことができました。

修一　本当に、皆さんから、いろいろなご支援をいただきました。こちらの本棚の方は、浄土宗の宗務所の支援をいただいてのものです。そのころ、たまたま支援に来ていた芸大の関係の人たち、ボランティアの中に大阪の設計士さんがいて、「大工さんもいないので、やってもらえないだろうか」と言ったら、大阪から資材を送ってくれて、大工さんを四、五人連れて来てくれて、一週間、寝泊まりしてこれ（本棚）を作ってくれました。ここは、畳の間だったんですが、板の間にしてくれました。二〇一二年の七月のことです。お風呂も作ってもらってね。本当に有り難かったです。

都　それまで、本の読み聞かせの活動をしていたので、そのつながりで、本の支援もいろいろとしていただきました。ＡＭＤＡとか、3・11絵本プロジェクトいわてなどからですね。絵本カーもいただいたのですが、教育委員会の方に「どんな支援が必要ですか」と聞いたら、「移動図書館車がほしい」というので、そちらにさしあげました。

私たちは本の読み聞かせを行っているし、本を届ける活動も行っています。学童との連携もあったので、子どもに関わる仕事をしている関係各所とも相談して、こういう、ちょっとした図書館のような形になりました。その後、町のいろいろな場所で本を手にできるような活動をしたい、本棚や本箱を作って届けたい、と思うようになって、そうしたら、昨年、「仮設団地の文庫に本を置いて回る活動を引き継いでくれませんか」と、シャンティさんの方から声をかけていただいて、「それなら、私たちがやりましょう」とお引き受けして、現在、仮設団地とコラボスクールに本を置かせていただいています。置いた本の様子を見ながら、少しずつ喫茶店とか知り合いにも広げようかなあと思っています。

——お寺でこのような活動をやっているところは他にないのではないですか。

修一　そうなんです。皆さん、いらっしゃってびっくりされて。浄土宗の宗務庁の災害復興局というのがあるんですが、局長さんが何回も来るんです。ここに避難していた方々は、ここにある本を読んでくれました。テレビがなくて情報がないもんだから、けっこう絵本を手に取っていましたね。その姿を見て、本は皆さんの慰めになる、本は必要だなあと感じました。シャンティさんも仮設団地に本を置いている、ということなので、うちでもいろいろなところに本を置きたいなあ、と思ったんです。

都　おととし（二〇一四年）あたりからですね。本が、ただ置いてあるだけの家具にならないように、本が生きた活動になるようにしていきたいと思うようになって、新しい住宅の集会所とか、公民館とか、いろいろなところに本を回す活動をしたい、身近に手にとって見られるような環境を整えてあげたいと思うようになりました。それが癒しになると思うんです。そんなわけで、去年（二〇一五年）の夏ぐらいから、シャンティさんについて仮設団地を回るようになって、一一月には二日間、十一ヵ所、住職が一緒にまわって歩きました。

修一　そのとき、「これからは、私が来るからね」と挨拶しました。そして、先月（二〇一六年二月）からは、私たちが主体的に回るようになったところです。知り合いや檀家さんや近所の人もいるので、そういう意味ではやりやすいです。一一ヵ所の仮設団地と、もう一ヵ所、臨学舎というところを回って、本を取り替えます。月に一回、と思ったけど、隔月に一回にしようと思っています。リクエストを受けながらですね。

都　どんなふうにやっているかというと、シャンティさんが用意してくれた、本の入った箱を順番に回します。そして、リクエストのノートがあるんですが、それを見ながら、次の週、そのリクエストの本を届ける、という感じです。そんなに大変ではないと思いました。

――本を置きに回って、感じることはいかがですか。

都　仮設の人数が多い少ないにかかわらず、本好きの人がいるところは、楽しみに待っててくれて、リクエストを書いてくれます。ですから人数の多少ではないのだということを実感します。これから仮設も集約されていきますが、復興のハード面だけでなく、心の復興という面において、本はかなり大きな要素になると思っているので、大事に関わっていきたいと思っています。
それに、新しい大槌町の図書館ができるので、その運営を支えるような活動に、中学生や高校生、子どもたちも参加させながら、本を引き継ぐという活動を大事にしたいと思っています。子どもたちも、本を修繕するとか、ボランティアする、というのは嬉しいですよね。本を大切にする、ということを次の世代に引き継いでいきたいです。そして子どもたちの身近なところに本を置きたい、と思うんです。親になってからではなく、子どものころからいろいろな体験をさせてあげたいと思うんです。うちに来ている子どもたちは、手前味噌になりますが、私と同じような活動をしたい、都さんのようになりたい、と言ってくれるんです。ですから、低年齢からやることが大切なんだなあと思うんです。逆に子どもから教わります。

修一　そんなわけで、本を届ける活動は、仮設団地とコラボスクールで行っていきますが、来てほしいという集会所が他にも五ヵ所ぐらいあるので、そちらでもできないかなと思っています。私と妻と地域のメンバーで一緒に行います。

都　こういうのは、なかなか図書館にはできない活動ではないかと思います。これからも地域で読書の機会を提供する活動を続けていきたいと思っています。

──ありがとうございました。

（二〇一六年三月六日）

8

公立図書館との協力

シャンティの活動は地元の公立図書館に相談したり、協力しながら行ってきたが、公立図書館で手が回らないところをお手伝いしたり、情報交換したり、幾度となく一緒にイベントを開催したこともある。

二〇一三年に入ると、活動地では公立図書館の復旧や仮復旧という嬉しい知らせを聞けるようになった。と言っても、震災前と同じようなサービスを提供できるまでに至っているわけではなかった。人口が集中していた市街地が壊滅的な被害を受けたことで、そこに住んでいた住民が遠く離れた仮設団地に点在しているため、多くの住民は復旧した図書サービスにアクセスできないでいた。

二〇一三年一〇月、図書館から足が遠のいている人たちに来ていただいて、震災前のような賑わいを取り戻そうと、山田町立図書館、地元お話会、シャンティが協力して「やまだ図書館まつり」というイベントを開催した。期間中は、郷土資料を活用したクイズパネルの展示、マンガコーナー、郷土のお菓子づくりなどのメニューを用意。九日間で一二〇〇人を超える方々が来てくださって好評だった。「また、やってほしい」「山田の歴史を知るいい機会になった」「震災後、初めて図書館に来た」という声をいただいた。一緒に企画した地元のお話会の方からも「震災後に、こうやって集まることはできないと思っていた。実現できて嬉しい」という声が聞かれた。

二〇一四年にも山田町立図書館や陸前高田市立図書館と一緒にイベントを開催することができた。

●第二回やまだ図書館まつり

山田町立図書館のイベントは一〇月一〇日から一三日までの四日間の開催。内容は、郷土クイズパネル展やマンガコーナーなどで前年とあまり変わらなかったが、この回は町立図書館の職員の皆さんが主体的に企画し、シャンティがサポートする側に回った。このときは図書館の前に移動図書館も展示し、お茶を提供して「移動図書館カフェ」をオープン。期間中、九〇〇人以上の方が来館され、たくさんの方に移動図書館の存在を知っていただく機会となった。

やまだ図書館まつり（2013年10月）

●陸前高田市内図書館・連携企画　「スタンプラリー」

二〇一四年二月の岩手県読書週間の際、市内の図書館を巡って景品がもらえるスタンプラリーを開催した。

じつは陸前高田市には、シャンティが運営する陸前高田コミュニティー図書室や陸前高田市立図書館の他にも「ちいさいおうち」や「にじのライブラリー」という二つの民間図書館がある。この四つの図書館は普段から連携して活動していたのだが、一緒にこのイベントに取り組むことで、これまであまり知られていなかった図書館の存在をアピールできるよい機会となった。

さらに翌年、二〇一五年にも山田町立図書館や陸前高田市立図書館と一緒にイベントを行った。

●第三回やまだ図書館まつり

二〇一三年に開催して以来、三回目の開催となった。郷土パネルクイズ展、マンガコーナーなど、恒例の企画の他、このときは、当時、被災して休館中であった「鯨と海の科学館」との協働企画、エコ・クラフト体験会などを行い、一〇月一〇日から一二日までの三日間で一〇〇〇人以上の方が来てくださった。

●陸前高田市内図書館・連携企画　「図書館でまってるね！」

この年も、陸前高田市内で活動する四つの図書館が連携して、図書の企画展示とイベントを行った。この回は「冬」をテーマにした。シャンティが運営する陸前高田コミュニティー図書室では、冬の健康法をテーマに図書展示を行い、ウォーキング、体が暖まる入浴剤づくり体験を行った。

協力した人たち 5

移動図書館は、生活の中に溶け込んでいたのだと思います

山田町立図書館主事　辻井一美さん

震災の年の一一月、山田町中央コミュニティセンターに山田町立図書館が再開。被災地の図書館の中でも比較的早い復活であった。被災シャンティが連携するようになったのは二〇一三年から。一緒に「やまだ図書館まつり」を共催することになったのがご縁である。好評につき、以来二〇一五年まで三回、一緒に開催することになった。その他の面でも協力し合い、二〇一六年からはシャンティの移動図書館活動を引き継いでくださることになった。同年七月、いよいよ新しい図書館が山田町ふれあいセンター「はぴね」に移転して新しくスタートした。時あたかもその準備にお忙しい同年三月。合間を縫って主事の辻井一美さんに、

辻井一美さん

シャンティの活動に対するお気持ちなどについてお話をうかがった。

――シャンティとの連携を始めてくださったのは、二〇一三年からだったでしょうか。

辻井　はい、そうですね。シャンティさんとの最初の出会いは、「図書館まつり」の打ち合わせのときだったと思います。そのときまでは、シャンティさんが移動図書館活動をなさっていたのは知っていましたが、関わりはあまりなかったと思います。二〇一三年の一〇月、「図書館まつり」を一緒にやりましょう、ということになって打ち合わせをしたのが最初の出会いでした。イベントの企画を手伝っていただいたり、ディスプレイの相談やクイズを作ったり。それから昔の古い写真をパネルに貼ったりだとか、こちらに予算がないもので、そのパネルも買っていただいたりとか、あれもこれもシャンティさんにはお世話になりました。

山田町の懐かしい古い写真の展示はけっこう好評でしたね。

――町立図書館さんの側から、シャンティの活動はどのように見えていましたか。

辻井　震災前には、町立図書館でも移動図書館を行っていた時期があるんです。学校も回っていたそうですが、あまり人がいたことを見たことはなかったと聞きます。それで打ち切りになったのだと思います。基本的に、漁業や農業の人は、日中、仕事をしているので、図書館車が来る日中に家にいる、ということがそもそもありません。そのころ図書館車が回っていたのは、そういう山田の周辺の地域だったので、ミスマッチだったのではないかと思います。すでに廃止してだいぶ時間がたっているので、大半の町民にとっては、移動図書館が来てくれるということは思ってもみなかったことだと思います。

山田町の方からすると費用対効果の観点からすでに廃止された後の話だったので、大変助かったと思います。シャンティさんの場合は、本を貸すだけではなくて、皆さんの復興のお手伝いをしたいという趣旨であったからだと思いますが、われわれ図書館では受けないだろうな、と思われるリクエストについても、まめに拾って、たとえば古本であっても買って揃えてもって行ってあげる、という細かいサービスをしていらっしゃいます。私たちであれば、新しい本でないと会計的に買うのが難しいので古い本は買えないのです。ですから、そういうリクエストが出てくると、シャンティさんにお願いのしっぱなしでしたね。そういう、かゆいところに手が届くというところが、私たちにはできないところだと思います。

――町立図書館とシャンティとで、お互いにもっている本を融通し合って活動していたと聞きましたが。

辻井　はい。シャンティさんがもっている本とこちらでもっている本を付き合わせてみて、こちらでもっていない本はシャンティさんから借りることができる。シャンティさんにとっても、こちらでもっている本であまり利用されない本だけれど、仮設住宅の人たちにとって目新しい本もある。それぞれの本を交換して、それぞれの利用者さんにサービスできるというメリットがあるわけです。それはとてもよかったと思います。いろいろと気づかせていただくことが多かったです。

こちらに置いてなくてシャンティさんに置

いてある本というのは、手芸の本だとか、家の本であるとか。それは仮設の方々が求めているもので、新しい生活に向けてのものだと思います。こちらにもないわけではないのですが、決まった予算の中で、それだけ何冊も買い揃えるというわけにもいきません。シャンティさんは、そういう本を手厚く揃えているので、そこが違うと思いました。それから、大活字の本も、置きたくても一冊がとても高価なので買えません。置く場所もありません。一タイトルで三冊になったりします。すると、一タイトルが九〇〇〇円もしてしまうんです。でも、シャンティさんは、仮設は高齢者の方が多いので、大活字本をけっこう買ってもっておられます。シャンティさんの貸し出し実績も、こちらと違って、手芸の本が突出して多いです。こちらの図書館の場合は、小説とか郷土史が多い傾向にあります。

――私どもの活動を引き継いでくださって、移動図書館活動を開始されたそうですね。

辻井　今年（二〇一六年）の一月から移動図書館で回っています。今は本や荷物のあげおろしとか、シャンティさんに手伝っていただいているので時間内にやれているのですが、自分たちだけになったら、もっと時間内に撤収しないと、次の訪問場所に間に合わなくなると思っています。最初は三人ぐらいで回ろうと思っています。

先日、これまでシャンティさんの移動図書館を利用しておられた方からクレームのお電話がありました。「こんなことになるんだったら（＝こんな小さな車になるなら）もっと早く言ってほしかった。前の移動図書館車を残してほしかった。それなら寄付を集めたり、とか考えられたのに……」ということでした。「ええっ、伝えていたはずなのに」と思いましたが……。

――移動図書館車が小さい車に替わったことに対するクレームということでしょうか。

つまり、こういうことなんです。活動を引き継ぐにあたって、はじめ、これまでシャンティさんが使っていた移動図書館車を使ってくださるように、とお話をいただいたのですが、予算的なこともあり、そして職員がほぼ女性なので、あれだけ大きな車を運転するには不安がありまして、その車ではなく、バンタイプの車をシャンティさんからご支援いただくことになったんです。その小さな車に替わったことに対するクレームでした。館長が丁寧に対応していましたが、移動図書館に対してそれだけの気持ちをもっていた方がおられたのだと思いました。それほど移動図書館が生活の中に溶け込んでいたのだと思います。

――それだけ望まれていたんですね。

――そんな声があったんですね。

それは期待感の現れであり、やり甲斐があるということですから、ポジティブに受けとめていきたいと思います。シャンティさんの場合、お茶を出したりされていたわけですが、私たちはそこまでできないので、そこは理解していただくしかないです。

巡回で訪ねるといろいろな人に会えるので楽しいですね。ただ、行って帰って来ると、作業が大変です。終わってくるとだいたい四時を過ぎているので、出かけた先々のことをノートに書いて、みんなで情報の共有をするようにしています。漏れがないように心がけています。

――いよいよ新しい図書館ができるという

ことで、その準備もお忙しいことと思います。

辻井　この図書館は、この（二〇一六年）七月二日に新しくできる施設に移転する予定です。そのため三月から移転休館に入っています。新しい図書館はもとの山田駅の駅前にできます。九月ごろには移転してくる商店街もあり、銀行や郵便局も移転する予定だそうで、近くに復興住宅も工事中です。そこに住む方々が図書館の常連さんになってくれればいいなと思っています。

それ以降、移動図書館の方をどうするかですが、仮設住宅がどのぐらい残るかにもよるんですけど、大きな仮設住宅がある限りは続けることになるのではないかと思っています。

――ありがとうございました。

（二〇一六年三月六日）

＊この後、山田町立図書館は、二〇一六年七月、山田町ふれあいセンター「はぴね」に移転して新しくスタートした。

9

地元の書店を応援

今回の震災では書店も大きな被害を受けた。中には仮設店舗での営業再開に漕ぎ着けた書店もあったが、新たに開業した書店もあった。そこで、移動図書館などの活動に用いる本は、これら活動地の書店を中心に購入することにした。山田町では大手書店、大槌町では一頁堂書店、陸前高田市では伊東文具店、大船渡市ではブックボーイ、ブックポートである。微力ではあるが、少しでも地元書店を応援したいという願いからであった。

協力した人たち 6

「一頁を開く」という願いから

大槌町　一頁堂書店店主　木村薫さん

すでに述べたように、シャンティは移動図書館などの活動に用いる本は活動地の書店を中心に購入することにしていた。大槌町の一頁堂書店も応援した書店の一つ。ここは震災後、新たに開業した書店である。店主の木村薫さんは元会社員。勤務先が津波で被災した。県外への転出の誘いもあったが岩手に残ることを決意。そして知人から書店の開業を勧められ、ずいぶん悩んだ末、地域の復興に役に立てるのではないかと思って、妻の里美さんと一緒に開店を決断した。他の被災地の書店と異なるのは、スタッフ全員が書店員として働いた経験がまったくない「素人集団」であるということ。木村さんにお話をうかがった。

一頁堂書店　店内

――震災後に、新たに書店を開くということはかなりの決断だったと思います。震災から書店の開店までのいきさつについて聞かせていただけますか。

昨年（二〇一五年）の一二月二二日で、開店四年目を迎えて、五年目に入りました。

私はもともと会社員でした。化学薬品メーカーの工場が津波でやられて、その後、親会社、関連会社が関西の方にいくつかあったので、東京支店を含めてそちらに来ないかという話があったんですけど、せめて岩手には残ろうと思って退職したんです。

当時は盛岡に避難して住んでいましたので、資格をとる勉強などをしていました。六月ごろ、今のマスト（大槌町のショッピングセンター）の社長さんから妻に電話が入ったんです。妻は、それまではここの大槌町の赤浜で印刷屋をやっていまして、ぎりぎり助かったんですが、マストの今の社長さんが「マストに事務所のテナントとして入らないか」ということでした。でも、町内の事業者さんとか、学校が主なお客さんだったので、とてもペイできないと思ってお断りしました。そうしたら、「では、本屋さんをやらないか」と言われたんです。

というのも、今の私たちの店と同じスペースに本屋さんがあったんです。大船渡の本屋さんです。四店舗のうち三店舗が津波で流されて、大船渡の一店舗だけでやり直す、ということで、その本屋さんは、手をあげなかったらしいんです。その後、マストの事務局が本屋は必要だということで、あちこち回って、最後にこちらに来たようです。

全然やったことはないし、とくに私は本が好きだというわけではないし、できるだろうか、と悩んだんですけど、大槌の復興を自分の目で見ながら、何か手伝いができる可能性があるんじゃないだろうか、と思って決心したんです。相当な決心だったんですけど。それが二〇一一年の夏でした。それから、開店はその年の一二月二二日と決まっていましたので、急ピッチで準備を進めました。マスト再オープンまで時間がなく、クレージーな行程だと言われていましたね。大槌には、他にも一人、書店という名前がついているんですけど、個人で配達だけやっている本屋さんがあります。店舗としてやっているのはうちだけです。

一頁堂という名前は妻の発案なんです。一から店を始めようとしている自分たちにとっても、あれだけ被災した大槌町に生まれる本屋としてもいいんじゃないかと思いました。この町の歴史の一頁を開いていこうという思いでもありました。

――五年目を迎えて、今のお気持ちはいかがですか。

いろいろ取材も受けるんですが、正直なところ、脱サラをして厳しいところに飛び込んだと、そう言われるのはいやなんです。震災で被害にあった多くの書店が再建に多くの不安やあきらめを感じていると思います。そんな人の気持ちを考えるにつけても、成功したように言われるのはすごく嫌なんです。テレビや新聞の取材などもお断りしています。多くの方々から、もっと広報してアピールしなければ、と言われたんですがそういう気持ちになれません。本屋が大成功したというならいいんですが……。ですから、申し訳ないですが、このインタビュー記事も、私の顔写真ではなく、お店の写真の掲載でお願いします。

夢中でやってきて、もう、こんなに時がたってしまったか、という感じですね。そのうち、少しずつ学校にも出入りさせていただけるようになって、学校とか図書館にも買っていただいています。シャンティさんにもお世話になっています。もっと外商しなければならないのですが、お店を回すだけで精一杯で、これ以上従業員を雇える状況ではありませんので。

何とか店をもたせたいという気持ちが強いです。そのために、他の仕事をやんなくちゃいけないかなと焦りはありますけど。実態は、毎日の作業で追われています。人口が減っていますからね、大槌は。県内で一番人口の減少率が高いと、国勢調査の結果も報じられていました。その中で本屋は薄利多売ですから、厳しいとは聞いてましたけど、まさに実感しています。ネガティブに考えないようにしてますけど。町の一軒の本屋をもたせたいな、という気持ちです。

――一頁堂さんは、大槌の皆さんにとって文化の発信基地になっていると思いますが。

文化の発信などとはおこがましくて言えないですが、本にはたくさんの情報がありますからね。でも買う人が少ない。どんどん高齢化していて、地域の三分の一以上が高齢者という土地柄です。

津波で家を流されて、仮設に住んでおられて、いずれ出なくちゃいけない、ということになると、買い物に来るにしても足が必要ですし、そう考えると、お金の使い方も本を買うことなど、二番目、三番目になってしまうと思うんです。スーパーやホームセンターの売り上げはそんなに落ち込んでいるわけではないと聞いています。オープン当初から「本屋があってよかった。本屋をやってくれてありがとう」と言われることがあるんです。それを心に刻んで頑張りましょうと、スタッフと妻と、そういう話をしているんです。

初めのころは、ここは待ち合わせの場所になっていたんですよ。「生きてたの……」という会話とかあちこちから聞かれました。お客様のおしゃべりがたくさん聞こえて静かな本屋じゃないんです。それでいいと思っています。

――シャンティも、図書館活動の本を一頁堂さんから購入させていただきました。

オープンして二〇一二年から、シャンティさんに購入していただいています。本当に有り難いです。シャンティさんからご指導もいただきました。シャンティさんは、どんな本が喜ばれるか、ということがあって購入してくださるので、それを参考にさせていただきました。

直接、仮設住宅などをまわって皆さんのリクエストをとっておられるので、それを教えていただいて参考にしました。売れ筋をカバーしていると思いました。手芸関係とか……。

こちらは店で待っている仕事で、シャンティさんは出かけて行って皆さんと接してリクエストを聞いてくるわけです。おおげさに言えば営業マン的なはたらきをしてくださったようにも感じています。シャンティさんは、地に足を付けたいい活動をしているな、と妻とも話しています。

――震災関連の本が目立つところに並べてありますね。

出版取次さんからも、そろそろ、メインのところに置かなくてもいいんじゃないですか、と言われるんですけど、でも、それが私の役割だと思っているんです。いつまで続けられるかわかりませんが、しばらく続けたいと思っています。たしかに地元の人は手にとらなくなりましたが、でも外部から来られた方が今の町を見たら、ただの造成地にしか見えないと思うんです。震災のことを伝えるには当時の写真集だと思います。時々、町外からのお客様が来て、本を見ているとき、話しかけて、マストの屋上から町が見えるので連れて行って簡単に説明することもあるんです。来てみて、見ただけではわからないですもんね。

五年の節目だとか言われますが、地元の人からすれば、節目なんかあっては困るんですよ。われわれは、まだ外の力を借りないとやっていけないと、私は思っているんです。そういう方には状況を説明しないと理解していただけないですからね。ですから、そういうことをやるようにしています。

いろいろな団体さんが来て、支援してくださるのを見てきましたが、芸能人を呼んだりして、皆さんを癒したい、という遊び的なイベントを立ち上げてそれで支援したと言って帰って行った人たち、たくさんいるわけです。そうではなくて、生活のことに何かプラスになることをやってくださる。しかも、一回だけでなく、二回も三回も。そういう団体さんのことを町民は見ていると思うんです。そういう団体さんは本当に有り難いし、頭が下がる思いです。シャンティさんも、決して派手ではないですが、本当に地道に、寄り添ってやってくださって本当に有り難いと思っています。

――これからやってみたいと思っているのは、どんなことですか。

まさにそれを探しているんです。われわれが生活できて、ぎりぎりでいいから店を続けるために、そういう仕事があればやりたいと思っているんです。

でも、従業員は増やせないし……。この店は、あと一二、三年は続ける目標にしています。

――お店のお客さんと店員さんが親しくお話しているのが印象的です。

中学生だった子が高校生になったり、リピーターが多いので、交流の場にもなっています。ワイワイ、おしゃべりの多い書店だと思います。店員も主婦が多いので、中学生とか、高校生の子どもさんがいたりする。その関係もあって知り合いのお母さんとレジのところで話していたりします。私はそれを止めないんですよ。そういう雰囲気の方がいいと思うし、マニュアルに沿った言葉でしゃべらなくていい。地元の言葉でしゃべればいい。逆に顔の広い主婦がうちのスタッフの中にいるので、それが輪を広げたりしてくれているので、それは有り難いなと思っています。

りっぱなことをやっているわけではないです。注文をいただけるようになりましたが……。いくら頑張っても震災前の売り上げには達していません。でも何とか続けていこうと思っています。

――ありがとうございました。

（二〇一六年三月七日）

10 アジアのスタッフ大集合

ここで、特筆しておかなければならないのは、震災の年、シャンティの海外事務所のスタッフたちが来日して岩手を訪ねたことである。

二〇一一年一〇月一日、シャンティの海外事務所の職員たちが大挙して大槌町を訪問した。そして「大槌にアジアがやって来る！（アジアのおはなし会）」という催しで活動を盛り立てた。同じく八日には、アフガニスタン事務所のスタッフがやって来て移動図書館活動を手伝った。はるばるやってきた外国人との歌や踊りの交流は、住民の皆さんにとってことさら印象深かったようだ。

「アジアの子どもたちが学校に通えるようになったのは日本の皆さんが支えてくれたから。被災地の方々に直接お会いして励ましたい」――。こんな思いから実現したものだ。

一〇月一日には、海外事務所の職員のうち、タイのアルニーとギップ、カンボジアのトゥーン、ラオスのミンチェン、ミャンマー（ビルマ）難民キャンプのセイラーが大槌町で「おはなし会」を行った。続く一〇月八日には、アフガニスタンの職員、ワヒドとニアマトラが大船渡市において、同じように「おはなし会」を行った。

出発前、シャンティの東京事務所において岩手の状況を知って、「写真で見ただけでも涙が出てくるのに、岩手の人たちと話しながら泣いてしまうかもしれない」「内戦終結後、町全体が廃墟と化した。今は少しずつ良くなっている。日本はきっと復興する」と、スタッフは自分たちの国や体験と重ね合わせていた。

アジアの「おはなし会」（2011年10月1日）

岩手における活動では、民族衣装の試着、カンボジアやラオスのコーヒーの試飲コーナーを用意した。「お父さんに見せたいんだけど留守なんだよ。残念……」と言って、タイやカレン族の民族衣装にそでを通すお母さんたち。また、練乳入りのアジアのコーヒーがあると噂を聞いて、集まってくる住民の人たちはいつもより多かった。

日ごろから子どもたちやお年寄りを大切にしているアジアのスタッフたち。言葉は通じなくても、膝をつき、目を見つめながら、おばあさんたちの話に聞き入り、コーヒーをサービスしていた。

「おはなし会」は盛り上がり、お年寄りが自慢の踊りをスタッフたちと一緒に踊る姿も見られた。帰りしなには「遠くから来てくれてありがとう」と、仮設団地の人たちはいつまでもスタッフの手を握りながら別れを惜しんでいた。

言葉を超え、文化を超えるのは思いやりの気持ち。それを育み、表現できるのが図書館という場所だということを改めて感じさせられた。

〈アジアのスタッフからの手紙〉

その後、岩手を訪問したスタッフたちから次のような手紙が届いた。

励まし、寄り添うことの大切さ

シーカー・アジア財団事務局長　アルニー・サニッムンワイ

アルニー

岩手県大槌町で、公立図書館をはじめとして被災地を回りました。津波でだめになった本、印刷物の山。地元の人が、本棚や机、利用者の対応する受付の様子について語ってくれましたが、すべてが失われてしまいました。地震、津波にあった建物、ビル、車などの悲惨な跡形もありましたが、ごみはよく片づけられていました。日本人は規律、社会道徳が国民の間にいきわたっている民族だと思いました。

それから、移動図書館車が回っている仮設団地に行きました。住民は笑顔で挨拶をしてくださり、温かく歓迎してくれました。年配の女性たちと一緒に歌い踊りました。民族衣装を着てみる人もいました。

ラオスのミンチェンさんが、日本語とラオス語で「大きなかぶ」を語ると、お年寄りも童話を楽しんでいました。

タイでは、平時から経済的にも物質的にも日本人から援助してもらいましたが、今回、私たちはお金も物もあげるものはなく、ただ被災者の人たちを励まし、心配し、良くなることを願うことしかできません。しかし、私と同年配の女性に、「私たちの活動はどうでしたか」と聞いたところ、彼女は、「この六ヵ月、ほとんど笑える日がなかったけど、あなたたちの活動で楽しく、幸せな気分になりました」と言ってくれたことが印象に残りました。

今回経験したことや感じたことを、恵まれない人たちや災害に遭った人たちに、さらに精一杯還元していくことをこれからの目標にしたいと思います。

発展で一番重要なのは人材育成

カンボジア事務所　フォーマル教育課　ンゲ・トゥーン

東北地方は自然豊かで本当に美しい所だと思いました。このような自然を保ちながらも日本が先進国として発展してきたことを思うと、戦後、日本の人々がいかに努力してきたのか想像を絶すると思いました。それだけに、被災地を訪問し、地震や津波で廃墟となった地域を見て、心からお悔やみを申し上げずにいられません。

トゥーン

今回の移動図書館活動では多くの学びがありました。被災地という環境で私たち自身が日本の人々と悲しみを共有できる場をいただいたこと。シャンティの活動が少しでも被災した人々に寄り添うことができているのではないかと感じられたこと。そして、各国で活動しているシャンティのスタッフが集まって一緒に活動することで、移動図書館活動の各国の技術や方法を共有できたことです。

そして何より、発展で一番重要なのは人材育成である、ということを強く感じました。この貴重な機会を私たちの今後の活動、私たちの国の発展に活かしていけるよう努力してまいります。

移動図書館活動は「動く宝物」

ラオス事務所　図書館事業課スタッフ
サイサモン・キアオトンクン（ミンチェン）

ミンチェン

岩手の大槌町が跡形もなく消えている姿を目にしたとき、大きなショックを受けました。吉里吉里の仮設住宅での活動では、私たちスタッフがパフォーマンスを行いました。ミャンマー（ビルマ）難民事業事務所のセイラーさんは歌をうたい、カンボジア事務所のトゥーンさんはゲームを行い、そしてラオス事務所の私は、絵本「大きなかぶ」の読み聞かせを行いました。たくさんの人が参加して、一緒に歌ったり、楽しい時間を過ごしました。

読書を愛する日本人のように、学ぶことを求めてやまない人たちにとって、シャンティの移動図書館活動は「動く宝物」。貴重な情報の宝庫です。岩手事務所のスタッフは熱心に読書の機会を提供していると思いました。暑くても寒くても、本を届けるために通い続けることがとても大事であること。良い学びとなりました。図書館事業に関わる他の事務所のスタッフと行った交流や意見交換をラオスの活動に反映していきます。

夢や希望を描き、心の傷を癒す図書館活動

ミャンマー（ビルマ）難民事業事務所　プロジェクトマネージャー
ジラポーン・ラルウィン（セイラー）

セイラー

被災地に行ってこの目で見た光景は、テレビで見たのとはまったく違い、とてもショックで悲しく思いました。人々は夢や希望を失い、生活していくことに混乱しているようでした。中には、難民の図書館事業に支援してくださっている方もいらっしゃいました。

でも、今は彼らも同様の困難に直面しています。唯一の違いは、彼らの場合は天災であって、ミャンマー難民のように人災ではないという点です。私は助けたくても助けられないと感じました。おばあさんの手を握り、目を見つめながら、祈りました。それは、すべてをなくして難民キャンプに来た難民の女性と話した時と同じ気持ちでした。

私はタイに戻ってから、スタッフセミナーにおいて、被災地で学んだことを分かち合いました。シャンティは、被災者が夢や希望を再び描き、心の傷を癒すために、とても重要な活動を行っていると思います。

日本人の連帯と協力に学ぶ

アフガニスタン事務所　副所長　ワヒド・ザマニ

被災地は悲劇的な状況で、一九九五年に私が体験したアフガニスタンの内戦の状況と、あまり違わないように見えました。仮設団地で移動図書館活動に参加しました。おはなしと文化。とくにブルカというアフガニスタンの女性の衣服は興味深いものだったようです。津波の経験を忘れることは難しいと思いますが、楽しい時間を過ごして考えないようにしているように思えました。被災者は、将来の計画や希望が見出せない状況の中、生活しておられると思いました。

ワヒド

アフガニスタンは内陸国のため、津波の経験はありません。しかし、長年にわたる紛争や洪水や地震などの災害のため、難民キャンプでの生活、親族の喪失、食糧の不足、学校や図書館の破壊、支援の不足など、岩手の人たちと同様の体験をしてきました。

災害後の日本の人々の強い連帯と協力は日本の誇りだと思います。自費で交通費を賄い、移動図書館活動を手伝うために千葉から来たという女性に会いました。多くの人がシャンティの活動に参加していることを知りました。日本人の連帯と協力から復興支援について学ぶ良い機会となりました。

海外スタッフの被災地訪問に思う

会長　若林　恭英

大震災によってかけがえのない人を失った深い傷は容易に消えるものではありません。けれども、国内はもとより、世界中の皆様から寄せられた支援はとても大きな励みとなりました。

じつは、今回の大震災のあと、これまでシャンティが関わってきたアジアの国々でも自発的に募金活動が行われたのです。「これまで支援していただいた恩返しは今しかない」と、タイのクロントイ・スラムでは、小中学生が中心となって募金箱をもって練り歩きました。鎮魂と復興の祈りが込められた千羽鶴、二〇〇〇羽も持ち寄られました。カンボジアでは全国各地の小学校で追悼式と募金活動が行われ、ラオスでも学生たちが中心になって被災された方々への寄付を募るチャリティイベントが行われました。自ら自身の生活もそれほど豊かではないはずなのに、本当に頭が下がる思いです。

こんなときだからこそ、シャンティの海外事務所スタッフが日本に来て被災地を訪ねることは、とても大きな意味があると思いました。被災地で見たもの、体験したものを故国に帰って伝えてほしいと思ったのです。それが、アジアの皆さんが寄せて下さったまごころに対して私たちができる感謝と御礼だと思いました。そして、支援する側、される側という分け隔てを超えた〈支え合い〉の社会をめざして、私たちができる一歩だと思ったのです。

被災地を見て、あるスタッフは爆撃された町のようだと感じ、あるスタッフは被災された方との触れあいを通して、難民キャンプを思ったようです。それぞれ身近な現状に近づけて考えています。支え合うことは、どれだけわが身に引き寄せて感じられるかにつきるのかもしれません。

それぞれの事業はもとより、こうしてお互いに行き来する双方向の交流を重ねることが、かけ橋としてのシャンティの役割だと思っています。

11

あの日、あのとき

被災地の人に仕事の場を提供することで、できるだけ一緒に復興のお手伝いができれば――。そう考えて、シャンティは岩手事務所のスタッフとして地元の人々を採用した。

次に登場する人たちは、岩手事務所の図書館活動に関わった職員であるが、三木真冴、古賀東彦を除いては、地元出身の元職員である。文字通り「一から物語」として始まったそれぞれの体験を振り返ってもらった。

活動した人たち 11

寄り添うことの素晴らしさを学びました

元岩手事務所パートスタッフ　黒澤智美

黒澤智美

大槌町の出身です。被災して町内の仮設住宅に住んでいます。二〇一二年の三月からシャンティで大槌・山田班のパートタイマーとして働いてきました。もともと図書館の仕事をしたくて、震災前には大槌町の求人に応募したんですけど、司書の資格をもっていないので無理でした。震災後、シャンティの求人を見て、以前から私が望んでいた仕事だったので応募しました。

——活動を行う上で工夫したこと、気をつけていたことは何ですか。

二週間に一度のペースで仮設住宅を巡回していたので、変わり映えのない図書館車だと思われないように、頻繁に本の入れ替えをすることを心がけていました。利用者さんの好きそうな本を多めに並べて、「今日は〇〇の本をもってきましたよ」と声をかけたり、利用者さん一人ひとりの顔を思い浮かべながら活動してきました。利用者さんと接する際に気をつけていたことは、笑顔で対応するということです。本を借りて、お話しして、楽しくてあっという間に時間が過ぎて、また次も来ようと思っていただけるよう、私なりに気を配っていました。ただ、震災の話になったときは、詮索することはせず、利用者さんの様子を窺いながら傾聴することを心がけていました。

——岩手事務所の活動は被災地にどのような意義があったと思いますか。

図書館の司書さんというのは、本の貸し借りだけで、利用者さんと話すことはあまりないと思います。でも、シャンティの活動は利用者さんと話すことができてよかったと思います。お茶を出してホッとしていただけたと思います。

住み慣れた土地や近所の人と離れ、仮設住宅の中で新しいコミュニティや生活に慣れるしかなかった人たちに、溶け込みやすい環境を提供できたことに意義があったと思います。

二週間に一度、定期的にうかがっていたので、住民さん同士が「また図書館の日に集まりましょう」と声をかけ合っていた集会所もありました。私たちの活動で住民さんが集まるきっかけを作ることができてよかったと思います。それは、山田町の船越の仮設団地でした。本を通して、人と人がつながることができたのはよかったと思います。本については、津波で流されてしまった本を懐かしむ人、今まで本はあまり好きではなかったけれど私たちの活動で読むきっかけができた人など、さまざまです。たくさんの人の心に残る活動だったのではないかと思います。

——活動を通じて、とても印象に残っている出来事や利用者さんについて教えてください。

利用者さんの中に不登校の小学生がいまし

た。当初は話しかけても返答はなく、笑顔もなく、戸惑いました。でも、めげずに声をかけたり、帰り際に手を振ったりしていたところ、少しずつではありますが心を開いてくれるようになりました。猫が好きだと打ち明けてくれて、写真集や漫画をよく借りていました。私も猫が好きなので、同じ仮設団地に住む利用者さんのところに一緒に出かけて猫を見せてもらったこともありました。徐々に会話も笑顔も増えていき、中学生になってからは学校にも通い始めたそうです。学校に足が向くようになるきっかけを少しお手伝いできたのではないかと思っています。

――活動の反省点や改善点と思うことについて聞かせてください。

はじめは、積極的に自分から話をするのが苦手で、仮設住宅に行く度に、そんな自分を「それではいけない」と思って反省していました。それでも四年間続けていると苦手意識はなくなり、スムーズに利用者さんとお話しできるようになりました。

――シャンティの活動に関わって学んだことは何ですか、そして自分がどう変わったと思いますか。

今までは人と接するのが苦手で人見知りする私でした。人生の先輩の皆さんからいろいろ教わり、利用者の女の子たちからも慕われて、不登校の子に対しても「放っておけない」と言う気持ちになりました。この気持ちは、この活動をやっていて引き出されたものだと思います。こんな自分がいるとは思いませんでした。以前よりも、他人のことが自分のことのように思えるようになりました。

シャンティの活動で、私は人に寄り添い続

けることの素晴らしさを学びました。私自身、被災し、仮設住宅に住んでいるのですが、震災当初はたくさんあったイベントなどが今ではほとんどなくなっています。私たちは二週間に一度の移動図書館活動を四年間行ってきたことで、長期的に被災者の方々と関わってきました。通い続けるうちに人見知りだった私も打ち解けることができ、だんだんと気配りを覚えていきました。時には人生体験の深いお話しを聞く機会もあり、考えさせられることもありました。人としてひと回り成長できたように感じます。

（二〇一六年三月七日）

活動した人たち 12

他人の苦しみを自分ごととして受けとめて

元岩手事務所パートスタッフ　佐々木恵美

私の住まいは釜石市です。震災のときは実家の山田町にいました。その後二週間は、情報がまったく入らず、どういう状況にあるのかわからない状況でした。シャンティでの活動は二〇一二年三月一日から、大槌・山田班のパートタイマーとして関わらせていただきました。村中さんや黒澤さんと一緒の時期です。新聞の求人広告で見つけて、聞いたことがない団体だったので、ネットで調べたら、海外で図書館活動をしている団体だということがわかって、働ける時間帯も希望していた方向だったので応募しました。

——活動を行う上で工夫したこと、気をつけていたことは何ですか。

【移動図書館】本を借りたらすぐ帰られる方もいましたが、本を借りるついでの井戸端会議を楽しみに来てくださる方が多かったように感じました。中には、他のイベントは出て来ないんだけど、私たち（シャンティ）のときだけ出てくるという人もいました。

主に〝傾聴〟ということに気をつけていました。仮設住宅の巡回なので、震災の話は切っても切り離せないことでした。活動開始当初は、暗い話になってしまう傾向がどこの仮設でもありました。話したくない人、誰かに聞いてほしい人、思い出したくもない人などさまざまです。その人の表情をみて、口調の変化などには敏感に気をつけるようにしていました。震災の話に限らず、その人のプライベートなことも不用意に詮索しないことにも気をつけました。また、盛り上がりそうな話題やその人の得意な話には積極的に聞き入るようにしました。

佐々木恵美

【本】会話を通して、好む本や趣味を把握して、利用者さんに食いついてもらえるような移動図書館をめざして選書しました。皆さん、けっこうメディアを見ていて最新の情報をつかんでいました。そこから選書のヒントを得ました。

【拠点内】山田拠点で一番の片付け上手だと自負していましたので、率先して書庫整理、本棚整理に努めていました。

――岩手事務所の活動は被災地にどのような意義があったと思いますか。

「本を読んでいれば何も考えなくてもいいから……」と、利用者さんから言われたことがありました。本を読むことが苦しい現実を忘れる手段になっていたのではないかと思いました。当初はそれも大事だったと思います。津波で流されたものと同じ本を再び手にとって、「この本読んだことがあったな」「この本好きで集めていたんだよ」と懐かしみ、当時の生活を良い意味で思い出せる機会を提供できたことも、被災地での移動図書館の大きな役目になっていたと思います。新しい人間関係を築かざるを得なかった仮設住宅の人たちにとって、コミュニティと情報交換が必要だったと思います。その点でもとても大きかったと思います。〝本を借りてお茶飲みをする〞という一連の流れがその役割になっていました。本は借りないけどお茶飲みはするという人もいたくらいです。

――活動を通じて、とても印象に残っている出来事や利用者さんについて教えてください。

どこの誰々ということはなく、私たちの運んでいく本を最大限活用してくれた利用者さんたちがいたことです。「ここで本を借りて、気に入ったのを買うようにしている」「……を編んでみた」「……を作ってみた」「家を建てるが、図面は本に載っているのにした」など、移動図書館の本が、その人にとっての糧になっていることを教えてくれました。活動をしている上で一番嬉しく、仕事のやりがいとなって、印象に残っているのが、そのような利用者さんの声でした。

――活動の反省点や改善点と思うことについて聞かせてください。

ご寄付と助成金で成り立っていた活動なので、意識一つで、もっと経費削減ができたと思います。

そのためには拠点同士の意識の統一、コミュニケーションがもっと必要だったと思います。たとえば、釜石、山田、陸前高田の三つの拠点があったわけですが、同じ本を買っていたことがあります。もったいないと思いました。

二〇一四年から山田町立図書館と一緒に活動してきましたが、利用者カードも蔵書も統一されたので、町立図書館のやり方に学ぶことも必要だったと思います（個人情報の取り扱い方、返却本の点検、本の扱い方、情報共有など）。先方は返却された本をきちんとチェックしていました。私たちにはそういう感覚がありませんでした。全体として、仕事として活動するのであっても心で取り組むことが大事なんだということをもっとシャンティとして指導してもよかったのではないでしょうか。

――シャンティの活動に関わって学んだことは何ですか。自分自身はどう変わったと思いますか。

私は被災地に住んでいながら、一般的に思われている〝被災地の暮らし〟ではなく、被災前とほぼ変わらない生活を送っていました。シャンティの活動に携わるようになって、被災地と自分との暮らしの差に驚きました。慣れ親しんだ土地から離れて生活することでストレスや不便さを感じていること、身内や友だちを津波で亡くし、抱えてしまった心の傷などについて、シャンティで活動していなかったら深く知ることができなかったと思います。身の周りで起きている自分の知らない現実を知ることで、どこか他人事のように思っていたことが自分のこととして感じられるようになりました。

今後も、どこかで被災した人とか苦しみを抱える人と触れ合う機会があるかもしれませんが、そのときは他人事ではなく自分のこととして聞くことができると思います。

（二〇一六年三月七日）

活動した人たち 13

とにかく親身になって被災した皆さんの話を聞いてください

元岩手事務所図書館プログラム担当

村中一欽《むらなかかずよし》

私は大槌町出身で、地元に住んでいます。震災の年、母親が亡くなって私も病後で何もしていない時期、吉里吉里のご住職から、「スタッフを探しているようだよ、やってみない？」と声をかけていただきました。「じゃ、見学させてください」とお願いして、運行のとき、一緒に仮設住宅を回ったのが最初でした。そして、二〇一二年の一月から働くようになりました。最初はドライバーで、その年の三月からは図書館プログラム担当として、主に大槌・山田班で活動することになりました。

――活動を行う上で工夫したこと、気をつけていたことは何ですか。

ボランティアの方が参加してくれたので、チラシの配布や住民の皆さんへの声がけなどは、ほぼ全員の皆さんにしてもらって、無理なくその日の活動が行えるように心がけました。

利用者の皆さんと話をするときには、聞いていいことかどうかなど、いつも話の内容について考えながら接してきました。拠点内でのルールを作り、それを皆さんと守るようにしました。自分自身、フットワークを軽くすることを心がけて、スタッフのみんなが仕事をしやすいような環境づくりを考えました。

村中一欽

――岩手事務所の活動は被災地にどのような意義があったと思いますか。

仮設住宅に住む被災者の方にとって、自然な会話と本を通して、心の拠り所になったのではないかと思います。足かけ五年間、利用者さんと触れ合うことによって、利用者さん全員ではありませんが、お互いの名前を呼び合える仲になったことが嬉しいことで、とても大事なことだと思いました。津波で家が流され、もっていた本をすべて流されたという方が大勢いました。再び本と触れ合えるきっかけが提供できたのではないかと思います。

――活動を通じてとくに印象に残っている出来事や利用者さんについて教えてください。

いつごろからだったか忘れましたが、訪問すると、毎回のように、おやつを作って「みんなで食べて」と言ってもって来てくれる利用者の方がいました。私たちから借りた本を参考にして作っていると言っていました。狭い仮設住宅の暮らしの中でも料理を作って人に食べてもらうことが生きがいだと言っていました。料理を通して人を幸せにできる方だなと思います。この活動のやりがいを感じるときでもありました。

――活動の反省点や改善点と思われることについて聞かせてください。

途中で大槌町での移動図書館活動ができなくなったことです。かねざわ図書室も閉鎖ということになってしまいました。大槌町の事情によるものだったのですが、もっと密に関わっておけばよかったかな、もっといい方法がなかったか、と思うときがありました。「なぜ来なくなったの?」と言われたこともあって、借りに来てくれていた利用者さんに迷惑をかけてしまったことが悔やまれます。

かねざわ図書室や山田町での活動でも、楽しめるイベントをもっとやれればよかったと思っています。たとえば、かねざわ図書室で語り部を呼んだイベントをやったことがあるんですが、大盛況でした。語り部さんもいつも三〇分のところを一時間半ぐらい話をしてくれました。大槌町の民話も語ってくれました。五〇代以上の人たちが多かったです。仮設の人だけでなく在宅の人も来てくれました。それを機会にリピーターとして来てくれる人もいました。子どもたち向けのイベントもできたらよかったかなあと思っています。

それから、移動図書館で回る仮設団地を決定するとき、もっといろいろな場所からの意見を聞いてもよかったのではないかと思います。また、スタッフが身体の具合が悪くて休むと、その人の分まで他のスタッフに負担がいくことになるのでスタッフは健康管理に注意してほしいと思いました。

――シャンティの活動に関わって学んだことは何ですか。自分自身がどう変わったと思いますか。

学んだことについては、被災された方が、本を借りる、借りないにかかわらず、自分の話を聞いてもらいたいと思っておしゃべりをしていかれるわけですが、それに対して、親身になって聞いてあげること、意見を出してやれることが大事だということでしょうか。

自分自身がどう変わったか、という点については、私自身、震災の年に母を亡くしたので、震災で身内を亡くした方の気持ちを多少理解できるのではないかと思って接してきました。そのこともあって、相手と話をするとき、目配り、気配りができるようになったのではないかと思います。

（二〇一六年三月七日）

活動した人たち 14

自分にできること、前向きに挑戦していこうと思います

元岩手事務所　経理総務担当　千葉りか

私は震災以前から遠野市に住んでいます。シャンティで働くようになったのは二〇一一年の八月からです。経理・総務担当でした。

震災のときは買い物で釜石にいたのですが、急いで遠野に戻ったので、被災地の様子がわかりませんでした。遠野はどちらかと言えば内陸部になるので、この活動に参加して初めて沿岸部の惨状を目の当たりにしたのです。知人に、「シャンティという団体が募集して

いるよ」と教えてもらいました。子育てもひと段落し、下の子も小学校に入ったので、現地での活動は難しいと思いましたが、（当初は遠野に事務所があったので）遠野で活動できるのであればと思って応募しました。

千葉りか

――活動を行う上で工夫したこと、気をつけていたことは何ですか。

それまで被災地でどういうことが起きていたのか知らないことも多かったので言葉を選びました。本の貸し出しやお茶を出したり、利用者の方と接する機会が多い分、どこまで話を振ればいいのか迷う部分もありました。ともかく、楽しくその場を過ごしていただけるように、いろいろと世間話をしました。週刊誌をみながらタレントさんの話をしたり、料理本を見ながら「この場合はね……」とアドバイスをもらったり。でも、子どもの話、家族の話をするときには少し不安がありました。もし大切な家族を亡くしていたらこういう話をするのは辛くなるんじゃないだろうかと考えながら、最初のうちは活動していました。

本のことだけではなく、どうしたらみんなが集まれる場を作れるかということを考えました。初めは仮設団地内に集会所もなかったし、入って来にくい人もいました。それに皆さんに迷惑にならないように拡声器による呼びかけもしていませんでした。ボランティアさんにお願いして、「本を読まなくてもお茶でも飲みませんか」と声をかけてもらって、まず輪の中に入っていただくようにしました。
一緒に活動していた吉田晃子さんが実際に被災し避難していた経験がある方だったので、事前に、彼女からその体験を聞けたことは活動するうえでとてもよかったと思います。

――岩手事務所の活動は被災地にどのような意義があったと思いますか。

岩手でたくさんの方、たくさんの団体が活動をしていました。それが一年、二年と経つとだんだんと撤退していき、被災地へ足を運ぶ人も少なくなりました。その中でずっと変わらずに続けてきたことは長期間にわたって仮設暮らしを強いられている利用者さんにとっては安心できることだったのではないでしょうか。「本」はいろいろなことをしてくれたと思います。いやなことを忘れさせてくれるひと時をつくり、今までやったことのないことに挑戦するきっかけをつくり、他地域に住んでいた方々と交流するきっかけをつくることができたと思います。

――活動を通じて、とくに印象に残っている出来事や利用者さんについて教えてください。

ある仮設団地に山手樹一郎が好きだという六〇代のお父さんとその奥様がおられました。最初は怖い雰囲気の方だなあと思いました。リクエストを受けたのはいいのですが、不勉強な私は山手樹一郎という作家さんを知らなかったので、いろいろ調べて用意し、お届けすることができました。すごく活字が好きなご夫婦で、ミステリーから時代物と幅広く読まれる方でした。転居されたあとでもご自宅からわざわざ来てくださっていました。とても優しい方で、利用されたあと、お身体が少し不自由な奥様の本を手にもってお帰りになっていました。被災地は公共交通機関も不便なため、高校へ通うお孫さんをご夫婦は仮設で預かって暮らしていました。奥様は、お孫さんのために毎日お弁当を作っているとのことでメニューを考えるのが大変そうであり楽しそうでもありました。一見怖いと思ったんですが、接してみると、奥様に対しても皆さんに対しても優しい人で素敵な人でした。

――活動の反省点や改善点と思われることについて聞かせてください。

中乗りの図書館車だったので、雨や風をしのいで本を選ぶことができたことはよかったと思います。でも、乗り降りのステップが案外高い位置にあって、小さい子どもやお年寄りには大変だったかもしれないと今振り返って感じます。

――シャンティの活動に関わって学んだことは何ですか。自分自身はどう変わったと思いますか。

ＮＧＯという言葉もろくに知らない状態で飛び込んだ活動でした。活動していた数年の間で、聞いたことがない言葉や横文字をいくつ聞いたことでしょう。その言葉を理解していくだけで、精一杯だったときもあります。それも私の経験の一つになり知識になったと感じています。この活動に参加するだけでも、三年以上、専業主婦だった私にとってはかなり勇気のいるものでした。

でも、この活動を終えるにあたって、何が必要で何が必要でない支援なのかを見極めて自分なりにできるお手伝いを継続していきたいと感じています。前向きに挑戦していこうという気持ちになったと思います。毎日、東京事務所や海外のスタッフから送られてくるメールを見て、今まで知らなかったアジアの現状とかいろいろなことを知って興味が湧いてきました。この震災のことだけでなく、自分ができることをやっていこうという気持ちにさせていただきました、

車で一時間ほどの距離を通い続け、体力的にきつくなることもありましたが、私と同じ主婦の吉田さんと一緒だったからこそ、愚痴をこぼしながら、今日まで何とか頑張れたと思います。これからも一家庭人としてできる範囲の中で、何か自分なりにできることを見つけてやっていきたいと思っています。

（二〇一六年三月七日）

活動した人たち 15

シャンティでの体験があったから起業できました

元岩手事務所・パートスタッフ

津田千亜希

津田千亜希

私は陸前高田市広田町出身です。以前は美容師をしていました。職場だった美容室も被災して、震災後に仮設店舗で復活したんですが、浸水区域

ということで心配な上に、自分のアレルギーや体調、また自分を見つめなおしたいという思いがあり、転職を考えていました。

　そんなある日、ハローワークの求人欄にシャンティのことが載っていました。私は本が大好きなものですから、「こういうのがあるんだ。働いてみたい」と思いました。家に帰り、家族に相談すると「こんなにいい仕事は、他にないよ」と大賛成でした。そして二〇一二年の三月から二〇一六年の一月まで、岩手事務所のパートタイマーとして働くことになりました。現在は、一〇年来の念願がかなって、陸前高田市内にネイルアートショップをオープンさせ、日々コツコツと頑張っています。

――活動を行う上で工夫したこと、気をつけていたことは何ですか。

来てくださった利用者さんに、今、どんなことに関心があるのか、など具体的に聞いて、興味がありそうな本を準備するようにしていました。飲み物を提供するときも、何度か同じものを頼まれたら、次のときに、「いつものでよろしいでしょうか」と声をかけて、利用者さんが話しやすいようにしていました。皆さんが帰るときは、「また来て下さいね」「お待ちしています」と声をかけました。本に興味がない人も気軽に足を運べるように「お茶っこだけでも立ち寄ってくださいね」と伝えるように意識していました。

　読み聞かせも勉強しました。私の声は特徴があるので、子どもに読み聞かせをするときは、どんな声の出し方がいいのか練習もしました。私の声は、コミカルなものには合うと思うんですが、真剣なしっとりしたものには合わないいんじゃないかと思っています。

それから移動図書館が堅苦しいイメージにならないようにポップを作成したり、チラシを配るときは、うるさくならない程度に声を出すように心がけていました。だんだん利用者さんのことがわかってきて、あの方はきっとこういう本が好きなんじゃないかと、顔を思い出して本を選んでもっていくのがとても楽しかったです。

――岩手事務所の活動は被災地にどのような意義があったと思いますか。

車がないために本を読みたくても手にすることができないお年寄りや子どもたちなどに、本に触れるきっかけをつくることができたと思います。人と人のつながりとか、普段会うことがなかった人とのコミュニケーションがとれたり、皆さんの心の拠り所になっていたと思います。お母さんたちにとっては、辛い日常生活の中、息を抜いてみんなで笑って不安や不満を発散する場所にもなっていたと思います。「イベントがあるよ」「ここに行くと土地が借りられるよ」とか、おばあさんからはお料理の話を聞いたり。情報交換の場でもありました。最初はハイハイしていた赤ちゃんが走り回るぐらい大きくなって、今でも町で出会うと手を振ってくれるんです。利用者さんととても仲良くなることができました。

――活動を通じて、とても印象に残っている出来事や利用者さんについて教えてください。

絵を描くのが好きな利用者のおばあさんがいて、仮設の集会所に行くと、いつもその方の上手な絵が展示されていました。新聞でも紹介されたと言っていました。一人暮らしで御年は九〇歳ぐらい。とても気さくで、「若い人たちと話をすると元気になる」と、楽しそうでした。風景の写真集をもっていくと、「見ているだけで楽しい」と、喜んでくれました。しばらくして、その方のために、本を用意して、その仮設に出かけました。いつものように来てくれるかなと思っていたら、自治会長さんから「○○さんは亡くなったから」と伝えられました。すごく明るく活発で、いつもいつも移動図書館に足を運んでくれていたのでとてもショックでした。でも、最後まで本を届けることができて、今はよかったと思っています。

——活動についての反省点や改善点を聞かせてください。

私自身、返却ボックスやちょっとしたものをたまに忘れてしまうことがあったので、運行での持ち物リストを作った方がもっとよかったと思いました。

最初から利用者カードを作って、移動図書でも、カードがあれば、本がどこにあるか、誰がどんな本をリクエストをしているかなど、スタッフみんなで把握できたのではないかと感じました。

——シャンティの活動に関わって学んだことは何ですか、そして自分がどう変わったと思いますか。

震災前までは美容の仕事一本で、まったく違う業種だったので、まったく違う世界を経験できてよかったと思っています。まったく違うスキルを身につけることができました。日常生活は、家族とか職場の人だけだったので、こんなに多くの人とのつながりをもつことは考えられませんでした。人との関わり方についてもたくさんのことを学びました。

困っている人がいたらすぐに助けてあげる自然体の姿勢を、一緒に岩手で活動したスタッフの皆さんから学ばせていただきました。それから、これまで仙台、盛岡まで行くことはありますが、東京に行くことはほとんどありませんでした。

シャンティで体験して身につけたことが今の仕事につながっているところがあってとても助かっています。SNSについてもまったく無知でした。必要に迫られて当時は移動図書館活動についてフェイスブックにアップしていたんですけど、今は、ネイルの方でフェイスブックにアップしています。パソコンもさわったことがなかったんですが、今は、ポップとかチラシを自分で作っています。

それから、陸前高田市のワークショップに呼ばれて行くこともあるんですが、シャンティでの経験が役に立っています。シャンティのスタッフだったころ、横浜で行われた図書館総合展で岩手での図書館活動についてプレゼンをさせていただいたことがあります。あのときはとても緊張し過ぎて、今思うと大失敗でしたが、今まで会ったこともない初めての人の前でプレゼンさせていただき貴重な経験をしました。今までの自分だったら考えられませんでした。今もお店のことでプレゼンをしなければいけないことがあるのですが、そのときのスキルが生きています。少し自信をもって人前で話せるようになりました。シャンティでの体験があったからきちんとスキルが増え、起業できたと思っています。

もっと余裕が出てきたら、シャンティで体験したように、おばあちゃんたちの福祉施設に行ったり、社会に貢献したいとも考えています。昨日もある高齢者施設からデイサービスに来てほしいというお話をいただきました。

この地域には、海の仕事などに従事していて、おしゃれをしたことがない、化粧したことがないという女性がけっこういらっしゃるんです。自分の技術を活かして、これからも多くのキラキラ輝く笑顔をつくっていきたいと思っています。

（二〇一七年二月一七日）

活動した人たち 16

「地域の違いなど関係ない、一緒に生きていこうね」という思いになりました

元岩手事務所 図書館プログラム担当

吉田晃子

私は震災前から陸前高田市に住んでいまして、今回の大震災で被災して避難所生活を体験しました。もともと本が好きで市立図書館に通っていたのですが、仮設団地に移ったころ、シャンティがスタッフを募集していることを知って応募しました。二〇一一年の八月から、図書館プログラム担当として働いています。陸前高田コミュニティー図書室が発足してからはそちらがメインで活動しています。元、住んでいた家を直して、一年後（二〇一二年）の夏からは、同じ陸前高田市の現在地に家族と一緒に住んでいます。

吉田晃子

――活動を行う上で工夫したこと、気をつけていたことは何ですか。

笑顔を絶やさず聞き役に徹するということでしょうか。私も被災したので、同じような気持ちではないかと思って「被災して大変でしたね」と言うより、明るい雰囲気にした方が前向きな気持ちになっていただけると思っていました。仮設住宅はテレビしかないので、集会所に出て来た時ぐらいは笑って会話できるようにしてもらえればと思っていました。

――岩手の活動は被災地にどのような意義があったと思いますか。

被災したときにはまったく本がない状態でした。私も本が好きで市立図書館に通っていたんですが、避難所生活していたときは、本など読んでいる暇もないし、場所もないし、置いておくスペースもない共同生活でした。

それから仮設住宅に移ってようやく自分のスペースもてることになり、本を借りられるようになりました。

被災したときにいろんなことを考えなければなりませんでした。これからどうするか、とか、こうなるとお金がなくなる、とか、隣の人が亡くなったとか……。そんなことばかり考えていたら神経がまいってしまいます。いっときでも、そんな苦しい思いを本を通して忘れて、気持ちを整理する時間をとることが大事だと思っていました。自分もそうだったので……。仮設住宅にいる人たちに、普段の苦しい気持ちから離れてなごむ時間を少しは提供できたのではないかと思います。

本好きの人の中にも、最初のうちは字が読みたくないという人もいました。それで、料理の本とか、パラパラッとめくれる雑誌を見ていただきました。一年ぐらいすると、その人は小説を借りてくれるようになりました。精神的に滅入っている人を見守り、寄り添うことで、保健師さんとか、行政の人たちとは違った面で支えることができたのではないかと思います。本は要らないものと思われがちですが、そうじゃないと思います。移動図書館車で巡回すると「来てくれて有り難い」と言って借りてくれる人がいました。そういう方々に提供できたのはよかったと思います。

仮設団地の場合、最初のころ、よその地域から来た人もいて、「知らない人ばかりで話す人がいない」という人も多かったです。「本がありますよ。コーヒーもありますよ。集まってきてください」というところから顔見知りになり、イベントにも参加していただきました。みんなで集まって知り合いになれる場もつくれたと思っています。

炊き出しの支援活動だと、その場で終わりますけど、本の場合、みんな囲んでいろいろ情報交換したり、普通に会話して交流ができるのでいいなあ、と思います。顔見知りになれて、「一緒に暮らしていこうね」という仲間意識が生まれるような場にできたのではないかと思います。

「子どもを産んだばかりで知らない所に来て寂しいです」という若いお母さんもいましたが、「私も娘を育てた経験があるし、遊びにおいで、相談にのるよ」と言って話したこともあります。このように、その場で知り合いになれるというのはいいなと思いました。その場にいて、話してすっきりした人も多いです。話をすることが大事。自然体で傾聴活動ができたと思います。

――活動を通じて、とくに印象に残っている出来事や利用者さんについて教えてくださ

い。

いっぱいあります。移動図書館でまわっていたとき、すごく明るいご婦人がいたんです。震災のことは話したくない、と言っていました。ところが二、三年たったころ、被災の話を始めたんです。大変な思いをしていたことがわかりました。はた目にはわかりませんでした。慣れたころ、「しゃべりたくなったからしゃべるんだ」と言っていました。ずっと長い付き合いで親密になって、しゃべりたいというときに一緒にいられて、話を聞けてよかったと思いました。嬉しく思いました。話すと楽になるんです。辛いことを話してもらえる関係になれたということが嬉しく思いました。

辛いことを顔に表す人もいるし、表さない人もいます。表す人には支援が届きやすいですが、表さない人には届きにくいです。顔に表さない人が多いということに気づかされました。そういう人たちに寄り添っていけるこの活動はいいなと思いました。月に二回、同じ仮設団地に行っていたから、顔見知りになれます。本当に大変な人がいれば地元の社会福祉協議会につなげました。日常のいやなことは私たちにまかせて、という感じですね。自治会仮設によって団結の仕方が違います。その会長さんによっても違います。そのことも勉強になりました。

――活動の反省点や改善点だと思うことについて聞かせてください。

反省点はとくにないです。移動図書館活動は、皆さんが仮設住宅に移るようになってから始めたことであり、タイミングもよかったと思います。

――シャンティの活動に関わって学んだことは何ですか。自分自身はどう変わったと思いますか。

シャンティは海外でいろいろな支援に取り組んでいますが、それを知って、視野が広がりました。今まで、ＮＧＯ、ＮＰＯって、「それ何？」という感じで、身近な存在ではありませんでした。今回、関わらせてもらうことで視野が広がりました。そういうことを知らないで生活するよりは知っていた方がはるかにいいと思います。地元の人間としては、いろいろなＮＧＯ、ＮＰＯから支援していただいて本当に有り難くて、避難所にいたときも、「足向けて寝られないね」とみんなで言っていたんです。そして、今度はこちらが支援のお返しをすることが大事なんだよね、と皆さんの意識も変わったと思います。

こんなに善意を寄せてくれる人がいるからこういう活動ができるんだと思います。学校を建てたり、絵本を配ったり、海外での活動もできるんだと思いました。そういう気持ちが大事なんだ、ということが身に滲みてわかりました。ですから、自分にできることがあれば少しでもしていこうと思っています。

私の娘も募金するようになりました。現在、看護師をめざして名古屋の大学で勉強しています。将来、海外に行って支援したい、困っている人たちを助けたいと言っています。今回の震災で、いろいろな支援を受けたのが嬉しかったようです。「地域の違いとか関係ないよね。みんな一緒に手つないで生きていこうね」という気持ちになれたのは、この活動、シャンティに関わって視野が広がったおかげです。

自分は傾聴向きだと思いました。重いことを言われても、「大変だなあ」と共感して受けとめるんですが、ため込まないで次にいける自分の個性に気づきました。他の人もそうかと思ったら「そうじゃないよ。けっこう辛いよ」という人もいます。ですから、傾聴活動にあたっての研修みたいなものは必要ではないかと思います。

（二〇一六年一一月五日）

活動した人たち 17

図書館のイメージを変えたのではないでしょうか

元岩手事務所　所長代行　三木真冴《みきしんご》

二〇一一年、岩手での移動図書館プロジェクト立ち上げ当初から関わってきました。その後、宮城県や福島県でも移動図書館活動を行うことになり、山元事務所の開設に伴って、所長の古賀東彦が山元事務所所長を兼務することになったため、二〇一二年八月から二〇一六年八月まで、私、三木が岩手事務所所長代行として岩手事務所のとりまとめ役として活動してきました。

――活動を行う上で工夫したこと、気をつけていたことは何ですか。

仮設住宅など、皆さんが生活している空間に行っての活動なので迷惑にならないように気をつけました。たとえば夜勤でやすんでい

三木真冴

る人もいらっしゃるので、スピーカーなどもあって音楽も流せるのですが、それは使わずにひっそりと呼びかけました。仮設住宅にあるものは使わず、なるべく自己完結で行いました。ゴミも持ち帰りました。

　皆さんとおしゃべりすることを大事にしたのですが、話す内容も、たとえば、子どもたちと話すときも、家族を亡くした子どもがいるかもしれないし、何気なくしゃべったことが、相手を傷つけたり、震災のことを思い出させてしまったり、ということにならないように、とくに二〇一一年、一二年のころは気にしました。

　最近もそういうことがありました。話していて、引っ越すとか、家を建てるとか、という話が出てくると、「〇〇さんはいいよね。お金があって、私たちはあと何年……」ということになりがちで、ぎすぎすしてしまいます。みんな集まって仲がいいのに。早く出る人、残る人、といった話題にあえて触れないように心がけていました。

　二〇一三年とか二〇一四年ごろは、市立図書館や町立図書館も本格的に活動を再開し始めていたので、うちだけが突出したサービスを行って目立つことがないように気をつけました。たとえば、どんな図書館でも新しい本を購入するわけですが、うちの方が予算があるので、新しい本をたくさん買える余裕がありました。だからと言って、発売されたばかりの本を次々に購入するとか、漫画本を全巻購入して、すぐ貸し出しするようにするとか、あまりサービス過剰にならないようにしました。よりよいサービスをするという姿勢は大切なのですが、やり過ぎにならないように、みんなで話し合って他の図書館に合わせる配慮をしました。

それから、地域の書店の復興も考えなければならないので、二〇一二年あたりから、新しい図書館は、一頁堂書店さんだとか、地元の書店さんから購入するようにしました。漫画とか、新しいベストセラー小説などをすぐに一冊買って貸し出すようにするのは、本屋さんにとっても迷惑になると思うし、むしろ、本屋さんにないものをうちが揃えて、漫画だったら、往年の名作みたいなもの。たとえば『ドラえもん』『はだしのゲン』だとか、『ブッダ』だとか、を購入して揃えた方がいいのではないかと、話したことがあります。これは、今後の教訓にもなることではないかと思います。

――岩手事務所の活動は被災地にどのような意義があったと思いますか。

一つには、震災後、行政の図書館サービスがストップしたり、停滞していた状況があったわけですが、図書館が無事であったとしても被災して遠くに住むことになった人々は図書館に来られなくなりました。そういう時期を僕らが埋めることができたと思います。行政としては助かったのではないでしょうか。

二つ目としては、住民にとっても移動図書館車が行くことで喜んでいただけたと思います。今までの図書館とは違う活動をしたので、図書館のイメージを変えたのではないでしょうか。海外で行ってきた活動を国内で初めて行ったわけですが、海外のときとはまた別の意義を果たし、見つけることができたと思います。

――活動を通じてとくに印象に残っている出来事や利用者さんについて教えてください。

活動して印象に残ったことについては、利

用者さんのこともありますが、あえて他のことをとりあげます。山田町立図書館の方や陸前高田市立図書館の方々の意識が変わってくださって、私たちの活動を取り入れてくれたり、自主的に変わっていってくれた、ということが一番大きいと思います。海外の活動でもそういうことがあったと思います。小学校に図書室を作ったら、教師たちの意識が変わって、自主的に読み聞かせの活動を始めたりとか……。岩手の図書館でもそういうことが見られました。たとえば、一年目は、うちがメインとなって山田町立図書館と一緒にイベントを行って、二年目からは山田町の皆さんがメインになってやってくださったりとか。移動図書館を引き継いでくれることにもなりました。

陸前高田市立図書館がうちの活動に感銘を受けてくれました。どこに感銘を受けたかというと、ただ本を貸し出すだけではなく、住民や利用者の皆さんとコミュニケーションを行うという点です。当時の職員だった長谷川さんが感銘を受けてくれて、私たちの活動を取り入れてくれました。水曜日に開催していた「おはなしを聞く会」などもそうだと思います。

大船渡市で移動図書館活動をやっている「おはなしころりん」というNPOがあります。そこも、私たちの活動を参考にしてくれて、一緒にイベントを行ったり、協力関係にあります。今後も災害公営住宅も回る、と言ってくださっています。大槌町の大念寺さんも、私たちの活動を参考にしてくれています。

気仙沼の前浜コミュニティセンターのように、私たちは〈モノ〉を残したわけではありませんが、〈考え〉が伝承されていく、ということはいいことなのではないでしょうか。

――シャンティの活動に関わって学んだことは何ですか。そして自分自身がどう変わったと思いますか。

シャンティ的な支援のあり方を学んだと思っています。「共に生き、共に学ぶ」という言葉が象徴するように、押しつけではなく、地元の人たちと一緒に行う支援。私たちは触媒であるという姿勢をカンボジアにいたころからずっと学ばせていただきました。岩手事務所に来てから地元のスタッフにも共有してきたつもりです。だからこそ、スタッフの中から、「自己満足のボランティアは困る」という声が出てきたのではないかと思います。それはシャンティで学んだ大きな一つだと思っています。

岩手事務所の活動で学んだこととしては、図書館についてです。シャンティのスタッフは、図書館のプロではありません。図書館というものがどういうものか知りませんでした。陸前高田市の教育委員会の生涯学習課というものがあり、そこの出先機関として図書館がある、ということも知りませんでした。市役所の仕組みも知りませんでした。各市町村立の図書館があって、県立の図書館というものもある。そういうことも知りませんでした。それぞれがネットワークで結ばれているということも知りませんでした。日本の図書館の歴史というものも知りませんでした。図書館関係者と出会う機会が多かったです。岡本真さんという理事さん（現・シャンティ専門アドバイザー）にお会いしてお話をうかがって、「図書館というものはこういうもの」、というものが、自分の中にたくわえられたと思います。そういうことが大きいです。シャンティとしては日本で初めての図書館活動の展開。鎌倉幸子さんが切り開いてくれたところは大きいと思います。

岩手事務所のスタッフの中に、東京から来た人は優秀で、えらい人たち、という思い込みがあって、すごく遠慮するところがあったと思います。みんながなかなか口を開いてくれなかったり、意見を言ってくれなかったりするところがあって、そこが苦労しました。まちづくりでもそうです。まちづくりワークショップとか頻繁に行われたんですが、なかなか自分の意見を言わない。言い慣れていない。でも会議が終わった後などには話したりするんです。公の場で意見を言うのは苦手なのかなと思いました。そこはもの足りないと思いました。こういうことをやりたい、ということをもっと言ってほしかったです。

移動図書館ということを始めたわけですが、ずっとそれでなくてもいい。途中から変えてもいいのではないかと思っていました。みんなの中に、「これを変えたい」という意識が希薄なところがあると思いました。決められたことを正しくやるのがいいこと、というところがあるのではないでしょうか。

それはスタッフに対して感じるところでもあり、地域全体に対しても感じるところです。年長者の意見を尊重することは大切ですが、彼ら自身も変わってほしいと思いました。

そういうことを感じた上で、では、どうしたらみんなに意見を出してもらえるか。そこまで僕の頭はうまく回りませんでした。僕の足りなかった点です。

（二〇一六年三月八日）

活動した人たち 18

今までより「人間が好きだ」という思いになりました

岩手事務所所長　古賀東彦《こがはるひこ》

古賀東彦（右）、吉田晃子（中）、金野悠（左）

二〇一一年六月、急きょ岩手事務所の所長として赴任し、さらに二〇一二年からは山元事務所の所長を兼任することになり、今日まで何とか移動図書館活動をつないできました。

国内では初めての挑戦となる活動。文字通り今まで体験したことのない道なき道。手探りでした。試行錯誤の連続でした。でも、本当に素晴らしいスタッフたちやボランティアさん、協力者の皆さんに恵まれたからここまで来られたと思っています。

――活動を行う上で工夫したこと、気をつけていたことは何ですか。

活動は仮設住宅団地の敷地内の屋外で行いましたが、活動を始めた当初、集会所がなかった所もあるので、しかたなく外でやったということもありました。シャンティだけではなく、いろいろな団体が仮設に来ていて、外で縁日の屋台みたいにやっていたんですが、その中で、一つの団体だけが集会所の中でやるというのはありえなかったんです。

屋外で行う意味はあったと思います。どな

たでも立ち寄りやすく、帰りたいときに帰れます。引き留めもしません。居心地がよければ最後までいてほしい。そんな場になるようにと思っていました。そうなるためには、スタッフの資質や人柄によるところが大きかったと思います。おしゃべりが上手でなくてもいいんです。結果として、みんなのお話の中で笑いが生まれたり、ホッとできるといいなと思っていました。

私たちは仮設住宅という他人様の所にうかがうわけで、邪魔にならないように、行った先で事故を起こすことがないように、と思っていました。子どもがいたら気を遣いました。

もともと、岩手の活動を始めるときに、三部さん（シャンティ副会長）に言われていたことがありました。「数ではないんだよ。皆さんの声を拾ってほしい」と。最初、私たちは、話したことをメモすればいいんだと思っていたんですが、実際、三部さんが言わんとされていたのは、声なき声、皆さんの苦しみやニーズを拾い上げてほしい、というもっと深いところだったのだと思います。今も行った先々で聞いたことを書き留めて共有して、まとめています。

本のご寄付のお話もけっこうありましたが、地元の書店さんから買うようにしました。定期的に予算を決めて買っていました。一方で、ベストセラーなどは、買ってしまうと、「移動図書で来るからそれまで待つ」ということになってしまって、売れるものも売れなくなってしまう心配もあったので、その点は配慮しました。

――岩手事務所の活動は被災地にどのような意義があったと思いますか。

シャンティはアジアで活動して三〇年、そ

の蓄積を活かしてやっていこう、と始まったわけですが、岩手事務所にも、山元事務所にも、そのことを体験したり、知っているスタッフは一人もいませんし、それに「これを見ればわかるよ」という参考資料もあったわけではないので、どのようにやったらいいのか、まったく手探りでした。「これでいいのかな」「自治会長さんにこう言われたけど、どうなんだろう」など。そんな繰り返しでやってきました。そういう意味で自分たちで活動を作ってこれたのではないかと思います。

それから、当初、東北の被災地で時々耳にしたのが、「ここは神戸ではないんだ」という言葉でした。シャンティのスタッフからも「神戸では」と、時々耳にしました。「阪神・淡路大震災のときはこうだった」と話してくれるわけですが、でも、私たちは何も知らないのです。「そう言われてもここは東北……」という思いはありました。

今だったら、いろいろなことがわかるんですが、そういうことを伝えられるスタッフが、一ヵ月、二ヵ月、東北に常駐して活動の基礎を作り上げでもよかったのではないかと思います。最初の活動計画書を見ると、そのころから移動図書館活動は本を貸すだけではなくてお茶も出して、お話相手になる、と出ています。そのとき、想像したものと同じものになったのだろうか。少し違うものに発展したのではないかという気もします。今のこういうスタイル、つまり、本をもって来て、座ってお茶を飲んで、おしゃべりをして、というスタイルは、今では自然になっていますけど、当初はこうなるとは思っていませんでした。

山元・南相馬での活動も、原点は岩手の活動にありますが、いろいろと具体的にアドバイスを出してくれたのは市川斉さん（シャンティ常務理事）でした。そして、高橋康次郎さんとか、四人ぐらい、阪神・淡路大震災のとき、ボランティアとして活動した人たちが来てくれて、彼らが最初の運行のスタイルを作ってくれました。そのときあった車両がワンボックスカーと軽トラックでした。最初の僕のイメージでは、本を積んでワンボックスカーで行って、その後にプラスチックコンテナを並べて、そこでお茶を飲んでもらうというイメージだったんですが、「それだと図書館っぽくないよね」という話になって、運行日の前日に、ホームセンターに行って、カラーボックスを買い込んで、みんなで本棚を作りました。

八月、ドライバーの堀合さんが参加するようになると、毎朝、みんなに飴を配ってくれて、みんなを促して「いくぞー」と声をあげて出発でした。テンションをあげないと、現場の圧力に負けてしまって、何もしないで帰って来るような感覚がありました。だから高橋康次郎さんと堀合さんには本当に感謝の思いです。

それから、鎌倉幸子さんが岩手県立図書館で講演したことがあります。それを聞いて、若いスタッフたちは、本には素晴らしい力があるんだ、ということを感じ取ってくれました。それは僕が伝えきれていなかったことでもあり、鎌倉さんはそういう部分で貢献してくれた存在なのかなと思いました。

――活動を通じてとくに印象に残っている出来事や利用者さんについて教えてください。

どこの仮設にも、印象に残る人たちがたくさんいました。でも、やっぱり子どもたちでしょうか。私の姿を見てセミのようにとびかかってくる子どもがいました。南相馬でも、青い帽子（ニット帽）のおじさんと呼ばれていました。私も子どもの遊び相手になれるんだという感じですね。いろいろな人と出会っていろいろな人と遊んだなあという感じです。

――活動の反省点や改善点と思うことについて聞かせてください。

二〇一一年の秋、まだバタバタしているとき、東京のスタッフを含めて海外事務所のナショナルスタッフ（外国人スタッフ）が二〇数人、大挙して来日したことがありました。アジアでやってきたことと東北をつなぎたい、意識を共有したいということで、大きな意義があったことではありますが、正直言って、われわれとすれば、「活動がもっと安定してからではだめなのか」、という思いでした。

その後、山元や福島にも来ましたが、そのときは少し余裕があったので大丈夫でしたが、あのときは本当に大変でした。私自身、もっとアジアでの活動のことを勉強しなきゃと思いました。

――シャンティの活動に関わって学んだことは何ですか。そして自分自身がどう変わったと思いますか。

人の話を聞く大切さを感じました。人の話をしっかり聞かなければならないと思いました。たくさん、いろいろな人の話を聞きました。一方で気を遣い過ぎてしまって、自分のことを話してアピールする機会が極端に減るので、あまりにも受け役になって、性格が変わってしまったんじゃないか、と思うぐらい、いろいろなことが言えなくなってしまったようにも感じています。それぐらい影響を受けた感じがします。同時に、人の話を聞いてない人のことも気がつくようになりました。

かつて編集者をやっていたころ、先輩から言われたことがあります。「人間が好きじゃないとできないよ」と。以前は、あまり人間が好きじゃなかった思います。でも、「人って面白いなあ」と思うようになったのが一番の変化でしょうか。無名の普通の人、お父さんやお母さんが話すこと、ものの考え方とか、興味深いと思います。だから聞いていて楽しいです。東京事務所の人たちから、キーパーソンを見つけて、その人との関わりを大事にすることが大事、とよくアドバイスをいただきました。もちろんそれは大事なことなのですが、目立たない一人ひとりを大事にしていくことの素晴らしさも学んだような気がします。

もう一つ、強調しておきたいのは、スタッフに支えられているなあということです。一人ひとりに対する思い入れ、本当に頑張ってくれているなあと思っています。

（二〇一六年一一月一〇日）

かくして二〇一一年にスタートした岩手事務所の図書館活動は、山田町、大槌町、大船渡市での活動については二〇一六年の四月までに終了した。陸前高田市については、新しい市立図書館が開館した二〇一七年七月をもって終了した。

第4章

黄色いバスがやってきた！

——宮城と福島の移動図書館活動

1

なぜ、山元町、南相馬市での活動だったのか

福島に行かないわけにはいかない

さて、震災後、シャンティは宮城や岩手での活動を決断した。では、福島のことは意識になかったのかと言えば、決してそうではない。むしろずっと気がかりとなっていたことである。しかし、どのように関わっていいのか、判断しかねていたと言っていいかもしれない。市川斉（常務理事）は、当時を振り返る。

「震災後、どう支援できるものか。すぐに調査のために現地入りしたのですが、三月一六日、最初に立ち寄ったのが福島市の円通寺さんでした。雪が降り積もる寒い中でも、エアコンもつけることができず、マスクをして衣服を重ね着している姿に、疲労困憊して不安な思いで生活

されていることがひしひしと伝わってきました。『このまま福島を通り過ぎていいのだろうか？　本当はここで支援活動をしなければならないのではないか？』と自問自答しました。しかし、そのときは、すでに気仙沼方面まで行く予定を立てており、まずそちらへ行かなければ、という思いでした。正直なところ、その時点では放射線とどう向き合えばいいのか、という漠然とした不安があったかもしれません。福島にどう関わっていいかわかりませんでした。でも、気持ちの中では、いつかは戻ってくることを誓って、後ろ髪を引かれる思いで気仙沼へと向かいました」

そのときの思いをずっと引きずっていた市川は、その年（二〇一一年）の一一月、福島に入って事業立ち上げの可能性を調査した。行ってみると、岩手、宮城とは明らかに様子が異なっていた。放射能の問題を抱えて呻吟する人々がいた。「この人たちに寄り添うことこそシャンティの使命ではないだろうか」。強くそう思った市川はその結果を理事会に報告。その後、さらに模索を重ね、一旦、いわき市における図書館活動の可能性が浮上した。だが、海外事務所の事業においてトラブルが発生し、急きょその対応に追われ、やむなく、一旦、断念せざるを得なかった。

宮城と福島の図書館を訪ねて

年が明けて、二〇一二年の四月。海外の問題もひと段落したころ。宮城県図書館職員の熊谷慎一郎氏から連絡が入った。「宮城県で、ぜひ移動図書館をやりませんか」――。熊谷氏は以前から交流のあった方で岩手におけるシャンティの図書館活動を評価してくださってのことであった。熊谷氏は宮城県山元町での活動を期待していた。では、一度、現地視察、という運びとなって、五月の連休の二日間、市川と鎌倉（当時・広報課長、兼岩手事務所図書館事業スーパーバイザー）が、熊谷氏の案内で、図書館関係者四名と共に宮城県内の図書館を視察することになった。

それによって震災後の宮城県の図書館の実態が見えてきた。石巻市、女川町、南三陸町など、仙台以北の地域では、各市町の公共図書館が震災前にはなかった移動図書館活動を開始して被災者へのサービスを強化していた。その反面、仙台以南の地域は、図書館活動がもともと活発でない上、今回の震災によってさらに本にアクセスしにくい環境になっていることがわかった。とくに山元町は図書室はあっても図書館がなく、活動もあまり活発とはいえない。多くの人々は隣接する亘理町や福島県新地町の図書館を利用していることがわかった。

その後、市川と鎌倉は、熊谷氏ら一行と別れて、独自に福島県北部に入って調査を続けた。何としても福島で活動したいと思っていたからである。

福島県立図書館自体も被災したのだが、すでに四月に再開していた。その他、被災して全住民が避難している自治体を除いて、図書館はほとんど再開していた。ただ、公立図書館は再開したとはいえ、仮設住宅で避難生活を送る人々にとって、交通の便が悪く、図書館に行くことはままならない。情報に触れることも制限されている。図書にとって楽しみや生きがいを提供し、住民同士の交流の場を提供することが必要と思われた。

山元町と南相馬市での活動へ

市川と鎌倉は、五月の下旬に再び現地入りした。というのも、来たる七月の臨時理事会で福島に関わる事業を検討する運びとなったからである。福島市、飯舘村、新地町、相馬市、そして南相馬市を回り、どんな活動が可能なのかを模索した。

子どもや伝統文化に関する支援活動の可能性についても視野に入れながら検討を重ねた。しかし、まずは移動図書館活動であれば、ニーズも高く、比較的早く立ち上げることができるので、一旦、その活動を開始して、その上で次の展開を模索してはどうかという結論に至った。

実際に、山元町は宮城県の中でもとくに東日本大震災後の図書支援が手薄であり、福島県の南相馬市は、設備の整った市立中央図書館はあるものの、仮設住宅からのアクセスがよくないため、まず移動図書館が必要であると考えたからである。

「宮城や岩手より福島の方が大変だということでは決してありません。しかし、震災という天災に加えて、原発という人災も抱えている福島県です。場所によっては、いまだに復興という段階ではなく、まだ災害が続いているような印象を受けます。そこが今回の震災で最も厳しいところだと想像できます。もし、有馬さんが生きていたら、最後は福島に関わるべきだと言ったのではないでしょうか。最も厳しい人に寄り添ってこそシャンティではないでしょうか」

市川は、そのように福島での活動の必要性を関係者に働きかけた。彼の胸のうちにあったのは初代専務理事・故有馬実成の姿であった。かつて阪神・淡路大震災の救援活動の際、地元の人はおろか、どの団体も二の足を踏んでいた同和地区での活動。「われわれがやらずして誰がやる」と促したのが有馬であった。そのことを引き合いに出してのアピールであった。

山元町と南相馬市での事業立ち上げのこの提案は、七月の臨時理事会まで漕ぎ着けた。

このことを知ったブックオフコーポレーション株式会社（以下、ブックオフ）からは資金提供の申し出をいただいた。山元町在住の早坂文明常務理事も、自身の寺である徳本寺の境内の一画を活動拠点として提供してもいい、と申し出てくれた。活動の中心となる所長についても、岩手事務所所長の古賀東彦に兼務を打診すると、「断る理由がありません」と、意気に感じて快諾してくれた。

これで、人、モノ、おカネの三要素が揃ったのだが、懸念されたのは放射線の影響である。だが、これについても南相馬から山元にかけての海側のエリアは比較的線量が低いことがわかった。外部被曝線量が、国際放射線防護委員会（ＩＣＲＰ）による年間上限の一ミリシーベルトに抑えられるということなので、それなら条件付きで、本人の了解のもと、スタッフを派遣できる。そのことも一つの目安となった。

こうして臨時理事会での検討と承認を経て、シャンティは岩手県での活動に次いで、宮城県の山元町と福島県の南相馬市で図書サービスを通した支援活動を正式にスタートさせることになった。活動期間は、二〇一二年八月から二〇一五年七月までと決まった。

2 今から行って遅くはないか

山元町はどんなところ

活動地として選んだ山元町は、いちごとホッキ貝で有名な町である。東日本大震災によって、町民約一万七〇〇〇人のうち六三〇人を超える方が亡くなり、人口に占める死者の割合からみれば、宮城県内では、女川町、南三陸町に次ぐ大きな被害となった。人口減少が震災後の大きな課題となっている。

それでも、明るい兆しが見え始めている。仮設住宅から災害公営住宅などへの転居が進んで、二〇一六年六月までに、完成が遅れている災害公営住宅への入居予定者を除いて、多くの住民が仮設住宅を離れた。それから、基幹路線であるＪＲ常磐線が大きな被害によって寸断され、しばらく不便な状況にあったのだが、二〇一六年一二月一〇日、ようやく相馬駅と浜吉田駅（宮城県亘理町）間の運転が再開され、山元町・相馬地方と仙台圏が五年九ヵ月ぶりに鉄路でつながった。これによって、当該地域の人々の生活が少しでも活性化されることが期待される。それでも、なお仮設団地に残されている人々にとっては孤独感や将来への不安が増している現状がある。

では図書館事情はどうかといえば、町には、役場と公民館に小さな図書室があるものの、独立した図書館はなく、書店も営業していない。そのため熱心な利用者は少し足をのばして亘理町や福島県の新地町などの図書館を利用しなければならない状況にあった。

南相馬市はどんなところ

もう一方の活動地である福島県南相馬市はどうか。

ここは鹿島町、原町市、小高町が合併してできた市である。山元町から車で一時間ほどのところに位置し、国指定重要無形民俗文化財である「相馬野馬追」で知られる。

原発事故の後、最も南に位置する小高区（旧小高町）や原町区（旧原町市）の一部が避難指示解除準備区域に指定された。震災前、南相馬市は七万人以上の人口であったのだが、震災後、市内の居住者は四万七〇〇〇人までに減り、最近でこそぐっと減ったが、二〇一六年四月の時点で、まだ四六〇〇人以上が市内の仮設住宅で暮らしている。二〇一六年七月、帰還困難区域を除いて避難指示が解除され、市内外の仮設団地などで避難生活を送っていた人たちの帰還が可能なものになった。ただ、福島第一原発が今も安定していないことやインフラ整備に懸念があることなどから、帰還者は高齢者を中心とした一部住民にとどまっている現実がある。

交通機関の面をみてみると、二〇一五年三月、常磐道が全線開通し、山元町と相馬間、南相馬と関東圏の交通の便が改善された。今後、ＪＲ常磐線の復旧が待ち望まれるが、二〇一六年七月に小高と原ノ町間が再開し、同年一二月には相馬と浜吉田間が再開し、仙台方面への足が確保されるようになった。そして二〇一七年四月には、浪江町と小高間も再開した。これは数少ない明るいニュースと言える。

活動開始にあたって

新設の山元事務所には、福島事業の可能性を探るという使命も与えられていた。移動図書館車による訪問は、山元町では二〇一二年九月、南相馬市では一〇月に開始した。山元事務所の所長も兼務することになった古賀は当時を次のように振り返る。

「岩手事務所の活動の場合は、避難所から仮設団地への引っ越しが進む中で始めたわけですが、そのときとは違って、山元町と南相馬市の活動は、発災から一年半以上過ぎてからのスタートだったので、正直言って『今さら行ってどうなる』という感もありました。ただ、いざ行ってみると、各所で二〇〜三〇人の利用者が来てくださることもありました。もの珍しさもあったのかもしれません。活動終了までずっと利用し続けてくださった方もいました。それでも、発災後一番大変なときに一緒にいられなかった、という距離感がずっと埋められなかったような気もしています」

山元町では、社会福祉協議会（社協）の下部組織として「やまもと復興応援センター」が設けられていた。山元町での活動の後援は、生涯学習課ではなく、仮設団地の見守りなどを管轄する、この社協・復興応援センターから受ける形をとった。

本はどのように調達したのか

活動開始にあたって、まず苦労したのは貸し出す本の調達や登録であった。

以前、岩手事務所の所在地であった岩手県遠野市の「遠野文化研究センター」とのご縁で、図書館の基礎となる書籍類、約二万冊を譲り受けることができた。中には『サザエさん』など、一部利用者に喜ばれた本もあったものの、全体に本が古く、シャンティの活動に活かしきれなかった。ブックオフの協力、地元書店、仙台にある大型書店での継続的な購入により、利用者に喜ばれる棚への切り替えを急いだ。ちなみに、山元町には書店がないため、図書は亘理や名取の未来屋書店で購入。南相馬では、原町区の文芸堂書店が再開してからは、原町区の桜井町店、相馬店などでも購入するようになった。

そして、いつしか「シャンティさんの本はきれいですね」「図書館らしくないところがいい」「面白い本が揃ってるね」と言われるまでに整えることができた。

新天地で活躍した移動図書館車

次に移動図書館車である。まず、岩手事務所から、トヨタクイックデリバリーバンを譲り受けた。山元事務所での活動開始に伴って、山元・南相馬での運行に使用することを決定。塗装経費は、一関市大東町の長泉寺さんがご負担くださることになった。ブックオフの皆さんには、空っぽの図書館車に本を並べる作業にもご協力いただいた。ただ、何ということか、九月下旬の初運行を前に車両の具合が悪くなってしまった。山元町での運行初日、二日目は、急きょ岩手から日産車を運び込んで何とか乗り切ることになった。

それから、凸版印刷株式会社が仙台において移動図書館車による被災地支援活動を行っていたが、その活動終了に伴い、使用していた二台（ブックワゴン）のうち一台を譲り受けた。こちらの塗装費用は、三部義道シャンティ副会長が中心となっていた「まけない！　タオルプロジェクト」がご負担くださった。シャンティの移動図書館のロゴと凸版印刷のブックワゴンのロゴが並走しているデザインが特徴である。

そして岩手事務所で使用していたマツダボンゴを譲り受けることになった。専門ドライバーでなくても、スタッフでも運転できる大きさであることから重宝され、活動後期を支えた。

移動図書館車以外の業務用車両については、岩手事務所では調達に苦労したものの、移動図書館車も業務用車両も新車が基本であった。それに比べると、山元事務所は、岩手事務所のお下がりや走行距離数がかさんだ中古車ばかりで、ドライバーやスタッフに苦労がなかったとは言えない。それでも岩手事務所で活かし切れなかったトヨタクイックデリバリーバンが、きちんと被災地で活躍し、役目を全うすることができたことは意義があったと思われる。

地元出身のスタッフとドライバー

スタッフについては、岩手と同様に現地の人を採用した。

ただし、採用にあたっては、南相馬でも活動することから、放射能の影響を考えて、JANIC（国際協力NGOセンター）のガイドラインにもとづいて年齢制限を設けたり、慎重に配慮した。

最初期の現地スタッフは三名。山元町内の一人を除き、一人は白石から、一人は仙台からの通いであった。朝にあまり強くなく、仕事場に着くまでに疲れてしまうスタッフもいた。被災地支援の熱い思いでかたく結びつくものと考えていたが甘かった。スタッフがなかなか安定せずに苦労した。支援に対するスタッフの考え方の違いも大きかった。本のラインアップがもっと揃ってからでないと移動図書館で仮設団地に行くのは失礼ではないか、というスタッフもいれば、活動しながら考えて変えていけばいいというスタッフもいた。もっとうまく差配できていればと悔やまれるところである。

最初期のスタッフも次の時期を担ったスタッフ（金沢、太田）も、岩手事務所の移動図書館の様子を見学した。一、二日程度の短期間の研修であり、すべて岩手に倣うということではなく自分たちらしい活動をすればよい、ということになっていたが、すでに確立されていた岩手事務所の運行スタイルの影響は大きかったと思われる。スタッフが身に着けるエプロンも、デザインは微妙に違うが、ベースになっているものは同じである。

最初期の現地スタッフ三名のうち、二名が二〇一二年末から二〇一三年明けにかけて退職。その後、早坂常務理事の紹介で、町内に暮らす、徳本寺の檀家さん三名が運行を手伝ってくれることになり、ようやく活動を安定させることができた。

岩崎さんは、二〇一二年、南相馬の初回運行時にドライバー役のスタッフが休まねばならなくなった際に、すでに一度手伝ってくれた人である。仮設住宅で奥さんとお二人で暮らしていた。岩崎さんがつくったクラフトテープを使った小物入れは、運行の際のドリップ式のコーヒーやココア、コーヒーシュガー、フレッシュ入れとして使われ、利用者さんから、「これ誰がつくったの?」と聞かれることもたびたびだった。ブックオフのボランティアの皆さんに、レース編みのいちごのストラップをあげるのが恒例となっていた。

齋藤さんは、奥さんと二人、津波で流された経験を、ブックオフのボランティアさんに語って聞かせてくれた。仮設を出ていちはやく家を建てて生活を再建させたこともあり、仮設にいつまでもいないで皆早く前に進むべき、という考えをもっていた。五円玉に木の矢を通した、知恵の輪のような「矢ればできる」や、空き缶を使った風車など、工作好きの人である。その優しい性格がブックオフのボランティアさんたちに愛された。

三人の中では最年少の今村さんは、津波によるがれきや土砂が自宅を囲むように押し寄せた、という体験の持ち主。飄々とした性格で好かれた。三人三様。中高年が地元ボランティアとして輝くよい例にもなったように思われる。

岩手事務所との違いとは

岩手事務所では、戸別にお声がけを行っていたが、山元町、南相馬市ともに仮設団地の管轄者からは、やめてほしいと言われたため、移動図書館車のスピーカーを使ったり、もしくはスタッフがハンドマイクを手に仮設団地内を回って、移動図書館の訪問を伝えた。

南相馬市内で、新たに訪問した仮設団地では、移動図書館車のスピーカーの音が割れて聞き取りづらく、防災無線を思い出させて嫌な気分になったという声もあった。そのようなクレームにスタッフも敏感に対応した。一方で、いつもの聞きなれた声が聞こえてきたから、「ああ本屋さん（移動図書館）来てるんだって、わかって来たわ」という声もあった。

ハンドマイクを手に訪問を伝える

しかし、何と言っても、山元事務所の活動では、私たちの活動を理解して受け入れてもらうまでが大変だった。当初、仮設住宅の皆さんの私たちを見る眼には厳しいものがあった。とくに南相馬市の仮設住宅では、主に男性たちであったが、「何やってんだ、こいつら」とか、「本なんかもって来て何になるんだ」と言って、私たちを遠巻きに見て警戒していた。仮設住宅には、毎日、いろいろな団体が訪問し、中には得体のしれない団体や宗教活動に来ていた人たちもいたので当然だったかもしれない。私たちシャンティに対して、というより、外部の人間に対する思いであったと思われる。

「コーヒーいかがですか」と声をかけても「何入っているかわからないから、そんな危ないの、飲めない」「毒でも入ってんでねえのか」と言われた。とくに南相馬は原発の問題があるので、お水一つでも気を遣った。正直言って、「ここで本当に活動できるんだろうか」と、とても不安だった時期もある。「この人たちは本を貸す人たちなんだ」と、理解してもらえるまでがひと苦労であった。

でも、訪問を重ねるごとに、そのような人たちこそ、私たちのところに来て、「今日はコーヒー飲ませてくれないのか」と言って来てくれるようになり、別の場所で出会っても親しく声をかけてくださるようになった。後から聞いてみると、中には奥さまを亡くされていたという方もいる。暮らしの面でも精神面でも不安定な状況にあったのだとしのばれて、心が痛んだ。

津波で大切な人や大切なモノを流された方、地震で自宅が崩壊した方、福島第一原発事故による居住制限のため自宅に帰れない方など、仮設団地に住む方々の背景はさまざまであった。今でも、家族が二ヵ所、三ヵ所に分かれて生活しているケースは少なくない。その精神的苦痛は想像以上だと思われる。故郷への帰還をあきらめ、やむを得ず、避難先に家を建てたり、中古の家を購入した方もおられる。避難生活を続けながら、同時に、元住んでいた家の清掃、維持、管理もしていくというのは大変なことである。

原発事故の賠償問題も多難である。賠償となるのは三〇㎞圏内に住む人だけで、その線引きから、たとえ五メートルでも外れれば何も賠償されない。それも地域に大きなしこりを作ってしまった。

移動図書館を訪れる人たちは、そのような厳しい現実を抱えている人たちである。スタッフたちは表情や言葉遣いや話題にも気を遣って利用者さんと出会った。利用者さんの気持ちを萎えさせることのないよう、少しでも親しくなって、気持ちが晴れて、元気になっていただけるように。そう考えて利用者さんの名前やお顔を覚えるように努力した。訪問時のお話の内容や状況もメモに書いて、次にお会いしたときに活かせるように工夫した。ニコニコとただ本を貸しているように見えてスタッフたちの心は張り詰めていた。

3

本好きがいないって本当ですか
――山元町での活動

山元事務所は、宮城県亘理郡山元町および福島県南相馬市における、仮設団地への移動図書館の運行を大きな柱として活動した。

繰り返し訪問を続けたことで、この移動図書館が本を楽しみにされる方の場であるとともに、交流の場としても定着したことを感じる。

山元町においては、山元町社会福祉協議会・やまもと復興応援センターの後援や宮城県図書館などのご協力をいただいた。二〇一二年九月より、町内にある全仮設団地をそれぞれ月二回のペースで移動図書館車で訪問した。

山元事務所は、地元で暮らすスタッフやドライバーを中心にチームを組んで運行することを大切にしてきた。地域の人にとっては顔が見えるスタッフだから話しやすいという事情があるよう

●山元町　移動図書館活動

	2011	2012	2013	2014	2015	2016	2017	合計	活動期間
利用者数	-	759	2,578	2,083	1,085	410	44	6,959	山元町：2012年9月26日～2017年3月31日
貸出冊数	-	1,383	6,310	4,269	2,953	1,352	133	16,400	山元町：2012年9月26日～2017年3月31日

山元事務所で作業するボランティアとスタッフ

だ。各団地に滞在するのは一時間ほどである。

「山元には本を読む人なんていないよ」「本を読む文化がないんだね」といった声を聞いていた。でも、大勢の本好きにお会いすることができた。山元町も南相馬も利用者さんからの「今日来るの？」「今度いつ来るの？」「本が返せないんだけど、まだもってていい？」といった電話をよく受けた。山元町では、移動図書館車をよく利用してくれていた女子中学生（その後、高校生に）の家族が仮設店舗でやっているラーメン屋さんに、移動図書館の運行時、みんなで昼ごはんを食べに行った。活動開始当初、この子に、中学・高校生が好むマンガやライトノベル（若年層向け小説）を教えてもらい、購入計画に反映したこともあった。当初は、山元でも南相馬でも、子どもたちにせがまれて、鬼ごっこの相手をしたり、一緒に宿題に取り組むこともあった。

ブックオフのボランティアとともに

山元町での移動図書館活動（2015年4月）

ブックオフのボランティアと一緒に

地元の職員やドライバーだけでなく、ブックオフのボランティアグループが、月に二度、五、六名で運行のお手伝いに来てくださったことも山元事務所の活動の特徴と言える（なお、ブックオフグループのボランティアは二〇一五年三月末で終了した）。

ブックオフは、中古本や中古家電を買い取るチェーンとしてよく知られている。それを展開しているのがブックオフコーポレーション株式会社。シャンティは「本で寄付するプロジェクト」の提携企業としてご協力いただいている。それがご縁となっての今回のコラボレーションであった。

当初は平日に手伝うチームもあったが、こちらの都合で、土曜日の運行を手伝う、金・土の一泊二日パターンが中心となった。これによりパートタイムスタッフは週末勤務から解放された。ブックオフのボランティアは熱心でフレンドリーな方が多かった。とくに中心となるコアメンバーは、受け入れを担当する山元事務所の職員を心優しく気づかってくれた。

また、毎回参加者が変わり、それぞれに個性溢れる方々だったが、まとまって一つの方向に向かって活動する一体感があったように思われる。経験豊富なコアメンバーのなせる業かもしれない。

山元から遠く離れた所からやって来る、若くて、優しくて、活気あるボランティアたちを楽しみにしていた利用者も少なからずいた。途中から、町内の住民互助福祉団体（ＮＰＯ法人「ささえ愛山元」）が行っているパソコン教室のお手伝いをしてもらうようにもなった。運行前日に町の人

〈利用者の声〉

- 移動図書館が来てくれることで、気分転換になる。来る日が待ち遠しい。家だとふたりきりで、そう話すこともないし。ここに来れば、他の人と話ができて、おいしいコーヒーも飲めて、ありがとう（六〇代、男性）
- うちの子は移動図書館が来るのを指折り数えて待ってるんですよ。（三〇代、女性）
- （雪の日）来ないと思ったよ。来てくれたんだね。（多数）
- 足（車）がないから、友だちにも会いに行けない。会いたいなぁ。あの人の草餅が美味しいのよ。はぁ、別荘（仮設の部屋）に帰って、借りたワンコの本でも見よう。（八〇代、女性）
- （編み物をスタッフに）これはお世話になってるお礼。借りた本を見て編んだのよ。みんなで分けて、足りるかしら？　この本を借りたから、次回は毛糸の靴下ね。楽しみにしてて。（六〇代、女性）
- （スタッフに）ねえ、一緒に鬼ごっこやろ。（持ち場を離れられないとスタッフが答えると）じゃあ、図書館車の近くでいいから相撲取ろうよ。（小学生、男子）

と触れ合うことで、ボランティアとしてお話をすることに慣れていただくための予行演習のねらいもあった。

運行後の振り返りでは次のような印象的な言葉をいくつも残して帰って行かれた。

「今日来てくれた子どもたちが、いつか仮設団地から出ていくことができたとき、ああ、そういえば昔、黄色いバス（移動図書館車）が来てくれたんだよなと懐かしむことができる。そんな思い出づくりのお手伝いを自分たちができたらいいのではないか」「子どもたちと遊ぶときは本気でお願いします」――。

企業のこのような取り組み、そしてこのようなコラボレーションはとても価値があることであると思われた。こちらもいろいろと学ぶことが多かった。

感激のお手紙

さて、二〇一七年三月二七日。山元事務所の活動がいよいよ終了のときを迎え、その日は、山元町の仮設団地をまわる最後の日。あとは、貸していた本を返却していただくために訪問するだけで、この活動も終わりとなるその日。

あるおかあさんが、感謝の気持ちを述べて、私たちにお手紙を手渡してくださった。中を見ると、本人のお手紙の他に、お子さん三人（おねえさん、小学五年生、三歳児）のお手紙も入っていた。そこには宝物のような言葉がぎっしり。移動図書館への思いが胸に迫ってくる。おかあさんのお手紙を次に紹介させていただく。

移動図書の皆様へ

何もかも失ってしまった。希望がまだ見えないころ、気持ちへの切り替えも出来なかったころ、この移動図書のおかげで、明るい、心待ちにする気持ちがもてました。それまでは「ああ、今日も1日終わった」と、今日を乗り越える事だけで、「明日」は、私の中に存在しませんでした。でも、「移動図書館が来る」と、カレンダーをもらってからは、「この日が楽しみ」と、思える気持ちが再びもてるようになったんです。嬉しかった!! 本が読める事はもちろん、リクストにも答えてくれ、その上、お話しをするとホッとするという三拍子!! 仮設を出てからも、その楽しみを失う事はありませんでした。

子どもたちもリクエストに答えてもらい、嬉しいやら、申しわけないやら。でも移動図書から借りて来た日は、その本は、かくさないといけないほど、見つけると、ずーっと、動かず、読み続ける子どもたち（笑）。その姿、見せたい!!（笑）

それがこれからなくなるという事は、とても寂しい思いです。でも、なくなるという事は1つの復興なんだなとの思いもあります。あの日からこんなに年月がたったんだなあ、でも早かったなあと、何とも言えない感じです。

震災後、次女も生まれ、もう3才。小さいころから、移動図書の皆様には、たくさん声を掛けてもらいかわいがってもらいました。又、次女の為に、特別に絵本をもってきていただいたり……。優しい気持ち、細やかな配慮、本当にありがとうございました。
皆様にあえなくなるのが本当に寂しいです。本当に……。
今まで、たくさんの楽しいひととき、ありがとうございました。感謝です。本当にすくわれました。一生忘れないと思います。
本当に本当に、ありがとうございました。

H29・3・27

協力した人たち 7

配食サービスの献立にも役立ちました

特別養護老人ホーム みやま荘　栄養士
天《あま》野《の》賀恵《のりえ》さん

宮城県山元町に「中山熊野堂仮設住宅団地」という仮設住宅がある。全部で一二五戸一五〇世帯。二〇一六年一一月一〇日現在、入居者は二〇世帯弱である。

二〇一二年の一〇月、この集会所に「山元町地域サポートセンター」が併設され、交流事業が始まった。それは訪問事業、健康相談、配食サービス、サロン事業の四つである。

サロン事業とは、介護保険が適用されない六五歳以上の方を対象に、レクリエーションやお茶飲みなどでリフレッシュしていただき、昼食やお風呂を利用していただくデイサービスのような取り組みである。

シャンティの移動図書館車は、月に二回、ここを巡回した。同センターの栄養士である天野さんも移動図書館を熱心に利用した一人。同センターで提供する配食サービスの献立にも活かしていたという。そこで、移動図書館を利用していた皆さんの様子について天野さんにお話をうかがった。

天野賀恵さん

――天野さんはこちらで、どんな仕事をされているんですか。

私は特別養護老人ホームみやま荘の栄養士で、山元町の委託を受けて配食サービス事業を行っています。対象エリアは山元町全域の在宅、仮設住宅です。

配食サービス対象の方は、六五歳以上の一人暮らしやご夫婦の方々が多く、日常では作ることが困難な、天ぷらや野菜を多く使った料理などが喜ばれています。また、山元町の郷土食や四季を感じられるような献立を提供しています。以前は月に二回、ここでサロン事業として昼食を提供していましたが、サロン事業は昨年（二〇一五年）末で終わり、現在は配食サービスのみを行っています。

――今おっしゃった月に二回のサロンの時、シャンティの移動図書館がうかがったわけですが、利用しておられた皆さんの様子はいかがでしたか。

移動図書館のスタッフの皆さんがやさしく接してくれるので毎回楽しみにされていまし

た。サロンでは、編み物や折り紙、クラフトテープでかご作りをしていたので、より高度な物づくりに挑戦しようと、手芸や小物作りの本を交代しながら借りていました。

利用者の方で森村誠一の本をリクエストしていた方がいました。ところが、手元にはないので、わざわざ購入して貸してくださって、「私しか借りないのでは？　それなのに用意してくださってありがたかったです。よろしく伝えてください」ということでした。

その他の方も、「リクエストすると、次の時には用意してくれて、大変嬉しかった」と言っておりました。

皆さん、移動図書館を毎回、楽しみにしておられました。中山熊野堂仮設住宅は山間部にあり、一人暮らしの高齢者にとっては図書館に行くのも不便ですし、話をする機会も少なく、一緒に世間話をするのを楽しみに待っていたと思います。

夏には冷たい飲み物、冬には温かい飲み物をいただきながら、本を借りるのも忘れて、移動図書館のスタッフの方とずっと話をしている方もいました。

――天野さんもよく本を借りておられたと聞きましたが。どんな本を借りたのですか。

私は、町の図書館に、献立の参考になる本をよく借りに行くのですが、移動図書館車は定期的に来てくださるので本当に助かりました。献立が載っている本がたくさんあり、毎回、参考にさせてもらいました。

とくに女子栄養大やタニタで出版している、献立が載っている本を活用させてもらいました。先日は、お借りした本に載っていたハロウィンランチを提供したところ、高齢の方は和風好みかなと思いましたが、かぼちゃを使った珍しい料理を提供したところ、「世の中には変わった料理があるものだね。おいしかったよ」と言って、意外に喜ばれました。思い切って献立に入れてよかったと思います。

　私はいつもあわてて本を返すものですから、うっかり付箋をつけたまま、はがさずに返してしまって失礼したこともありました。

――皆さんは、どんな本を喜ばれていたようですか。

　本を借りに来る方は、幼稚園児から高齢の方まで、幅広い年齢層でした。

　二〇一二年、移動図書館が来てくださった当初は、幼稚園児や小学生の子どもたちも住んでおり、絵本などを借りてましたね。記憶に残っているのは、絵本の中からワンちゃんのぬいぐるみが飛び出す絵本や『ミッケ！』などが人気で、集会所に集まってみんなで見ていました

　年配の方には、推理小説や健康に関する本など、人気が高かったように思います。仮設住宅から引っ越した後も、わざわざ本を借りに来る方もいらっしゃいました。

　あと、もう少しでシャンティさんの移動図書館の活動も終了してしまいますが、私たちの配食サービス事業も今年度の三月をもって終了します。仮設住宅の皆さんが次々と引っ越していくのを見ると寂しくなりますが、新たな旅立ちなので喜ばしいことでもあります。約四年間、シャンティの移動図書館のスタッフの皆様には、暑い日も、雨の日も、雪の日も、温かく迎えていただきまして、ありがとうございました。

――こちらこそ、ありがとうございました。

（二〇一六年一一月一〇日）

協力した人たち 8

社会貢献というより、人間本来の助け合いだと感じました

ブックオフコーポレーション株式会社
総務部チーフマネージャー
堀内美堅《ほりうちよしかた》さん

すでに紹介したように、シャンティは「本で寄付するプロジェクト」の提携企業としてブックオフにご協力いただいている。東日本大震災の後は、岩手の移動図書館活動にもご協力いただいたが、二〇一二年、宮城、福島で新たに活動を開始したときは、資金面の支援と併せて従業員の皆さんによるボランティア参加（加盟店も含めたチェーンとしての支援）で支えていただいた。

ブックオフにとって、このような本格的な社会貢献活動の取り組みは初めてとのこと。その貴重な体験や感想についてブックオフコーポレーションの堀内美堅さんにお話をうかがった。

――まず、今回、ブックオフさんが移動図書館活動に関わってくださったきっかけについて、聞かせていただけますか。

私どもは、毎年八月に、買い取った本などの一％をスリランカの支援に充てる、BOOKS TO THE PEOPLEという活動に取り組んできました。その結果、二〇ぐらいの図書館ができました。二〇一一年はその三年目にあたる年だったのですが、東日本大震災が起きたことで、スリランカではなく、東北の被災地に支援すべきではないか。それに、うちは「本屋」なので、お金というより、何か

堀内美堅さん

図書に関する方面で支援すべきではないか、という話になったんです。

そこで、いろいろな方面から調査して、二つの柱が浮かび上がりました。一つはシャンティさんへの支援ということです。まず、二〇一一年からシャンティさんは岩手で移動図書館をされていて、その現場にうちの従業員が訪ねて、どんな本が求められているのか視察させていただいて、運行にも同行するという関わりがありました。その後、二〇一二年の初頭になって私どもの支援の方向が具体化になってきたタイミングで、シャンティさんが山元事務所を立ち上げて、移動図書館活動をなさるということだったので、それなら、その立ち上げから何かご協力できるのではないかと考えたのです。

もう一つの支援は、毎日新聞社主催の課題図書（小中学校）読書コンクールの本を、被災三県へ寄贈するという支援です。二三〇校分、個別に学校へ寄贈しました。こうして、シャンティさんの移動図書館とこの活動の二つに取り組むことになったわけなんです。

シャンティさんへの支援の大きな柱は、金銭面の支援もありますが、グループ（の従業員）で何かできないだろうか。つまり、ボランティア参加しようという考えがありました。それで古賀さんはじめ、皆さんには大変お世話になったわけです。

――こちらこそ大変お世話になりました。フォーメーションを組んで整然と取り組んでくださって本当に助かりました。

福島に大きな加盟店さんがあるのですが、最初は、そこの社長さんと一緒に、二〇一一年の七月か八月だったと思いますが、福島や宮城をまわりました。車で福島から飯舘村をまわって南相馬や山元に入りました。飯舘村ではすれ違うのはパトカーだけ。津波被害はないのに、なぜこんなに人がいないんだ、と驚愕でしたね。沿岸部も大変でしたが飯舘村の様子も強烈に印象に残っています。そのとき行ったのは、うちの会社から三人、加盟店から二人、シャンティさんから三人。シャンティさんの市川さん（常務理事）に案内してもらいました。

山元や南相馬での活動を決めていましたが、どうやれば良いのか想像できませんでした。そのときにはまだ移動図書館車もありませんでしたし、次に訪問したのは九月に入ってからです。それが最初の活動でした。ボランティア活動に参加させてもらうにあたって、とにかく、古賀さんや職員の皆さんにご迷惑をかけてはいけないと思ったので、コアメンバーという名前で八名ほど世話役を募って、八名を二便に分けて、四名四名で、借りていた倉庫の整理とか、実際に積み込む本の整理や積み込みなどの準備を二手に分かれて行いました。

その後、最初の運行ではコアメンバーが二手に分かれて、時期をずらして体験してから、従業員への周知を行いました。従業員が最初に行ったのは一一月だったと思います。

ただ、それに先立って一般の従業員の募集を始める前の一〇月、一ヵ月間。まず幹部たちに理解してもらう必要があるので、本部系の取締役、社長をはじめ役員、部長クラスを現地に連れて行って活動しました。橋本会長（当時）も行きました。

——全社あげての取り組みという感じですね。希望される方を募って派遣されたのでしょうか。

ええ。直営店の場合は、行く人は休み（有給休暇）をとって対応。交通費は会社持ち。

コアメンバーは仕事扱い。加盟店は別。この会社に入って一〇年足らずですが初めての試みです。

最初は、月に二回、二泊三日のプログラムで始めました。一日目はお昼に集合して出発。現地に着いて、まず視察。最初はコアメンバーが参加ボランティアを乗せて沿岸部を回っていましたが、途中から山元事務所のドライバーの方が案内してくれて、それがすごくよかったです。ドライバーの齋藤さんの話、津波に流された家にしがみついてぷかぷか浮いていたという話。本当にすごかった。

一日目は視察をして、その後みんなで夕食。二日目は運行。三日目は倉庫で片付けです。でも、始めてから二、三ヵ月たった時点で、一泊二日のプログラムに変更しました。というのも、店舗の人間がメインなので、やはりお店を三日あけるのは厳しいのです。一日目は移動と視察、二日目は運行に参加して夕方に帰る。そういうプログラムにしました。

関わらせてもらった二年半で、現地の様子もだいぶ変わっていきましたね。最初に行ったころは海岸の方に行くと瓦礫がいっぱい残っている状況でしたが、最後の方になると復興住宅がだいぶできていました。われわれは変化していくのはわかっていましたが、ポイント、ポイントでボランティアで参加していた人たちはどう感じていたのか。最初のころの人たちは瓦礫でショックを受けていましたが、最後のころの人は、住民の方も落ち着いてきていたので通常の感覚で接していました。参加した時期によって感じたことは異なっていたと思います。

――実際に、参加された皆さんの感想はいかがでしたか。

従業員の声として、「うちの会社に入って、初めていい会社だと思った」というコメントがありました。それは強烈に印象に残っています。やっぱりそういうものをみんな欲しているんですね。上の人間は利益、利益というけれど、従業員はそうではない。

運行を終えて事務所に戻ってから一人ひとり感想を述べるのですが、おしなべて全員が「元気を出してもらおうと思って来ましたが、元気をもらいました」と、そう言っています。来る前は、被災されて、以前は広い家に住んでいたのに流されて、狭いところに住んで落ち込んでいるだろうな、と思っていたのに、行ってみると皆さんがお元気なのに驚いて、こちらが元気づけられて帰っていく、というのが間違いなくあったと思います。住民の方々も、都会から若者がやって来て、話が合っていたのか合わなかったのか、わかりませんが、新鮮に感じてくれたようです。

利用者さんの平均年齢は五〇歳以上だったので、年齢的にこちらが相談されるような立場ではありませんでした。最初の一年目ぐらいは、被災されたころの話や、思い出のものが流されてしまったという話がありましたが、震災から三年目になると、そういう話はほとんど出ませんでした。最後のころは、復興住宅への引っ越しの話などが出ました。新たな一歩を踏み出そうとする人と、そこまで行けない人がいるので、複雑な気持ちでした。お話する内容も、最初のころとは違った意味での気の使い方が必要でしたね。

最初のころは、本当にどう話したらいいかわかりませんでした。「大変でしたね」とも言えず、話のきっかけがつかめませんでした。自分よりも年上の人たちが辛い思いをしているのに、「よく来てくれたね」と言われると本当に嬉しかったです。

――移動図書館は被災地にとってどんな意義があったのか。ブックオフさんからご覧になって感じておられることを率直にお聞かせいただけますか。

企業は世間に活かされて成り立っているのであって、いろんな意味で社会に還元していかなければ企業価値はないのではないかと思っています。山元町や南相馬市に行ってみて初めて気づいたんですが、山元町の人たちも、たぶん岩手の人たちもそうだと思いますがブックオフという会社を知らないんですね。お店がないのでみんな知らないんだ、ということに気づきました。移動図書館の利用者さんもブックオフって何なのか、最後まで知らない人もいたのではないかと思います。そういう中で関わらせていただいたのは、ある意味で幸せなことだと思っています。みんなに聞いたわけではありませんが、従業員のモチベーションアップになっていると思います。

本屋でよかったと初めて思いました。移動図書館の利用者さんと接していると、もともと本を読んでいらっしゃる方はわかります。九割方はほとんど本を読んでいない方だなあ、というのもわかる。そういう人たちがしだいに本に興味をもってくれているのがとても嬉しいですね。読む本の種類も、最初は編み物や料理、そこから旅行と、だんだん変わっていっているのが嬉しい。

――公立図書館の方にうかがっても、シャンティの移動図書館は通常の公立図書館と利用者さんの層が違うとおっしゃっていました。

移動図書館の場合は、ぶらっと来る人もいます。本もそうですが、そこに来て、一緒にお茶を飲んで交流するのがよかったと思います。私たちも住民の皆さんからいろいろなものをいただいてしまいました。「これ持って行って」と言われて、野菜をいただいたり。何と言っても、お子さんが学校から帰ってきて、「あ、来てる、来てる」って言ってくれるのが嬉しかった。

――では、ご自身のこの二年半を振り返って、以前とは変わったな、と思うところはいかがですか。

社会貢献活動に本格的に取り組んだという実感があるのは今回です。私自身もＮＧＯとのお付き合いは初めてなんです。阪神・淡路大震災のときは何もしませんでした。被災地の方のことを慮ることもあまりなかったと思います。自分の意識の中では社会貢献などということではなく、人間本来の助け合いということではないかと感じています。それを感じさせていただけたのは大きかったと思います。移動図書館のことを含めて、ＮＧＯと関わって、自分はまったく変わったと思います。仕事のつながりとは違う、つまり、人としてのつながりと言いますか、人間の原点のようなものを感じて、それがまた仕事にも影響しているのではないかと思います。

今、六〇歳を過ぎて、あとは定年を待つばかりですが、こういう仕事に関わりをもたせてもらったことが嬉しいです。皆さん、真剣さが違う。頭が下がる思いです。住民に対する古賀さんやスタッフの皆さんの思い。うちのコアメンバーは回数を重ねていくと慣れが出てきてしまうのですが、皆さんはずっとやっていても変わらない。

――最後に、これだけは伝えておきたいということがあればお聞かせください。

この活動を終えた後に、シャンティさんとの連携のことなどを話してほしいと依頼されて、外部で二回ほどお話する機会がありました。そのときに感じたことなんですが、NPOと企業との一緒の取り組みは、できそうで、なかなかできないものなんだなということです。その意味で、今回は、本という共通項で連携できて、本当に恵まれていたと感じています。

食糧支援とか医療支援とか、いろいろあるわけですが、本は身体じゃなくて心の栄養源として、災害などにおける支援の手段として、すごく有効なものなのだと思いました。これからも機会があればと思いますが、会社として支援できる体力をもっとつけなければと思っています。

――ありがとうございました。

（二〇一六年一二月一五日）

4 故郷を追われた人たちの居場所として

――南相馬市での活動

山元町で活動を開始して一ヵ月後、二〇一二年一〇月。南相馬市北部の鹿島区（旧鹿島町）でも移動図書館活動を開始した。

南相馬市社会福祉協議会、同市教育委員会、同市立中央図書館、福島県立図書館のご理解を得ての実施である。訪問した仮設団地は、当初、鹿島区内の六団地のみであったが、その後、原町区（旧原町市）まで広げ、一三仮設団地（一四ステーション）を巡回した。

原発被害で避難して来た方が大勢暮らす南相馬市。仮設団地の状況は山元町にも増して複雑である。発災当初、故郷への帰還はみんなの願いであったが状況は徐々に変化していた。「除染が進んだから帰れますよと言われても、怖い。原発がコントロールできていないし、この怖さは抑えられない。国も何か隠しているんじゃないかって疑心暗鬼になってしまう」「帰ったとしても、

●南相馬市　移動図書館活動

	2011	2012	2013	2014
利用者数	-	179	1,721	1,706
貸出冊数	-	227	2,917	2,947

	2015	2016	2017	合計	活動期間
利用者数	1,040	655	85	5,386	南相馬市：2012年10月20日～2017年3月31日
貸出冊数	2,054	1,012	148	9,305	南相馬市：2012年10月20日～2017年3月31日

南相馬事務所

隣の家はいないし、店はないし、友だちもいないし」。そういう声も聞かれた。

事実は見えにくいまま、現実だけがどんどん変わっていく。一喜一憂させられ、翻弄され続けたら、どんな人でも疲弊してしまう。このような人たちが少しでも気持ち穏やかであるように、前に進めるように。そう願って私たちは訪問を続けた。

この他、二〇一三年と二〇一四年の夏には、南相馬市内の任意団体（当時）「みんな共和国」が取り組む〈南相馬の子どもたちが水遊びできる池をつくろう〉『じゃぶじゃぶ池プロジェクト』という計画を支援。同じく二〇一四年、同団体が運営する子育て応援カフェ「37Cafe@park」に絵本を提供した。

それから、二〇一三年と二〇一四年、そして二〇一六年と二〇一七年には、一般社団法人「いちばん星南相馬」による町おこしイベント、「いちばん星フェスタin南相馬」に参加。会場となった浮舟文化会館（小高区）や農家民宿「いちばん星」（原町区）に移動図書館車を乗り入れ、立ち読みスペースの開設、クラフトエイドの販売を行った。

南相馬市への初運行

初運行で訪れたのは鹿島区の仮設団地六ヵ所である。鹿島区や原町区、そして浪江区の人たちが暮らしているが、原発事故で警戒区域に指定された地区の皆さん、わけても小高区の方も大勢暮らしている。

週末ということで、小高の家に行っている方も多かったようで（泊まれないのだが、昼間は戻れるようになっていた）、大賑わいとはいかなかったが、それでものんびりとした場づくりはできたのではないかと思われる。お茶を飲みながらお話をしていかれる方も見られた。

『男の料理本』を借りて行かれた男性――。「家族はみな流されて、ひとりになってしまった。料理っていっても、なべを洗うのも面倒くさいし。缶詰をそのまま食べるのは味気ない。ひとりだから、健康のことが心配。風呂に入っていても、心臓とかいま自分に何かあったらと思うと怖い。家族にひとりでもいいので残ってほしかった」

ちょうど定年を迎えられたということで、「働いていたころは休みたかったけれど……。今は働こうと思えば話はあるし、でも、働きたい、働きたくないというのではなく、このままでいいのか？　このままじゃいけないんじゃないか？といったことばかり考えてしまう」

犬の本を借りて行かれた女性――。「ワンコを飼ってたけど、小高から避難させられたときにおいてきた。可哀想だから鎖を外してきた。家にその後戻ったけれど、会っていない。（犬の写真を見ながら）ワンコは可愛いね。癒される」

奥さんに『「ムカッとくる怒り」がスーッとおさまる本』を薦められたご主人――。「おれは怒ったりはしないよ。ある団体と話しているとき以外は」

地元ＮＰＯが行っているサロンから出て来られた女性――。「この前もらったおいもは小さくてむいたらなくなっちゃいそうだった（笑い話として）。畑ができなくなったからね。ここのサロンに来てみんなで編み物やったり体操やったりするしかない。楽しいけど。畑ができればいいんだけどね。前は何でもつくってたからね」

南相馬での移動図書館活動（2013年3月）

この運行は、古賀と職員と山元町のドライバー岩崎さんの三人で担当した。岩崎さん自身も、津波で自宅を流され、仮設で暮らしている。その岩崎さんが穏やかな雰囲気をつくってくれた。「福島の仮設の方が、山元より広い気がするなぁ。山元の仮設は風呂も狭くて、足も伸ばせない……」「でも、大変なのは自分だけじゃないから」――。

急にドライバー役である職員が休むことになって、ピンチヒッターを買って出てくださった岩崎さん、そしてご紹介くださった早坂文明常務理事に感謝、感謝であった。

〈利用者の声〉
・今日は風が冷たいね。寒いのに来てくれてありがとうね。（六〇代、女性）
・二重跳びが何回できるか見てて。声を出さないで、心の中で数えてね。（小学生女子）
・（移動図書館などが来て）こういうときに外に出て、誰かと話をしないと気が晴れないよ。鬱憤ばかりたまって。（六〇代、男性）
・ばあちゃんにチョコレートの本借りてきてって言われた。これ、すぐに届けてくるね。（小学生男子）
・この前、借りた本を見て編んでみたんだけど、どうだべ？（と、ひまわりの編み物を見せてくれる）（七〇代、女性）
・脳梗塞になって、お医者さんがら、何があだま（頭）使うものいいって言わったがら、本借りっかなど思って。（七〇代、女性）
・テレビばっかり見ててもね。テレビを見たくないときには本がいいんだ。（六〇代、女性）
・帰還は二八年四月と言われているけれど。この先がどうなっているのかはっきりしていれば、家にしろお金にしろ準備のしようがあるけれど、想像ができない。よくないけれど慣れてしまった。ここ（仮設団地）はいい人ばかりだから助かっている。（六〇代、男性）

若いお坊さんたちもボランティアに

南相馬市内での運行では、二〇一四年から、毎回のように僧侶の皆さんが数名駆けつけて手伝ってくださり、利用者の話し相手にもなってくださった。曹洞宗福島県青年会相双支部の皆さ

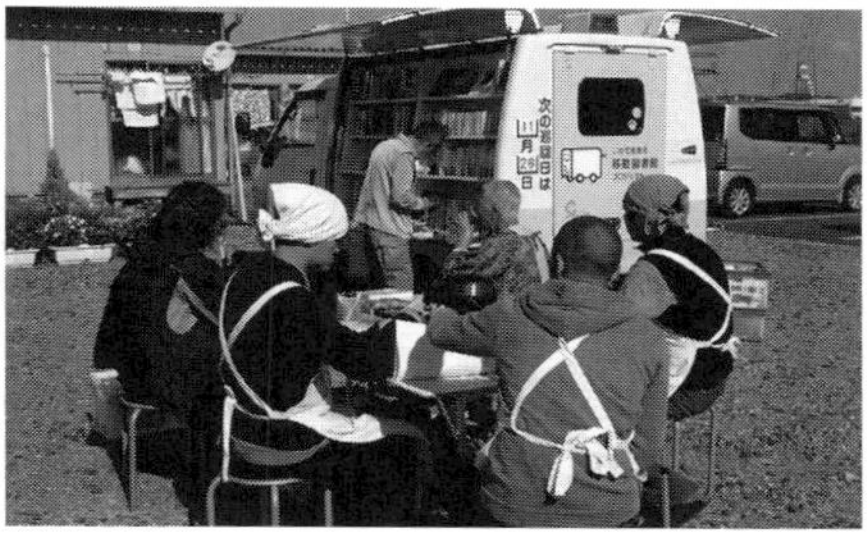

若い僧侶のボランティアも参加（2014年10月）

んが中心で、同青年会各支部、【曹洞宗東日本大震災災害対策本部】復興支援室分室のバックアップによるものである。二〇一七年三月の運行終了まで、協力してくださった方の数はのべ三〇〇人を超える。これは山元事務所の活動の特徴と言えるもので、その実現には復興支援室分室の久間泰弘さんと山元事務所の金沢の活躍が大きかった。協力してくださるようになった時期は、ちょうどフルタイムの職員が一人抜けたあとでもあり、大変助かった。

シャンティの南相馬市での活動は、鹿島区、原町区に集中していたのだが（もちろん訪問先には小高区からの避難者も多い）、相双支部のお坊さんの中には、被災した新地町や川内村から手伝いに来てくださった方もいた。その温かい気持ちが誠に有り難かった。

ただ、「何のために活動するのか」「何ができたのか、何ができなかったのか」について、もっと一緒に語り合い、考えを深められればよかったと思っている。

市立図書館が引き継いで

二〇一五年の春から、南相馬市立図書館の職員の方々が南相馬の運行に参加してくださるようになった。この取り組みは、市立図書館として移動図書館の可能性を探るためのものでもあったが、この体験を通して、シャンティの考えや方法について理解を深め、移動図書館活動の運行を引き継いでくださることになった。

そして二〇一六年五月から、いよいよ南相馬市立図書館としての移動図書館活動をスタート。シャンティが陸前高田市と大船渡市で運行していた図書館車を引き継いでいただいた。今度はシャンティの職員がしばらくお手伝いしてバトンタッチすることになった。

協力した人たち 9

仮設の人とは親戚より深いつき合いです

道中内《どうちゅううち》やす子さんと
千倉応急仮設住宅の人たち

南相馬市の鹿島区にある千倉応急仮設住宅。そこの集会所に「癒しのサロン」が開設されている。NPO法人「つながっぺ南相馬」が、二〇一二年一月から鹿島区の仮設住宅四ヵ所で始めたカフェであり、そのうちの一つがこのサロンである。イベントなどが開催される日を除く毎日、午前九時から午後四時まで利用できる憩いと交流の場である。同法人のスタッフが常駐し、お茶やお菓子のサービスを行う他、マッサージチェア、輪投げ、カラオケの設備も用意され、どれも無料で利用できる。一旦、引っ越して行った人も訪ねてくるほど皆さんの心の拠り所となっているようだ。

シャンティは、ここの「癒しのサロン」が活動している集会所の前で、月に二回、移動図書館活動を行った。サロンの常駐スタッフ道中内さんや利用者さんにお話をうかがうと、原発被害に振り回される人々の暮らしがひしひしと伝わってきた。

――こちらの住民の皆さん、とても仲がよさそうですね。

道中内さん　そうなんです。この「癒しのサロン」は、仮設住宅に住んでいる人であれば、ここの仮設の人でなくても利用できるんです。ここの仮設はペット飼育ＯＫなんですよ。鹿島では三ヵ所だけで、ここが一番早かったです。全然知り合いがいなくてもペットを通じて知り合いになって、すごい交流があって、今はまとまりのいい仮設です。来たばかりのころは犬が啼いてうるさかったんですけど、文句言う人はいませんでした。お互いさまですからね。でも猫を飼っている人の中には、うるさいと言う人は多少いましたけどね。今では家族同様です。

道中内やす子さん

私の家も小高で、原発から一五キロ。二〇キロ以内避難指示だったので、ここに来ました。でも線量が〇・一で低いんです。小高の家をリフォームして今年中にできあがる予定です。いくいくはそこに引っ越す予定にしているんですけど、ここの仕事があるうちはこの仮設にいようと思っています。

シャンティさんの移動図書館活動は、月に二回来てくれましたね。今は、月一回。皆さんに喜ばれていますよ。ここの仮設は、満杯のときは九四世帯入っていたんですけど、今は三七世帯です。少なくなって、それはいいことなんだけど、ちょっと寂しいです。

そろそろ皆さんが来たようですね。どうぞ皆さんのお話を聞いてあげてください。

――こんにちは。皆さんはよく本を借りているのですか。

Aさん　私は今年の五月までこの仮設に住んでいたんです。子どもたちが元住んでいた所に家を建ててくれて、小高に戻ったんだけど、今日は二時半からカラオケ教室があるから来ました。自分で車を運転してね。小高から鹿島まで三〇分ぐらいかかるかな。今の時間は車がすいているから。先生が課題曲を出してくれて、それをならっているんです。本はよく借りていましたよ。料理の本とか、園芸の本とかね。

Bさん　こんにちは。今、本を返してきました。編み物の本と、それから、うちのおじいちゃん、歯が悪くて、硬いモノ食べられなくなったので、『かみにくい・飲み込みにくい人の食事』という本借りました。こっちは延長だね。同じ材料でも、こういうふうにすると、のどに引っかからない、とか、そんなことが書いてある。ちょっと見たんだけどまだ読み足りなくて延長することにしました。おじいちゃんは実の父親なんだけど、歯茎が弱くて入れ歯が合わなくてね。固形物とか食べられないの。みんなみじん切りとかにして、スプーンで食べてるの。だから旦那とお父さんのおかずがまるっきり違うのよね。

おじいちゃんはこの一一月で九三歳になります。だんだん同級生が亡くなっているから、「あとは俺だけだ俺だけだ」と言っている(笑)。今は別の仮設に住んでいます。私は長女なんだけど、今までおばあちゃんに任せっきりにしていました。この八月に亡くなったんです。

Aさん　一緒に住めないの？

Bさん　こっちの仮設に来ても私がいないと何もわからないでしょ。自分がいるところの仮設の方が集会所に行ったり、畑に行ったりできるから、あっちの方がいいって言うの。

でも小高では一緒に住んでいたの。七人家族で。でもうちは犬いるでしょ。犬がいてこ二間だったから、狭いので別に住むことにしました。小高の家は壊して、今、原町に新築中です。土地を探すの大変だったよ。来年三月からはそこに一緒に住みます。おじいちゃんは最後まで小高に帰りたいって頑張っていたけど、おじいちゃんの代は私がいるからいいけど、私が歳とったときに娘たちがどこかに家つくって私らだけが残る、というわけにいかないでしょ、と何とか説得しました。

おばあちゃんの納骨までできないの。おじいちゃんが、新しい家ができたら、そこに一回入れてからにしたいと言っているんです。その気持ちわかるから、今おじいちゃんのところに置いてあります。私、ずっと泊まって世話していたんだよ。Aさん、新しい家はどうですか。

Aさん　帰りたくて帰ったんだけど、隣もいないし、買い物も不自由だし。前住んでいたところ（小高）に家を建てたんです。自分の部屋ももらったから、それはいいんだけど、ここの仮設にいた時のように、友だちがいないのよね。

Bさん　若い人は小高さ帰って来るけど、おばあちゃんがそのまま仮設に残っているということをよく聞くね。友だちがいないから、と言って、けっこう帰らないおばあちゃんがいるらしいね。

Aさん　ここには友だちもいて、本も借りられて、お茶飲んでお話できるんだけど、あっち（小高）さ行くと孤独だから。今年の五月までこっちにいましたけど、住むところは作ってもらったんだけど、車庫はないし、物置もないから、みんな雨ざらし。今、作っているところです。だから買いたいものも買わないでいます。町の方も家を壊していますね。お店をつくれと言われたって、人がいないんだから作れないよね。ローソンに行ったら野菜も売っていた。値段はスーパー並み。だけど買い物に来ている人は知らない人ばかり。

Bさん　柿も今年あたりから食べられるようになった。よかったね。梅も大丈夫なようだし、今は食べられないほどの放射能はないからね。

それにしてもカラオケに来る人が最近少なくなったね。最初のころは二〇人ぐらい来て楽しかった。仕事している人、介護をしている人、孫の送り迎えしている人、介護をしている人など、さまざまだからね。ここは六〇代、七〇代が多いんです。鹿島の人はみんな家を建てて引っ越して行った人が多い。ここの仮設はケンカやもめごとがないのよ。がまんしている部分もあるんだろうけど、動物飼っている人たちだから、ワンちゃんの話とかで仲良くなるんだと思う。ここで亡くなった人も六、七人いるね。

一一月二六日（土）に、ここで分散会やるそうです。引っ越していく人が増えるから、まだ残っている人がいるうちにやりましょう、ということで。引っ越して行った人も呼んで、同窓会のようなもんだね。一〇〇〇円の会費制で午後六時から。これまでも毎年、会費五〇〇円で、花見とか、忘年会とかやったね。会長さんもずっとやってくれた。五年間やってくれた。いい会長さんだ。小高に帰れる状態になっているんだけど、仕事がないときは小高に帰っているようだね。最後までいてくれるんでしょう。助かるよな。楽しかったよね。親戚よりも深い付き合いだもの……。

――お話を聞かせていただいてありがとうございました。

（二〇一六年一一月九日）

協力した人たち 10

お寺を地域の交流の場にしたい――移動図書館から学んだこと

南相馬市　千相院（曹洞宗）

島村哲哉さん、弥生さん

シャンティの山元事務所の移動図書館活動は、曹洞宗青年会の皆様に大きなご協力をいただいた。地元、福島県相双支部の皆様はもとより、全国各地から青年僧侶の皆様が駆けつけて、一緒に仮設住宅を巡回して手伝ってくださった。その後も、仮設の住民の皆様と文通などの交流が続いているケースもあると聞く。

南相馬市の島村哲哉さんと奥様の弥生さんも、熱心に手伝ってくださったお二人である。移動図書館活動の体験を通して、お寺を地域の人々の交

島村哲哉さん（右）、弥生さん（左）

流の場にしたいと思い立ち、その後、お寺でさまざまなイベントを開催している。お二人にお話をうかがった。

――移動図書館活動に参加されたきっかけは。

哲哉　個人というより、福島県の相双支部として活動していましたが、そこで何かできることはないかと考えていたとき、ちょうどシャンティさんが移動図書館の活動をされているとお聞きして、少しでも力になれればということで始まったんです。二〇一四年の五月からですから、ほぼ二年たちますね。毎回というわけにはいきませんでした。定期的に参加していました。

シャンティの古賀さんから日程をお聞きして、だいたい二人くらいずつ分担と参加する日を決めて、参加するかたちにしていました。

最初は曹洞宗の復興支援室分室や相双支部だけで始めましたが、他の支部からも手伝いに来るようになり、少しずつ輪が広がって、遠く県外からわざわざ車で相乗りして一晩かけて来たりとか。いろんな方々がいらっしゃいました。

――参加してどう感じましたか。

哲哉　実際に足を運んでみて、仮設住宅に住んでいる人たちの生活ぶりを肌で感じることができましたね。津波で家を失った人もいれば、家はあるんですが原発事故の影響で住めない区域になっているので、やむを得ずその仮設に住んでいる人とか。それぞれに、複雑な事情があるのだということをひしひしと感じます。

年々利用する方は減ってきていますが、でも、毎回、楽しみにして来られる方もいらっしゃいます。そばに行って話し相手になるだけでもお役に立てているのではないかと感じます。何人かのお坊さんたちと一緒に行っているわけですが、時には檀家さんもいらっしゃる場合もあります。知ってる顔ぶれがあったりすると話も弾みましたね。

一緒に活動している僧侶の中にも、避難指示が出ていた南相馬の小高地区の方がいらっしゃいます。その後、今年の七月、避難解除されましたが、その方はご自身が避難している身でありながら手伝いに参加していました。

――奥様もご一緒に参加されたそうですね。

弥生　私は二〇一四年の一一月、埼玉の越谷からこちらに嫁いで来たので、初めて参加したのは、その一ヵ月後の一二月でした。私はこの地域の出身ではありませんし、地域のことを何も知りません。知っている人もいません。ですから、とにかく外に出て、どんな人が住んでいるのか、被害の状況はどうだったのかとか、地域のことを知りたいという思いからでした。

――参加してみてどうでしたか。

弥生　仮設住宅というのは、テレビでしか見たことなかったので、見るもの聞くもの、新鮮な驚きでした。お茶を飲みながら被害の様子を話してくれたり、本を選びながら、よもやま話を語ったりとか。生の声を聴くと本当に胸に迫ってきます。津波の被害とか、その後、どういうふうに暮らしていて、どこに帰る、とか。皆さんの辛いお気持ちを肌で感じて、これまで他人事だったんだなあと本当に申し訳ない気持ちになりました。

このとき、参加したのをきっかけに。シャンティさんのスタッフの金沢さんとか、太田さんと親しくさせてもらって、忘年会に呼んでもらったり、少しずつ、つながりができて、地域に馴染んできたという感じですね。

――この活動に関わって発見したこと、自分が変わったな、と思うところはいかがですか。

哲哉　恥ずかしいんですが、最初は、自分にできるんだろうか、という気持ちがありました。でも、慣れてくると、拡声器をお借りして、「お茶飲むだけでもいいんですよ」と、仮設住宅の皆さんが家から出て来て移動図書館を利用したくなるように、自分なりに工夫をして呼びかけをやってみました。暑い時期には、「涼しいお部屋で読むのはいかがですか」とか。もともと人と話をするのが得意な方ではなかったので、この活動に参加することで自信をもって人と話せるようになったと思います。

弥生　これまで住職は目立ちたくない人なんだろうと思っていました。でも、その後、お寺のイベントを行ったときには、地元の新聞に取り上げてもらったり、NHKにも取材に来てもらったり。ほんとは目立ちたがり屋なのではないのか、と思ったりして（笑）。

哲哉　最初は引っ込み思案で、思い切ってやってみることで、これまで苦手だと思っていたものが、じつはそうではなかったということがわかってきたという感じでしょうか。

ともかく移動図書館活動に参加させていただいて、いろいろなことに気づかせていただきました。暑い日も寒い日もありましたけど、一人でも利用者さんが待っていてくれると、とても嬉しかったです。そして、お寺がもっとこうした地域の交流の場にならなければならないのだと思いました。それで、何かできないかと考えて、去年からいろんなイベントを行うようになったんです。

お寺の活動というと、だいたい坐禅会とか写経会なんですが、それだけだとちょっと狭いんじゃないかと思って。寺の名前の秋月山にちなんで、仲秋の名月に月見会をやろうと考えて、去年、第一回目を行いました。今年も二回目を行ったのですが、少しずつ中身を吟味して工夫しながら、今年はヒップホップダンスっていうのをやってみました。もちろん坐禅も皆さんに体験していただくんですが……。

それから、月についても地元の科学の先生をお呼びして、スライドや、いろいろな模型を使いながら、子どもでもわかるような月の仕組みを説明していただいて。天体望遠鏡も本格的なものをもってらっしゃるので、それで月を見せていただきました。そんなことをやってみました。

四月には、「花祭りin千相院」を開催しました。そのときは、シャンティさんの移動図書館車にも来ていただきました。子どもさんたちが絵本を借りに来て、祭りにも参加していましたね。スタッフの金沢さんはカウンセラーなどもやっている方なので、トークもお願いしました。三〇人ぐらいの人が参加しましたね。

私は住職という立場になったので責任は重くなったのですが、ある程度、自分で方針を決められるので有り難いです。それから、この寺はしっかりした岩盤の上に立っており、川の水もここに流れて来ることはないので、行政とも提携して、いざというとき、駆け込んで避難してもらえるような場やさまざまな催しができる環境を整えて、お寺を地域の人々の交流の場にしたいと思います。

——ありがとうございました。（二〇一六年一一月九日）

協力した人たち 11

私たちもコミュニケーションを大事にした活動を行います

南相馬市立図書館

館長（当時）庄子まゆみさん

司書 高橋将人さん

一歩中に入ると、思わずホッとするような心地よい空間が広がる。

南相馬市立図書館は二〇〇九年一二月に開館した比較的新しい図書館である。木の風合いを活かした斬新なデザイン。二〇一三年には日本図書館協会建築賞を受賞している。市民にも評判になって、当初、年間五〇万人ぐらいの来館者があった。ところが開館の一年三ヵ月後、あの震災に見舞われた。南相馬の市街地は地震の被害はほとんどなかったが、原発の問題があって図書館はしばらく休館となった。それでも再開は早かった。市民から図書館を開館してほしいという要望が寄せられ、震災の年の八月に再開することになったのだ。

シャンティと市立図書館との具体的な協力関係が始まるのは二〇一五年からである。市立図書館として移動図書館活動を模索したい、と二人の司書の方がシャンティの活動に同行して手伝ってくださることになった。そして、二〇一六年の五月、いよいよ南相馬市立図書館は独自に移動図書館活動を開始することになった。有り難いことにシャンティの考えや方法を参考にしてくださっている。

ここまで牽引してきたのが同図書館の庄子館長（当時）と司書の高橋将人さんである。市民の安心や復興に図書館はいかに大きな役割を果たすか――。そのお話から二人の熱い思いが伝わってくる。

庄子まゆみさん（左）、齋藤千夏さん（中央）
高橋将人さん（右）

――震災後、南相馬市立図書館はどんな状況だったのか、聞かせていただけますか。

高橋　震災後、原発のこともあって図書館はしばらく閉鎖されていました。でも、市民の方から再開してほしいという要望書が提出されて、それが議会の方でも支持されて、中央図書館の方は二〇一一年八月九日に再開しました。

鹿島区の図書館（分館）は二〇一一年一二月から、そして小高区の図書館（分館）はつい最近、二〇一六年七月一五日に再開しました。震災後、中央図書館の利用者は増えていますが、小高区の図書館はまだ再開したばかりで、今のところ利用者は日に一〇人程度といったところです。

じつは震災後すぐ、私は社会福祉課に配属されまして、しばらく震災業務に取り組んでいたんです。その後、次の年（二〇一二年）の四月に図書館に復帰しました。

図書館の利用率というのは全国平均が人口の二〇%と言われますが、福島の場合は三〇%ぐらいといったところです。利用したことがない人がほとんどで、今でも「図書館は無料で借りられるんですか?」と聞かれることもあります。市民の半分ぐらいの人には図書館を利用してもらえるように、もっと身近に感じてもらえるきっかけづくりが必要だと思っています。

庄子 復興後に果たした図書館の役割は大きかったと思います。震災後、なかなか戸外で遊べない子どもたちがいたり、この辺だと、里山に行って、自然と触れたり、畑で作物をつくったりということができなかったんです。そんな中、図書館に来てほっとして、本を読んだり、音楽を聴いて、一日過ごすことができたと思います。放射能のことや心配事について調べたり、いろいろな情報を得ることもできたと思います。震災後の混沌とした状況の中で、いちはやく図書館が再開した意義は大きいと思います。何せ、早く再開してほしいという声が市民自身からあがりましたので。

――震災前、移動図書館の活動は行っていたのですか。

高橋 中央図書館には震災前から移動図書館の活動ができるような施設の仕様にはなっていましたが、移動図書館車はなく、活動もしていなかったんです。こちらから出向く移動図書館は、必要な活動なのですが、震災前は、人が足りないということでできませんでした。

震災後、図書館は最低限の人数で運営されることになりました。震災後に退職した職員もいて、ボランティアの手も借りながら何とか運営している状態でした。ですから、震災後にすぐに移動図書館の活動をすることは難しかったんです。そんな中、私たちがやらなければならない活動を、シャンティさんがいちはやくやってくれていたのでとても有り難いと思っていました。

震災から三年目ですね。新しい館長、庄子館長になって、移動図書館活動も含めて、ようやく新たな展開に向かえる雰囲気になってきました。そこで、今後、市立図書館として移動図書館活動を行うことも見据えて、シャンティさんの移動図書館活動に参加させてもらうことになったんです。

庄子　私が館長として赴任したのは二〇一四年の四月です。もともと図書館の専門ではないのですが、私はこの職場が好きです。高橋が移動図書館を行うことにとても熱心で、それに説得された感じもあるんですが、私は意欲的な提案に基本的にノーと言わないことにしています。それから、たしかに、図書館が行うサービスとしては、将来的に行うべきことだと思っていたので、それなら本当に導入する可能性があるのかどうか調査しましょう、ということで、高橋ともう一人、齋藤という女性の司書を（シャンティの）古賀さんに弟子入りさせていただいて、一年ぐらいシャンティさんの活動に一緒についてまわってもらったんです。

――一緒にまわってみていかがでしたか。

高橋　シャンティさんの活動は、本を貸すというより、人とのコミュニケーションを大事にしているところがとても印象的でした。他の自治体で行っている移動図書館活動も見たことがあるんですが、そこでは本を貸すために行っているだけでした。滞在時間を長めにしておしゃべりの場をつくって、利用者同士のつながりの場とするなど、本だけではない活動も必要なのだと思いました。シャンティさんの職員の方は、笑顔で楽しく話をしてくれて接しやすいと思いました。

それから、図書サービスをする側の人間が多過ぎても、利用者さんが少ない場合には利用者さんが利用しにくいので、こちら側の職員は少ない方がよい、ということもシャンティさんの活動で学んだことの一つです。利用者さんにきちんと挨拶をしたり、おしゃべりをする場合でも、触れていい話題、触れない方がいい話題があることについても勉強になりました。どうしても公的機関だと「個人情報」を気にして利用者さんの名前や何の本を借りているかなどは気にかけないようにしていますが、シャンティさんでは、そういうことも含めて一人ひとりのことを覚えておいて利用者さんとコミュニケーションをとって親しくなっているのは素晴らしいことだと思いました。

庄子　私も何度か同行させていただきましたが、古賀さんはじめ、スタッフの皆さんの雰囲気がいいですね。図書館にいて「どうぞ来て下さい」と待っているだけではいけないなあと思いました。外に出かけて行って、フレンドリーな雰囲気を作って皆さんとお友だちになっていく。そういう姿勢にすごく学びました。もう一人、お世話になった司書の齋藤の方も、まだ二〇代の女性ですが、仮設の人たちと接する中からひと皮もふた皮もむけたのではないかと思います。仮設の皆さんが私たちに本当によくしてくれることに感激していました。それから、いろいろな境遇や心境の人がいるということ。中にはしゃべりたい方もいる。そういう場でお話できるのはすごくいいと思う、と言っていました。

――それで、この（二〇一六年）五月から、いよいよ南相馬市立図書館さんとして移動図書館活動をスタートしたわけですね。シャンティが陸前高田市と大船渡市で運行していた図書館車を引き継いでいただいて、今度はシャンティの職員がサポートする形でしばらくお手伝いして、やがて私たちは退くわけですが。

高橋　シャンティさんの考えを参考にさせていただいて、私たちの移動図書館活動も、一つの場所を少し長めに時間をとるようにしたり、貸出用の小さなテーブルではなく、大き目のテーブルをもっていくようにして、そこに利用者さんが来てお話ができるような感じにするように工夫しています。自分たちと利用者だけではなく、そこにくる利用者さん同士がお話をできる場になれればと思っています。

その日によって違うのですが、一日一～四ヵ所を訪問しています。訪問先は全部で二二ヵ所。一般の場合は貸出期間は二週間。幼稚園などでの団体貸出は一ヵ月としています。貸出先によってもっていく本を入れ替えるのは大変なので、移動図書館車の中には子ども向けの本を配架しておき、大人用の本はコンテナに入れて別にもって行っています。

ドライバー二人と専属の職員二人。週に四日回っています。毎回、ドライバー一人、職員一人のコンビで回ります。職員は齋藤と私。二人ともシャンティさんの活動に参加してお世話になった職員です。最初からこの二人が担当になることを見越して、参加していました。

移動図書館を開始したことはＨＰや新聞、

市の広報紙などで紹介されていますが、この（二〇一六年）九月を目処に、より周知を図っていく予定です。今後は、市の保健所と連携して、同じ公営住宅で移動図書館と健康診断を行うなど、より多くの人たちが来られるような仕掛けをつくりたいと思っています。
大甕《おおみか》地区では、近くに学校もあるので約五〇名ぐらいの人が移動図書館を利用してくれることがあります。地元中学生が親の迎えを待つまでの間利用するとかですね。先日は、「〇〇ちゃん久しぶり」と中学生とご近所さんらしきおじいさんが話をしていました。昔はお祭りとか集える場があって、そういうご近所の子どもと大人がおしゃべりしている姿もよく見ましたが、今はそういう場も少ないと思います。地域の人が集うきっかけの場となれたらいいなと思っています。

庄子　私も巡回に同行したり、高橋からいろいろと話を聞いていて思うんですが、移動図書館活動はこれからの行政サービスのあり方の一つのモデルになると思っているんです。なぜかというと、図書館というのは建物があってのサービスがメインですが、これから超高齢社会になって、とくに地方などで運転免許をもたなくなる人が多くなったときに、待っているだけのサービスでは、だんだん行政サービスが遠のいていくと思うんです。そこで、出かけて行ってサービスする図書館活動というアウトリーチの分野があることを教えていただいて、これからの行政サービスのあり方として、とても説得力があると感じたんです。
　それで、この活動は三本柱のサービスを考えています。まず、災害公営住宅に移る人たちがいて、そこではまだコミュニティが生まれていませんね。そこに行くことでお役に立てるのではないかと思っています。それから幼稚園、保育園を回って、子どもたちの読書支援ができるのではないかと思っています。そして、先ほどの話のような図書館から遠い地域の高齢者の皆さんに、読書活動の継続支援ですね。

復興の途上で、図書館が市民の安全、安心な生活にいかに役立つかということを私たちは再確認しました。今度は、次の新たな第二ステージとして移動図書館の運行を始めたわけです。シャンティさんのメンタリティを少しでも活かさせていただければと思っています。

――ありがとうございます。今後ともよろしくお願いいたします。

（二〇一六年一一月八日）

5

あの日、あのとき

岩手事務所と同様、山元事務所の活動に際しても、被災地の人に仕事の場を提供し、できるだけ一緒に復興のお手伝いができればと考えて、スタッフとして地元の人々を採用した。次に登場するのは山元事務所の移動図書館活動に関わったスタッフで、古賀東彦を除いては地元出身の人たちである。それぞれに体験を振り返ってもらった。

活動した人たち 19

いかに居心地のよい場を作るか

元山元事務所 パートスタッフ　太田和代

シャンティでこの仕事をするようになったのは二〇一三年からです。それまで、学習塾で働いていたのですが（今もシャンティの勤務日以外に働いています）、震災後、子どもたちの様子に変化を感じて、とても心配になりました。被災した子どもばかりではなく被災しなかった子どももそうです。たとえば、一人でトイレに行けなくなった子どもとか、夜、電気を消して眠れない子どもとか。そんなときにシャンティが求人しているのを知って、ぜひお手伝いしたいと思いました。

太田和代

――活動を行う上で工夫したこと、気をつけていたことは何ですか。

利用者さんのお名前やお顔を覚えるようにしています。そのときの状況やお話された内容はメモに書いています。次にお会いしたときに役に立つからです。そのメモ帳がずいぶん溜まりましたね。顔を覚えておかないと、次にお会いしたときに「あれ誰だっけ」と不安になる心配もあるんです。家族を亡くされた方もいるので、楽しい感じで話していても、そのことに触れてしまう可能性もあるので気をつけていました。

――山元事務所の活動は被災地にどのような意義があったと思いますか。

仮設住宅の住民同士のつながりが、なかなかないと思うんですが、私たちが行くことで、たとえ本を借りなくても、お茶を飲む輪の中に入るだけで、そこで顔を合わせた人たちが、外で会ったときに挨拶をしてお話をするようになったり、「集会所で体操やっているのよ、卓球やっているのよ、今度来てみな」と声をかけるようになって、輪が広がってゆく、ということもありました。そういうことができたんじゃないかと思います。

社協（社会福祉協議会）さんとか、支援する側の人たちと情報交換するようになりました。間に入るところまではいきませんが、様子がおかしいなと思う人のことを伝えたりとかですね。支援する側の人たちも被災者であるという場合があります。その人たちは立場上、頼まれごとが多いと思うんです。そういう人たちが一緒にコーヒーを飲みながら普段の気持ちを発散させたりしていました。そういうこともできたかなと思います。

――活動を通じて、とても印象に残っている出来事、利用者さんについて教えてください。

初めのころ、とくに男性の方が私たちに対して警戒したり、批判的だったところがあると感じています。遠巻きに見ている感じで、「お茶どうですか」と言っても飲んでいただけませんでした。でも、回を重ねるごとに、そういう人たちこそ、とても親しくなって今も来て下さったり、別の場所で会っても声をかけてくださったりするようになりました。最初から最後まで冗談ばかり言っていても、後から聞いてみると、震災で奥さんを亡くされていたという方もいます。

ある女性のことです。子どもさんを亡くされた同世代の方だったんですけど、四月か五月のまだ寒い時期。周りも気にせず、ずっと話し続けていました。その後も運行で行ったときには、必ず来て、最初から最後までずっと話し続けるんです。

回を重ねるごとに、亡くなったお子さんのことも話すようになり、旅行に行く話や自分の仕事の話もするようになり、だんだん前向きな話に変わっていきました。その方は本も好きで読んでいる方で、よく借りていかれました。かなりの期間、決まったスタッフ以外とは全く話をすることはなかったのですが、その後、しだいに、みんなと楽しそうにしゃべるようになりました。去年の年末、家を建てて引っ越されましたが、今もたまに来られます。

――活動の反省点、改善点と思うことについて聞かせてください。

震災後、五年も一緒に仮設住宅にいると、住民同士が家族のような感じになります。人とのつながりが強くなるんですね。「ここでの生活が楽しいわ」と言う人もいます。ですから、誰かが「引っ越すの」となると、離れることが寂しいという思いになる人もいると思うんです。

新しい所へ越したとき、また一から人間関係を作らなければなりません。そのことに対する不安を語る人がとても多い感じがします。でも、私たちの活動は、それから以降には立ち入ることはできません。本当はこれからが大事なのではないかと思います。むしろ復興住宅に入ってからの方が家から出なくなったという人が多いので、これでいいんだろうかと、自分の中でモヤモヤしているところがあります。南相馬の方で、引っ越しして福島市の娘さんと一緒に住むことになった人がいます。実際、一緒に住むと会話がなくなったそうです。周りには誰も知っている人がいないし、また復興住宅に戻ってきたという人がいます。そして仮設にやってきて、「ここに来ると誰かがいるからいいの」と言っていました。

――シャンティの活動に関わって学んだことは何ですか、そして自分はどう変わったと思いますか。

人と接することは嫌いじゃなかったんですけど、思っていることを言葉にするのが苦手だったんです。でも、思っていることを言葉にできるようになってきました。

スタッフ同士の信頼感や、支え合っていると感じられたことが、大きく影響したんだと思います。この活動に参加して、見えない気遣いの難しさを知りました。〇〇してあげる、〇〇してほしい？と、口で言うのは簡単ですが、そこで何かを感じ取って、聴くだけ、笑っているだけで、穏やかさや安心感を与えることの難しさです。皆さんの気持ちを受けとめて、心地よい場を作ることが大事なんだと思うようになりました。古賀さんはいつもニコニコしてよけいなことはしゃべらないんですけど、利用者さんから「今日はあの人いないの？」と聞かれることがありました。その姿を盗んだりして（笑）。利用者さんとの関係だけではなく、スタッフ同士の気遣いで信頼感が生まれると、結果、その空気は利用者さんにも伝わります。

（二〇一六年一一月八日）

活動した人たち 20

〝被災者〟で利用者さん、〝被災者〟でスタッフ、という「立場」を超えて

元山元事務所パートスタッフ　金沢幸枝

私は二〇一三年四月一〇日から移動図書館活動に関わらせていただきました。震災直後からグリーフケアをしていたので、心のケア支援で仮設住宅で暮らす方々とお話させていただきたいと思っていました。実際に、鹿島の避難所にボランティアとして訪問したものの、行政側が求めていたボランティアのニーズが確立されておらず、もどかしさを感じていたころ、移動図書館スタッフの求人を見つけ、約一ヵ月のボランティアスタッフを経て、その年の五月に入職しました。

――活動にあたって工夫したこと、気をつけたことは何ですか。

利用者の皆さんは地元の方でしたので、なるべく方言や訛りを使うようにしました。利用者さんが抱えていた事情はさまざまで、津波で大切な人や大切なモノを流された方、地震で自宅が崩壊した方、福島第一原発事故で居住制限がかけられ自宅に帰れない方など、さまざまでした。私たちスタッフから、利用者さんに「なぜ……？」と問いかけるのは禁止事項にしていました。悲しい話や悩みごとも、嬉しい出来事や楽しいお話も、すべて利用者さんのペースに合わせるように心がけました。

――山元事務所の活動は、被災地にどんな意義があったと思いますか。

四年目の移動図書館活動ですが、本の貸し

出しだけではなく「本を借りなくても大丈夫なので、お茶やコーヒーを飲みに来ませんか?」といった声掛けで、利用者さんに対してオープンな場であり続けたこと、また身近な人には話しづらい内容でも吐き出していただける安心の場を作り出せたと思います。それには全国曹洞宗青年会災害復興支援部の方々、とくに曹洞宗福島県青年会相双支部のお坊さんたちのご協力のおかげで、被災者が抱えがちな自責の念を和らげることにもつなげられたような気がします。宗派を超えた仏壇やお墓の相談はプロに聞くのが一番ですから……。山元事務所のスタッフだけではなく、さまざまな方々のご協力をいただき、利用者さんに〝寄り添う黒子〟に近づけたのではないでしょうか。

金沢幸枝

――活動を通じてとくに印象に残った出来事や利用者さんについて教えてください。

今でも鮮明に覚えています。二〇一三年四月一〇日、私の初運行の日でした。初めての仮設住宅訪問で私と同世代の方が話しかけてきました。四月といってもまだ寒い日でした。部屋にいたまま出てきたのか、かなり薄着で震えながら笑顔で話しかけて下さったので「寒くないですか?」と心配になり、お聞きしたのを覚えています。いろいろなお話を聴かせていただき、次の場所への移動時間が近づいたので「もう移動しなければならないので、またお会いしましょう」と言うと、それまでの笑顔は消えて「私、子どもを亡くしたの」と突然言われたので平静を装うのがやっとでした。

運行のたびに、その方は仕事をやりくりして、必ずと言っていいほど、お顔を見せに来て下さいました。本を読むのが好きで、本の話や旅に行ったときのお話などを聴かせて下さいました。移動図書館活動が終わりを告げる少し前、新しいご自宅を建て引っ越しが決まり、晴々とした笑顔で「さようなら」となりました。

――活動の反省点や改善点と思うことについて聞かせてください。

震災後三年ほどは、仮設住宅を訪問する団体はとても多かったように思います。福島県南相馬市内に関しては、行政管轄を含めると、一軒当たり何人が訪問していたでしょうか。地域によっては訪問者に対して食傷気味だったと思います。対応する方もいれば「うちには来ないでくれ！」と接触を断つ方もいらっしゃると耳にしたことがあります。それが孤独死につながるというケースもありました。

密に接する団体と、オープンで広く浅くの団体等の壁を取り払い、連絡協議会で各団体がお互い情報共有ができていたら、もっと住民密着の活動ができていたと思います。

改善点としては、現地スタッフへの組織的な対応についてなお一層の見直しをお願いしたいと感じています。私たちは、被災者であり支援者でもありました。活動中および終了にあたっては、支援者自身の心のケアというものも重要です。その点についての改善をさらにお願いしたいと思っています。

――シャンティの活動に関わって学んだことは何ですか。そして、自分がどう変われたと思いますか。

この活動を通して、一番学べた事は「協調性」だと思います。それはチーム力につながっていきました。さまざまな立場の人間がチームを組み、自然と互いのフォローをし合える。利用者さんの「居場所」として機能していたのと同時に自分たちの居場所作りでもあったのではないかと感じています。自分がどう変われたか？　来年の今ごろにはわかるのではないでしょうかね（笑）。

（二〇一六年一一月九日）

活動した人たち 21

ぼんやりとした線が、一つのくっきりとした輪に

元山元事務所所長　古賀東彦

私は二〇一二年八月の山元事務所開設から、二〇一七年三月三一日の同事務所閉鎖まで、山元事務所所長として岩手事務所所長と兼務で活動させていただきました。

――活動を行う上で工夫したこと、気をつけていたことは何ですか。

誰でもできる活動にすること。移動図書館を、仮設住宅に暮らす人たちがひと息つける場にしたい。そう考えて始めた事業です。経験した人がほとんどいないことに取り組むからこそ明日からできるシンプルな活動にしな

いと、いつまでも前に進めません。その道のプロなどいません。私もそうですが、百戦錬磨のスタッフが集まったわけではない。であれば、個々のスタッフが本来もっている優しい気持ちであるとか、温かさが伝われば十分。明るいあいさつができるかどうか、発する言葉で場がやわらかい空気になるかどうか、それができればいい。開き直りでもありますが。研修でできるようになるものではないです。

私たちが必死すぎたり、辛そうだったり、スタッフ同士の仲が険悪だったりすると、それは必ず移動図書館に遊びに来てくださる方たちに伝わります。とくに子どもたちは敏感です。事業の悩みなどを抱えて運行先に行くと、いつもは私に飛びかかってくるような子が、遠巻きに近づいてこなかったりします。本人たちはうまくやっているつもりでも、無理。素が出る活動です。その意味で、明日に備えて、一日をどう穏やかな気持ちで終えるか、体調をよく保つか、そこは気を遣っていました。

――山元事務所の活動は被災地にどのような意義があったと思いますか。

行政や支援団体が集まる会議などで、支援内容によってグループ分けをしようとすると、私たちの移動図書はどれにもあてはまらない、そんなことがよくありました。「教育」でもないし、「サロン」ともいえない。それでも、移動図書館を利用される方たちは、ここが本を借りるだけでなく、交流の場、ひと息つく場、発散の場であることに、自然に気づいて、自由に楽しんでくださいました。移動図書館という言葉では言い表せない「なにか」。ひと言で言い切る、別の言葉は最後まで見つかりませんでしたが、みなさんに親しまれる活動ができたのではないかと思います。ささやかだけど大切なこと。必要な活動だったとも思います。

——活動を通じてとくに印象に残った出来事や利用者さんについて教えてください。

新しい訪問場所には新しい出会いがある。そして、たとえ行き慣れた場所であっても、同じ運行というのは一つとしてない。利用者さんのお話に大笑いしたこと、一緒に泣いてしまったこと、楽しいこと、嬉しいこと、いろいろなことがありましたが、それを忘れないでいようとすると頭がぱんぱんになってしまうので、あえて覚えておかないようにしていました。何かと何かを比べない。だから、一番印象的なことも、一番思い入れのある活動地もありません。

それでも、山元事務所の立ち上げから何年も私たちを支えてくださった、ブックオフのボランティアの中心メンバーがお二人、山元町での最終運行日に手伝いに来てくださったのはうれしかったですね。これも「最後」だったから覚えているのかもしれません。

あとは、その同じ日に、三一四ページにも紹介したように、「明日はないものだった自分が、移動図書に救われた」といったお手紙を利用者さんからいただきました。記憶があいまいなところもあるのですが、実は、六年前、岩手で事業を開始してまもなく、「移動図書館が来ていなければ生きていられなかったかもしれない」という声を聞きましたよと、医療系の支援団体から教えていただいたことがあったのです。時も場所も違う。もちろん、それぞれ別の方のわけですが、最初のときはどなたが言われたのか、私たちのことを言ったのかもはっきりしなかったのだけれど、最後の最後に、どなたかはっきりわかる方からの言葉をしっかり受けとめることができた。ぼんやりとした線が、一つの大きな円を描きながら、くっきりとした輪になって終了できたような気がしています。

――活動の反省点や改善点と思うことについて聞かせてください。

支えてくださった方、労ってくださった方、スタッフ、いろいろな方への感謝の伝え方がこれでよかったのかどうか。私は、自分が感謝されると困ってしまう性格なので、その加減がよくわからない、うまくなかったかもしれません。

また、大小さまざまなトラブルが起こりましたが、私にうまく解決できたものは、ほとんどなかったのではないかな、と。気を遣いすぎてしまった。そして、結果、傷ついた人もいたかもしれません。

活動においては、目立たぬようにと考え過ぎてしまった。そして東京事務所との関係性。距離であるとか温度差であるとか。これは改善すべき点がたくさんあったと思います。

――今後の活動で学んだことは何ですか。そして、自分がどう変われたと思いますか。

変わったところから言えば、自分でやったほうが早いと思っても、自分で抱え込まなくなったこと。他のスタッフに任せたこと。これはこちらにいる間に変わったのではなく、赴任してすぐに変えようと、決めたことです。「この手書きのチラシいいなぁ」とか、スタッフのいろいろな個性、才能に気づくことができました。

ただ、任せるといっても任せきりにするのではなく、移動図書館の運行にできる限り行きました。二〇一一年の岩手はもちろんですが、山元事務所でも、二〇一四年以降の山元・南相馬運行はほとんどすべて同行しました。現場に出ていないとわからないことがたくさんあるので、そこは最後までこだわりました。

他には、岩手事務所でも山元事務所でも、地元のドライバーさんからは、学ぶことが本当にたくさんありました。年齢的に、ドライバーさんと図書スタッフとの間にちょうど私が入る形で、何よりまずは土地の言葉、そして土地の歴史、自然、道、人間関係、震災体験、いろいろなことを教わりました。

（二〇一六年一一月一〇）

こうして、二〇一二年九月に活動を開始した山元事務所の移動図書館活動は、二〇一七年の三月末をもって終了した。

第5章

これだけは伝えたい12の視点

シャンティは五年以上にわたって東日本大震災の被災地支援に取り組んだ。助け合い、支え合うことの素晴らしさも難しさも学んだ。困難の極みから立ち上がろうとする人間の底力も目の当たりにした。しかし、現場にいたからと言ってどれほど被災者のことを理解できただろうか。どれほど被災地の役に立てただろうか。

福島第一原発の事故も相俟って、これまでの文明のあり方を見直すだけの災害であったと言われる大震災。では、その教訓を活かして、私たちはこの国のかたちをどのように転換しようとしてきただろうか。その後、熊本地震も発生し、どこにいても絶対安全、安心ということはありえない日本列島。大震災からの教訓を決して過去のこととしてはならない。

ここに、今回、支援活動に取り組んで感じた私たちの発見や気づきを一二の視点として提示してみた。いずれも、被災地での試行錯誤から浮き彫りになった教訓である。

ついては、二つのカテゴリーに分けてみた。一つは、人間観、文化観、死生観など、時代の価値観に関するもの。もう一つは支援活動の具体的な運営に関するものである。これらが、今後、災害支援に備える上で、少しでも何らかの糧になればと願っている。むろん、これらがすべてであると思ってはいない。私たちが見えていない点、浅薄な点もあると思われる。そこは、大方のご指摘、ご叱正を仰ぎたい。

〈人間観、文化観、死生観などに関して〉

1. 人には〈居場所〉〈つながり〉〈はたらき〉が必要
2. 図書館の原点は「魂の治療所」である
3. 死や悲嘆をめぐる新たな課題が生まれた
4. 災害時に求められる仏教者の役割がある
5. 災害は新たな可能性を開く機会となる

〈支援活動のあり方に関して〉

1. 主体は地元の人であり、支援者は触媒である
2. 救援物資を第二の災害としてはならない
3. 地域性を理解し、地元の人々や団体と連携する
4. 垣根を超えて市民相互の協力の輪を
5. 被災者とボランティアの気持ちには距離がある
6. 支援者側にも心のケアは必要である。
7. 現場と組織の緊密な連携を

〈人間観、文化観、死生観などに関して〉

1．人には〈居場所〉〈つながり〉〈はたらき〉が必要

第2章で紹介したように、気仙沼の前浜コミュニティセンターの再建は「住民参加」で行われた。〈住民〉と〈支援者〉と〈行政〉による協働である。

とくに驚いたのは、被災した住民自身から、まず「みんなが集まる場がほしい」という声があがり、さらに、唄ったり踊ったりする舞台の位置から図面づくりが始まったことである。住民たちのつながりの強さを感じるとともに、伝統文化に対する愛着の強さにも感嘆させられた。

こうして、地域住民が主体となって意見を述べ、企画し、作業が行われた。私たちは寄り添ってサポート。いわば黒子の役割であった。二〇一二年開始のこの事業は二〇一三年九月に完成し、以来、地域住民ばかりでなく、他の地域の人たちとの交流にも活用され、「地域力」を発揮したモデルケースとして、日本公民館学会や行政機関など各方面から注目されている。

シャンティとして、このような活動に協力できたことは光栄なことである。ただ、このような手法は、シャンティがすでにアジアにおいて取り組んできたものでもある。

そのことについて少し説明したい。

シャンティは、一九九一年から、内戦で疲弊したカンボジアで学校建設の支援活動に取り組んできた。カンボジアの小学校は教室の数が足りないため、今も午前と午後の二部制、中には、三部制で授業を行っている学校もある。シャンティは二〇一六年まで約二五九棟の小学校を建設し

た。

その際に、大事にしてきたのがやはり「住民参加」という手法である。事業のすべてを一方的にこちらがやってしまうのではなく、企画から盛土作業まで、地域の住民にも作業に参加してもらうやり方である。そうすることで、住民たちが世代を超えて協働し、学び合い、自分たちの学校を自分たちで作った、という意識が生まれる。地域のつながりが強くなり、活性化にもつながる。完成した学校をしっかり見守り、管理するようにもなる。

逆に、そうしないと住民の中に依存の体質が生まれる可能性がある。「どうせ日本人が作ってくれたものだ」「どうせ日本人がやってくれるから」。そう思って完成後の管理や保全もおざなりになり、せっかくの建物を荒廃させてしまうことだってありうるのだ——。

このような体験があったからこそ、前浜での活動を通して、〈住民〉と〈支援者〉と〈行政〉の協働が重要であることを再認識し、その普遍的な意義を確認することができた。

もう一つ再認識することができたのは、伝統文化が人間のアイデンティティの確立に与える大きなはたらきについてである。

やはり、シャンティは一九八〇年代、カンボジア難民に関わることを通して、伝統文化、芸能というものが人間の心に深く関わり、とくに弱い立場にある人にとって、自らのアイデンティティを確認し、生きる意欲を恢復する上でとても重要であることを体験した。

ちなみに、当時、難民たちに何をしてほしいのかと聞いたら、一番初めに言ったのは、太鼓と踊りということであった。一緒になって山野をめぐって素材を集め、やっとの思いで太鼓を復活させると、子どもたちは歌をうたい始め、踊り始め、やがて、飢えと病で横たわっていた難民たちはむっくりと起きて、なんと祭りが行われることになった。

したがって、震災の年、伝統芸能の祭りを開催して、住民の意気を高めようとした気仙沼の平磯地区の人々や、「大漁唄い込み」にかける前浜の人々の並々ならぬ情熱に接したとき、伝統文化や伝統芸能がいかに人々に大きな役割を果たすものなのか、再認識する思いであった。

こうして、これまでのアジアでの実践や、津波災害に遭遇した東北の人たちと接することを通して思っていることがある。それは、弱き立場の人々にとって、自らの居場所があり、他とのつながりが実感できて、他に貢献できる何らかのはたらき、役割をもてることは、生きる元気につながる大切な要件である、ということである。

今回学んだことを活かし、アジアで実践して得てきた知恵を見直し、改善し、さらに精進していかなければならないと受けとめている。

2. 図書館の原点は「魂の治療所」である

図書館活動は、シャンティの前身である「曹洞宗東南アジア難民救済会議（JSRC）」（一九八〇～一九八二）以来、三〇数年にわたってアジア諸国で取り組んできた活動である。実質的にシャンティの国際協力活動の中心となり、特徴となっているものである。

その歴史を踏まえ、今回の岩手や宮城や福島での活動は、国内で初めての挑戦となるものであった。では、どんな共通点や相違点があったのか少し振り返ってみたい。

まず、アジアでの図書館活動は、最も困難な状況にある「子どもたち」が対象であった。専門家の助力を得て「おはなし」や「絵本」を大切にした活動を展開した。伝統文化や芸能を継承することも念頭に置いた。当時関わっていたカンボジアの難民たちにとって文化的アイデンティティをどのように伝承するかが大きな課題でもあったためである。そして、対象にしていたのが教育の機会に恵まれない子どもたちだったので、必然的に、図書館活動の普及を通して識字率や就学率を向上させることが大切にされた。

活動の形態は、移動図書館活動の他に、そこに暮らしている住民（難民）が主体となったコミュニティセンターとしての図書館という形態もとられた。とくにカンボジア難民キャンプやタイの農村は、上座部（テーラヴァーダ）仏教が広く浸透している地域であるため、寺院や集会所、保育所などを活用した文庫や図書館活動という形態で行われた。また、二〇〇四年のスマトラ津波復興支援の際には、南タイのパンガー県や周辺地域で移動図書館活動や図書箱の貸し出し、仮設図書館の運営にも取り組んだ。

では、今回の東北の被災地での図書館活動はどうだったであろうか。

すでに紹介したように、東北での活動においても、当初は、被災した子どもたちを想定していたが、いざ、ふたを開けて見ると、子どもたちも利用してくれたが、むしろ仮設住宅で暮らす中高年世代が主な利用者となっていった。比較的、仮設に住む子どもたちの数が少なかったこと。そして、子どものいる世帯が相次いで転居していったことが背景として考えられる。

「おはなし」や伝統文化の面にも配慮した。岩手の活動において、遠野市の語り部の人たちを呼んで、昔話を語っていただくイベントを開催したことがある。大変な盛況で、伝統文化に対する地元の人々の愛着の強さを実感させられるときであった。

それにしても、今回の図書館活動の一番大きな成果は、多くの利用者の声にみられたように、仮設団地の住民の皆さんに、思い思いの本を手にしていただいて、日々の楽しみや励みを生みだし、お茶を飲んでゆっくりくつろいでいただいて、心の交流ができる場〈居場所〉を提供できたことであると考えている。利用者さんの本のリクエストに一つ一つ応えたことも喜んでいただけた。

アジアでの活動と比較するなら、コミュニティセンターとしての図書館の意義について、さらに深く認識することになったと言える。ただ、お茶を提供して憩いの場にするという取り組みはこれまでの図書館活動にはなかったものである。

今回の活動を通して、前述の一項と同様に、弱き立場の人たちにとって、〈居場所〉があること、〈つながり〉があること、〈はたらき〉があることが、生きる元気、意欲を取り戻していく上で、いかに重要であるか実感することにもなった。

このような活動に、地元の公立図書館の皆さんも共感し、それぞれの活動の中に取り入れてくださるようになった。陸前高田市立図書館では、お茶を飲みながら利用者とおしゃべりをする会、「井戸端図書館」が定期的に行われるようになった。山田町立図書館や南相馬市立図書館はシャンティの活動を引き継いで移動図書館を始めることになった。

ある日、シャンティの職員が外部で図書館活動について講演をしたとき、それを聞いていた公立図書館の職員の方が、「図書館の原点を教えてもらいました」と、感激した面持ちで感想を述べてくださったことがある。

その言葉を通して私たちも図書館の原点というものを再認識することができた。図書館学の小林卓先生（実践女子大学）に教えていただいたことだが、かつて古代ギリシャの都市テーベにあった図書館の入り口には、「魂の治療所（心の薬局）」という銘刻が掲げられていたという。このことは、人々の心の問題を解決するために本が用いられていたことを示していると言われる。本が人の慰めや癒しの働きをもつことにすでに人類は気づいていたのだ。ちなみに、世界遺産に登録されているスイスのザンクト・ガレン修道院の図書館の入口には、今もこの言葉、「魂の治療所（心の薬局）」が掲げられているという。

移動図書館で交流している被災地の人びとの姿を思い出すと、時代や地域や形は異なれども、「魂の治療所（心の薬局）」としての図書館の原点を発見する思いである。

アジアの教育の機会に恵まれない子どもたちばかりではなく、被災して困難な境遇にある子どもたちにとっても大人たちにとっても、図書館は心の栄養を提供できる場となることが今回の活動を通して明らかになったと言える。図書館というものの奥の深さ、広がりというものがより一層感じられた体験であったと思われる。

3．死や悲嘆をめぐる新たな課題が生まれた

東日本大震災は、私たちの死生観についても根源的な問い直しを迫る状況を生みだした。

現代の日本人が直面する死をめぐる医療とケアのあり方、そして、喪失後のグリーフワーク（悲嘆を自ら癒す作業）／グリーフケア（悲嘆者を癒すケア）のあり方。それらに、大震災後、どのような新たな課題が生まれているのか。ノンフィクション作家の柳田邦男氏は、次の（1）〜（6）のように整理している。それらを見ると、今回、シャンティが支援した「つむぎの会」の活動の意味というものも明瞭になってくるように思われる。以下、少し長くなるが、柳田氏の言葉の引用である。

（1）津波によっていのちを奪われるのは、本人にとっても身近な人にとっても、不条理な死の極致の一つであろう。とくに遺体が見つからない場合は、供養もできないという不安定な精神状態が加わるから、死の受容が極めて困難になり、グリーフワークも厳しくなる。

（2）家族の誰かが津波に呑み込まれた場合、一緒にいて生き残った者の罪責感は強く、立ち直るのが困難になる。とくに子どもが犠牲になった場合、残された親や兄弟姉妹の心の傷（トラウマ）は深い。両親あるいは片親を亡くした子どもの心の傷は、違った意味で深い。これらの人々のグリーフワークは険しい道のりになるおそれが強い。

（3）さらに家も町も壊滅して戻るところがなくなったことは、グリーフワークの歩みを一段と阻害する条件になる。

（4）大切な家族を亡くした被災者の心の深層に宗教心がある場合、それはグリーフワークの大事な拠り所となる可能性がある。この宗教心とは、特定の宗教心による信仰も含むが、もっと土着的・日常的な宗教心と言ったほうがよかろう。東北人は近代化や高度経済成長の波に乗り遅れたぶんだけ、より大切な土着的な宗教心が脈々と生きていたのであろう。

(5)科学の方法をベースにした西洋近代医学は、宗教心のようにデータ化できないものを排除して発達してきた。医療者はそのレールの上で、医学を学び医療行為をしているので、ケアの領域になると、被災者・患者の心の深いところにかかわり、ケアの心を届けるのが困難になる。そこまで対処できる医師もいるが、一般的には、カウンセラーや宗教家の支援が必要となる。これまで排除してきた宗教心の重要性に気づき、新しい形での宗教者の支援、あるいは宗教者とのチームワークを構築する必要性に迫られていると言えるだろう。

(6)身を挺して他者のいのちを守ろうとした人の存在と行為が、あちこちの被災者から燦然と輝く明星のようなイメージで伝えられたことは、大切な人を喪った被災者たちのグリーフワークにプラスにはたらいているように見える。そればかりか、広く日本中の人々に人間の崇高な精神性が魑魅魍魎《ちみもうりょう》の跋扈《ばっこ》する現代においても生きていることを再認識させ元気を与えたことも確かだ。

大震災後における被災者が抱えた問題や今後の課題に関する以上六項目を、さらにコンパクトに整理すると次のようになろう。

▽津波死は、死にゆく人にとっては、思い残しがないようにやりたいことをやり遂げるだけの持ち時間のない不条理な突然死であるがゆえに、遺された人にとっては、グリーフワークもグリーフケアも困難になる。

▽このような不条理な死に直面すると、グリーフワーク／グリーフケアの進展において、宗教心の有無が重要な要素になる。そこでケアする側に宗教家の参加が求められるようになり、新しいチームワークが要請される。（柳田邦男「大震災後、変容する死の課題」『文藝春秋スペシャル二〇一一季刊秋号』より）

これらを見ると、シャンティが支援してきた「つむぎの会」も、まさにこのような課題を伴って生まれるべくして生まれたものであることが再認識されるのではないだろうか。

津波による死は、不条理な突然死の一つの極致であるゆえに、子どもを喪った親の心の傷（トラウマ）は深く、死の受容も極めて困難であり、悲嘆を自ら癒す作業（グリーフワーク）も厳しいものがある。したがって「つむぎの会」のように同じ境遇をもった人同士、悲しみや喜びを分かち合う時間をもてることは、死を受容してゆく上で重要な取り組みであったと思われる。それに、宗教心の重要性という観点から、僧侶（宗教者）に参加していただいたことも必然であったと思われる。

それに関連して、少し脇道にそれるが、震災後に「臨床宗教師」という存在が誕生したことも画期的であったと言える。「臨床宗教師」とは、余命いくばくもない人々に寄り添って心のケアを行う宗教者、あるいは、その養成講座終了者への仮称である。対象となるのは僧侶、牧師、新宗教の教師など、特定の宗教に限らない。超宗派、超宗教の宗教者である。

かねてより、終末期医療の患者に寄り添う宗教者の存在が必要であると考え、日本の宗教観、死生観を汲み取った日本型のチャプレン（病院などの現場で勤務する聖職者）を生みだそうとしていた岡部健医師。その構想をもとに、二〇一二年、東北大学に、臨床宗教師の養成講座が創設された。その後、この講座の開設は、多くの大学にも広がり、二〇一六年二月には「日本臨床宗教師会」が発足。地方自治体や公立病院の関心が高まり、すでに京都府が自死対策に臨床宗教師を活用している。

さて、「つむぎの会」の話に戻る。同会に集う人々の苦悩にも現れているように、今回の震災では、生きていることの意味や、死に対する不安や恐怖といった死生観に関する根源的な苦悩。いわゆる「スピリチュアルペイン（霊的な痛み）」と呼ばれるものに対応することも求められたと言える。

人間が抱える痛みは、「身体的な痛み」ばかりではなく、「精神的な痛み」「社会的な痛み」そして「スピリチュアルペイン」も含めてトータルに捉える必要があると言われる。

この「スピリチュアルペイン」について少し触れておきたい。

この言葉自体は、すでに、一九九〇年代前半、「ＷＨＯ（世界保健機関）」の専門委員会の健康の定義の中で提言されたものである。従来の医療の世界では、人間の抱える苦痛として、身体的苦痛、心理的苦痛、社会的苦痛（問題）が意識されてきた。しかし、それだけでなく、スピリチュアルペインも重要な課題として、その三つと同列に位置づけようとする認識が生まれたということである。

その背景には、ホスピスケア、緩和ケアの現場からの切実な問いかけがあるようだ。死を間近に迎え、「私は何のために生きているのか、死んだらどうなってしまうのか」と、自らの存在を根底から問い直すような苦しみ（スピリチュアルペイン・霊的な痛み）を抱える人にいったい何ができるのか。そのことが重要なテーマとなっているのだ。

一人ひとりのいのちの尊さを、本人とその方を取り巻く人々が支え抜こうとする試みとしてのホスピスケア、緩和ケア。その核となるのがスピリチュアルケアと言われる。

ただ、世界各国でまだ定着したというわけではなく、日本においても、スピリチュアル、スピリチュアリティ、スピリチュアルペインなどの西欧由来の言葉に、まだ共通した理解というものがあるわけではない。この数年、いくつかの解釈が提示され、「人のいのち、人が生きることの根源に関わるものである」との認識が共有されつつある。日本人や日本文化に置き換える模索途上にあると言える。

英語のspiritualには、ふつう、日本語の「精神の」「霊的な」「魂の」「霊魂の」「神聖なものに関する」などが充てられるのだが、それでは必ずしも十分ではなく、現段階ではふさわしい訳語が見当たらないため、その言葉のもつ本質的な意味内容を大切にしようと、英語をそのまま用いる傾向がある。その背景には、この言葉を必ずしも〈宗教的〉と捉えるのではなく、もっと広い視野で探究しようとする考えもあるようだ。

さて、このことを私たちはどう受けとめるべきなのだろうか――。

たとえ、私たちが医療関係者ではなく、宗教者でないにせよ、これからの災害支援においては、以上のような人間の痛みに対する視点を認識し、必要とあらば臨機応変に専門家や関係各所につなぐだけの対応力が求められるということではないだろうか。

こうして「つむぎの会」の実践は、私たちに死生観への強い関心を促すものにもなった。

4．災害時に求められる仏教者の役割がある

今回の大震災では、災害時に果たすべき仏教者の役割が数多く存在することも明らかになった。今回の大震災で仏教者が果たした役割について次のように三つの側面から整理してみたい。（1）NGO／NPOと連携した活動、（2）現場に赴いての宗教活動、（3）寺院空間の開放、の三つである。それはこれからの災害時に必要とされる役割でもあると思われる。

（1）シャンティと連携した活動

シャンティは、各地の僧侶の方々と連携した活動を大事にしている。今回も、とくに曹洞宗の僧侶の方々、曹洞宗青年会（曹青）の皆さんもリピーターとして熱心に関わってくださった。初期のころは、炊き出し部隊として活躍していただいた。岩手の移動図書館活動や仮設住宅での活

動では、秋田県曹青の方々が精力的に関わってくれた。長野県の曹洞宗寺院の有志のグループ「なごみの会」は、シャンティや落語芸術協会と連携して、子どもたちを励ますため、福島の小学校や、岩手の保育園などに出かけて、被災地応援寄席を開催した。福島県南相馬市での移動図書館活動には、福島県曹青の方々が精力的に関わり続けてきた。

さらに特筆すべきと思うのは、静岡の浜松からシャンティのボランティアスタッフとして関わっていた若き僧侶たちが、やがて発生すると言われている東南海地震のことを心配し、そのときに備えたいと思い立って、気仙沼の寺院を訪ねて、震災時の体験談や必要とされるものなどについてインタビューし、その結果を資料にまとめた。それを、シャンティも加盟している、仏教超宗派による「仏教NGOネットワーク」が注目するところとなり、さらに取材を重ねて、『寺院備災ガイドブック』という冊子にまとめて発刊することへとつながった。有り難いことに各自治体の関係者が知るところとなり、仏教寺院と連携したいという問い合わせが寄せられ、自治体と寺院との間で、災害時における寺院の避難所開設に提携するケースも現れ始めている。これも今回の成果の一つと言えるだろう。（『寺院備災ガイドブック』のお申込み・お問い合わせは、「仏教NGOネットワーク（BNN）事務局」（TEL 03-5315-4835）まで）

（2）現場に赴いての宗教活動

今回、数多く見受けられたのが、独自に被災地に駆けつけて活動する仏教者の姿であった。被災地の現場に支援物資を運んだり、炊き出しや瓦礫の撤去に汗を流す人たち。そして避難所や仮設住宅に赴いて、一緒にお茶を飲みながら傾聴する人たちもいた。

その一方で、今回ほど、宗教者としての役割や活動が求められたこともなかったのではないだろうか。先ほど触れたように、津波死のような不条理な死に直面すると、死の受容、悲嘆を癒す作業において、宗教心の有無が重要な要素になり、ケアする側に宗教者の参加が求められるようになるからである。

瓦礫の中を位牌や写真を探している人がいた、ということをずいぶん耳にした。また、被災地で幽霊を見たという噂が一時的に広がり、それが大学院生の論文として取り上げられ、海外にまで知られることにもなった。

このような状況について、ある地元の僧侶は次のように語ってくれた。「人間には太古からの宗教感情というものがあって、それが3・11後に、まるでパンドラの箱が開いたように現れたのではないでしょうか。東北の宗教は、葬儀を通して死者の物語と生者の物語をつないで、生死のあり方を伝え続けてきたのだと思います」。

ともあれ、今回、宗教者として求められた役割、はたらきは何だったのか。具体的にあげてみるなら、一つには、ご遺体の扱いという点があげられる。

犠牲者の数が火葬場の対応能力を超えるほどに膨大な数にのぼり、自治体によっては「仮埋葬」という手段を決定せざるを得なかった。仮埋葬というのは、いったん埋葬してから再度掘り起こして火葬するというものである。限られた時間の中での苦渋の決断だったのだと思われるが、遺族にとっては大変な心痛を伴うものである。

ちなみに、人口一万五千人の岩手県大槌町では、人口の一割の方々が亡くなられた。

一時、仮埋葬を決定して、山を切り開いて穴を掘って埋める準備をしていたが、遺族の方々は、「仮埋葬はしのびない。火葬したい。岩手県内が無理なら山形まで搬送してもらいたい」と希望した。そのことを知った、ある山形県の僧侶は、岩手までご遺体を迎えに行き、火葬にし、同伴してきたご遺族には温泉に入っていただく、そういう活動を精力的に行った。岩手県だけではなく宮城県石巻市などから搬送したこともあった。

仮埋葬ではなく、国レベルで、自治体レベルで火葬を引き受けるような動きを展開できなかったものか、と今にして悔やまれる。現在、これらの教訓をもとに複数の自治体において広域火葬計画が策定、締結される動きが見られる。ただ、行政頼みではなく、今後また起こりうるこのような事態に備えて、今回の僧侶たちの連携のように、県や地域を超えて対応できるネットワークを普段から作っておくことが必要ではないだろうか。宗派内、そして宗派を超えたネットワークも必要ではないだろうか。

その他、自ら被災しつつも、「こんなときにこそ宗教者が支えなければ」と、供養に出かけ、檀信徒を励まし続けている僧侶もいた。「気持ちに区切りをつけるために供養してほしい」という相談が寄せられ、そのような声に応えて、遺体安置所での読経を申し入れた僧侶もいた。それに対して快く受け入れられ、読経できた場合もあるが、上司にうかがいをたてる、という理由で、断られた場合もある。自治体や施設によっても対応は異なっていた。そこには宗教に対する偏見も見え隠れする。

遺体安置所が難しいならば、亡くなられた現場で花とお線香を手向け、読経しよう、と思い立って活動する僧侶もいた。また、精霊流しのように、それぞれに願いの言葉を紙に書いてもらって海に流す、そのような供養の企画を行った僧侶もいる。今も、折々に被災地の海岸に赴いて、供養の行脚に歩いている僧侶たちもいる。

こうして、仏教者（宗教者）としての役割、はたらきが、今回ほどさまざまに求められたこともなかったように思われる。その意味で、宗教の捉え直しの機会にもなったと思われる。

（3）寺院空間の開放

さて、次に、現場に足を運んでの活動というのではなく、お寺という建物、環境、空間自体を活かすという取り組みである。

先ほども触れたように、今回の震災後、本堂や庫裏を避難所として檀信徒や地元の人々のために開放した寺院は数多く、シャンティの調べでは、少なくとも八〇ヵ所にのぼる。

たとえば、石巻市の洞源院のように、一時、四〇〇人の被災者を受け入れたところもある。二〇一一年四月一日を期して、朝課の勤行をスタートするようにしたとのことであるが、読経することをいっさい強制したわけではないのに、朝課の勤行に一人増え、二人増えして、やがて三歳の子どもから八〇代のお年寄りまでほぼ全員が参加して読経し、ご詠歌も唱えてくれるようになったという。それからは、朝課、ラジオ体操、作務清掃、朝食、集会（ミーティング）まで、ほとんどの人が参加してくれたとのことである。

ただ、最初の一週間は陸の孤島の状態で支援物資も届かず、きびしい状態であったという。やがて支援物資が届くようになって豊富になってくると、避難者は、〈あれがほしい、これも食べたい〉と、しだいに共同生活に乱れが生じてきた。そこで、約束事八カ条をつくって、それを守ることを約束していただいたとのこと。それだけの苦労が伴ったということである。

それから、避難所としてだけではなく、お寺を開放してくださった例がある。シャンティがお世話になった気仙沼の少林寺、宝鏡寺、清涼院、そして山元町の徳本寺は、私どもＮＧＯの活動拠点のために寺院を開放してくださった。その他にも、亘理市の高音寺のように、お寺の駐車場を地域の人々に開放し、そこにテントを張って支援物資の配布所としたところもある。例をあげれば、きりがないほどである。

被災地内のお寺だけでなく、被災地外のお寺の中にも精力的に取り組んだお寺がある。和歌山県の童楽寺は、福島の子どもたちを一時的に預かった。このお寺は、もともと里親制度を行っており、子どもたちを受け入れているお寺ではあったのだが、ただ、子どもたちだけでなく、大人も含めて、被災者の方々を受け入れたお寺は他にも多数あるはずである。

こう考えると、災害が起きたとき、被災者の皆さんを一時的にでも受け入れることは可能かどうか調査し、それぞれのお寺の意向もうかがった上で、受け入れ先ＯＫという全国の寺院のリストやシステムが整備されるならば、もっとお寺が機能できる面があると思われる。これについてもぜひ仏教界においてご検討いただきたいところである。

5．災害は新たな可能性を開く機会となる

「共に生き、共に学ぶ」――。八〇年代のカンボジア難民キャンプ以来、シャンティが大切にしてきたモットーである。今回の大震災においても、被災した方々から私たちが学ぶことは少なくなかった。災難の極みにあっても冷静さを失わず秩序正しく行動しようとする強さ。自ら被災しつつも他を思い、助け合って生活しようとする優しさ。こういう試練の中にあっても人間は輝くことができる。いや、こういう試練の中だからこそ引き出される可能性があること教えられた。

中でも忘れがたい体験の一つが、第二章で紹介した蔵内の漁師たちのことである。それまで養殖漁業に携わっていた漁師たち。津波で何もかも失い、避難所で途方に暮れていたが、「やっぱり、俺たちには漁師しかない。だけど、これまでのように一人で漁をすることはできない。一緒にやらないか……」。一人がこう呼びかけると、仲間たちは賛同し、漁業再開に向けて動き始めた。

漁師たちを感激させ、背中を押してくれたのは、手伝ってくれたボランティアたちの姿であった。重労働なのに、スコップもって泥だらけになりながら、声を掛け合いながら、懸命に取り組んでいる姿を見て「本気でやらなければ」と、漁師たちは覚悟を固めた。

こうして、漁師たちは全国のボランティアの協力を得て、「蔵内之芽組（くらうちのめぐみ）」という協業グループを結成した。新しい漁業のかたちの誕生であった。

じつは震災前から、漁師たちはこれまでの漁業に限界を感じていた。安定した収入と定期的に

休みがとれるようにしないと漁師になる人は現れない。嫁に来る人もいない。漁業に未来はない――。

そう考えると、津波で何もかも失う試練があったからこそ、漁師たちの中に眠っていた可能性が引き出され、こうした新しい漁業のかたちに踏み出すことができたとも言える。

それはさらなる連鎖につながった。この漁師たちの姿に心を動かされ、人生の進路を転換したボランティアたちが現れた。漁師たちの力強さにうたれて漁師になった人。気仙沼の人たちを支えたいと願って気仙沼市役所に就職した人。漁業を守り、第一次産業を守らなければならないと一念発起、政治を志し、政治家秘書になった人などである。

地震や津波は災害をもたらすばかりではない。人間や社会の新たな可能性を開くきっかけにもなることを教えられた機会でもあった。

〈支援活動のあり方に関して〉

1. 主体は地元の人であり、支援者は触媒である

「困難な状況にある人が主人公であって、支援者（ボランティア）は触媒に過ぎない」。これもシャンティが大切にしてきた基本姿勢であり、シャンティのボランティア観である。このボランティア観について少し説明すると次のようになる。

「触媒」というものは、化学反応においてそれ自体に変化がない。けれども、物質を活性化させ、化学反応の速度を速める。化学方程式のなかに触媒は入り込む余地すらない。でも、触媒が

存在しない限り、化学反応はほとんど生じない。ボランティアというものも、この触媒のようなものでなければならない。決して主人公ではない。黒子のようなものでなければならない――。

このようなボランティア観である。そもそも、シャンティの実質的創立者であった故有馬実成が提唱した考えである。

活動の最初の時期から最後まで、地域の皆さんの「困ったこと」に寄り添い、徹底して向き合おうとしてきたのが気仙沼の活動であった。時にはシャンティが一歩リードしながら、とくに震災で露呈すると言われる地域や日本の課題（漁業支援）に対しても向き合い、一緒に悩みながら歩んだ。それが、まちづくり支援から子ども支援、漁業支援までの幅広い展開にもつながった。シャンティがこれまでつながりをもっていた個人、団体、とくに宗教関係者を新たな人脈につなげて、新たなネットワークも構築できた。気仙沼の事業は「支援者は触媒となる」という姿勢が体現できた事業だったのではないだろうか。

では、岩手や山元、南相馬での図書館活動はどうであったか――。震災で大切な人やものを失い、故郷を追われて仮設住宅に住む人たちにどんな場を提供すればいいのか、どう接すればいいのか、どんな言葉をかければいいのか、工夫を重ねた。練習を重ねた職員もいる。どんな本がふさわしいのかも吟味して選び、利用者から寄せられた一つ一つのリクエストにも応えた。地元の図書館や団体や書店に迷惑がかからないように配慮し、一緒に連携して歩んだ。そこにも、相手に寄り添い、向き合っていこうとする「触媒の姿勢」があったのではないだろうか。それが、山元での運行の最終日、思いがけず利用者の皆さまから感謝のお手紙をいただくことにつながったのかもしれない。

シャンティは三六年の歴史を刻んできた組織であるが、振り返ってみれば、どれ一つとして、まったく同じ内容の事業を展開したことはない。もちろん、図書館事業とか、学校建設事業とか、同一の事業もあるが、それにしても、その国、その地域の現状、人々のニーズが異なる。私たちは、それらの諸条件、地域の人々のニーズを最優先に、その土地の人たちと一緒に模索し、事業を作り上げて来た。その意味で、いつもゼロからのスタートだった。それが結果的に三六年の積み重ねになったのだと思われる。

あるスタイル（型）を展開することは簡単かもしれない。少なからず、すでにあるものを当てはめることになるからだ。でも、それは「寄り添う」こととは違う。寄り添うことは、徹底して相手のニーズに立って、ゼロから始めることではないだろうか。今回の東日本大震災の支援活動でも「寄り添う」ことに徹底しようとした。

しかし、足りないところはあった。改めて支援のあり方を考えさせられる場面も少なくなかった。これから、順次そのことを述べていくわけだが、この項で一つだけ例をあげておく。

たとえば、震災から三ヵ月たったある日のこと。ボランティアを見つけて「今日は何をくれるの？」と言って取り囲む子どもたちを見て、親たちが案じていた。「何もなくなったこの町の復興には相当なパワーがいる。次世代を担う子どもたちは自分自身で何かを起こす力がなくなってしまうのではないか」と。

それから、自ら被災者でもあるシャンティの職員も次のように言っていた。

「被災した人たちが、『ボランティアにやってもらって当たり前』という意識をもたないようにすることも大事だと思います。シャンティのことではありませんが、やって来たボランティアさんたちが、何でもかでも自分たちでやってしまって、被災者の自立の妨げになっているのではないか、と思うところもありました。私も被災者なので、支援物資をいただいて有り難いと思うんですけど、『もういいですよ』と思うときもありました。自分のことは自分でできるようにならないといけないと思います。どこまで支援すればいいのか難しいですが、本当に被災者を思って行動していただきたいと思います」

困っている人が主人公であり、支援者は触媒に過ぎない。でも、支援を受ける人々に依存を生まない支援でなければならない――。今回、改めてそのことを問いかけられた。

2. 救援物資を第二の災害としてはならない

「救援物資は第二の災害となる」という言葉がある。これはアメリカの援助関係者の言葉であるが、阪神・淡路大震災の際、支援に関わった者が直面した大きな問題であった。しかし、それ以後、あまり耳にすることはなく、かなり改善されたものと感じていたのだが、今回の震災において、残念ながら、そういう場面がしばしば見受けられた。あまりにも規模が大きい災害であったために、これまで大事にされてきたルールが守られなかったのではないかと推測される。

震災の年の四月から五月、シャンティの職員が気仙沼や岩手の避難所をまわっていると、ダンボールに入った本がそのまま放置されているのを度々目にすることになった。本が届いているにもかかわらず、どう扱っていいかわからず、誰も手にしていない現実があった。それがシャンティが図書館活動に踏み出すきっかけにもなったわけであるが、支援物資は、ただよかれと思って送っても、直に被災者に届くわけではない。現地で仕分けされ、管理され、足で運んで届けられて初めて被災者が活用できることになる。

本の場合も同様である。本と皆さんをつなぐ人がいて、ルールや場所などを決めて運用されてこそ皆さんに読んでもらえるようになる。そのことを理解していないと、せっかく送っても使っていただけないどころか、迷惑をかけてしまうことにもなる。

シャンティの図書館活動では、一般の皆様から本を集めるという取り組みはしていなかった。ところが、「図書館活動で使ってほしい」と、突然、自費出版の本を送ってくださる方が少なからずおられた。その方々にはお礼のお手紙を書かせていただいた。とくに、海のことを書いた本を送ってくださった方には、「まだ海を怖いと思っている方がいるので、使わせていただくかどうかはこちらで判断させていただきます」と書いた。専門家のアドバイスや利用者の皆さんのリクエストなどをもとに、被災地の皆様に、どんな本がふさわしいのか、私たちはかなり吟味して選んでいた。お気持ちは有り難いのだが、突然、送っていただいても、そのような本は使わせていただけるものではなかった。

そして、本ばかりでなく、石鹸や、ローソク、使い捨てカイロなど、いろいろなものが「利用者さん、被災者さんに配ってください」と送られてきた。残念ながら、すでにたくさん届いていて必要がなくなったときであった。そのとき、そのときで必要なものがある。そうでないものは、結局、ゴミになってしまう。必要な時期に必要なものを支援するようにしないと物資が第二の災害になってしまう。改めて次のことを心がけるべきと思われた。

（1）必要な物資しか送らない……現地から要請のあったものだけを送る。そうしないと、被災した現場に迷惑をかけてしまうことにもなる。

（2）現地でどう配布されるのかという視点をもつ……とくに日本人の場合、「物資を送ること」が主な目的になって、物資を送った後に誰がどう責任をもって配り、どのように活用されるかについては無関心な傾向がある。送ったからといって、それが直に届くわけではない。仕分けされ、管理され、足で運んで届けられて初めて被災者が活用できることになる。そこまでに多くのプロセス、多くの手数が必要とされる。ときには配ることによって被災者の間に争いの種をまくことだってある。

（3）物資のニーズは絶えず変わる……緊急時は、日ごとに必要とされる物資が変わる。マスコミで報道された物資でも、たちまち全国から送られて来て、すぐに不要となる場合がある。物資の情報をつかむために、ホームページやSNSといった媒体も有効に活用したい。

（4）物資を送る際にちょっとの配慮を……物資を送る場合には、一つの箱に同じものを入れる。統一書式の「物品リスト」を箱に添付（貼付）する。できるだけ、個人で送らずに、団体（グループ）で送る。汚れたり破損していないものを送る。

3．地域性を理解し、地元の人々や団体と連携する

災害救援活動の上で地域性を理解して活動することも重要である。

阪神・淡路大震災のときにもそのことに配慮しなければならない問題があった。それは同和地区の問題である。「ボランティア、大変ね。どこに行くの」と地域の人に聞かれ、ある地域名を口にしたら、「なんでそんなとこ行くんや」と言われた。地元のボランティアたちからは「私たちはそこに行けない」と言われた。それほど支援が届きにくい地域があったということである。本当は支援を必要としていながら、それぞれの事情から手をあげられないでいる人々や地域もある。

今回の大震災においても同じような問題はあった。震災の年の四月のころであった。気仙沼で、避難所をまわって救援物資の米を配っていたとき、「うちは間に合っていますから」と言われて移動したが、本当はとても不足していたことが後からわかった。「もっと大変な人たちがいるのだから」と思って遠慮していたらしい。東北の人たちの慎ましやかな感性に配慮しなければならないことを再認識したときであった。

今回、地域性について学んだ印象深い体験がもう一つある。それは、気仙沼のまちづくりにおいて住民の合意形成に関わったときのこと。気仙沼の前浜地区のように、住民同士の結束が強く、外部から来た支援者とも融和的で、行政とも円滑に連携する地区もあったが、それとは対照的に、

外部の人や若い人、そして女の人を受け入れない気風の地区があって担当スタッフは苦労した。たとえ専門家を呼んでまちづくりの支援をしようとしても、住民の気持ちや人間関係が変わらなければ何も変わることはない。普段からの地域内の関係や地域側の受援力というものが、いかに支援のあり方に大きく関わってくるか、そして、いかに地域性を理解して関わることが大事か、痛いほど学んだ体験であった。

被災地の外から現地入りした私たちのような団体は、言ってみれば「よそ者であり、いつかは去ってゆく者」である。したがって、よそ者としての謙虚さや責任をわきまえなければならない。いつまで、どこまで活動するのか、やり散らかした活動にならないように、地元の人々にどう引き継ぐか、もしくはどう終結させるのか。いわゆる「終わりの責任」を明確にしておく必要がある。

言い換えれば、地元の人々にいかに自立して元通りに、あるいはこれまで以上の姿になって持続可能となってもらうか。期間限定で最大限の協力をするということでもある。

そのためにも、できるだけ早くから、地元の人々や団体、行政と連携して行動することが大事である。気仙沼においても、岩手、山元、南相馬においても、シャンティは行政や図書館、NPO、企業、僧侶の方々など、さまざまに地元の人々や団体と連携してきた。

とくに大切にしたのが、地元の人々にシャンティの職員として加わってもらうことであった。それによって地元の利を活かして一緒に地域の復興に取り組んでもらうことができる。それに、ある程度、生活の保証もできる――。そう考えて、気仙沼でも、岩手や山元でも、地元の人たちを職員として採用した。

それが、気仙沼におけるＮＰＯ法人「浜わらす」の誕生につながることにもなった。つまり、津波によって海への恐怖をもつようになった子どもたちが、海への親しみを取り戻し、強く逞しく育っていくように始まった子ども支援。その活動が、地元出身の職員を中心として継続的な事業として発展し、正式認可を得てＮＰＯとして独り立ちすることになった。

また、シャンティの仕事に取り組んだことを機会に、地元採用の職員の中から、災害支援や国際協力に強い関心をもつ人も現れた。これも嬉しい成果の一つであったと思う。

4．垣根を超えて市民相互の協力の輪を

緊急事態においては行政にたよりきるわけにはいかない。壊滅的な被害を受けた後に行政がすべて対応できるわけがないからだ。地域レベルで、全国レベルで、どう役割分担して支援するか、一般市民、ＮＧＯ、ＮＰＯ、行政を含めて、話し合い、実際に機能するネットワークを作っていく必要がある。

これまでも、シャンティは、全国の人々や団体などと連携してきたが、今回、まず特筆すべきと思うのは、気仙沼において、シャンティが主導して、ＮＧＯ／ＮＰＯ、自治体、自衛隊などが同じテーブルについて協議する、いわゆる「円卓会議」を創設したことである。

どういうことかと言えば、二〇一一年の震災直後、気仙沼市内の各避難所で炊き出しが行われていたのだが、バラエティに富んだ食物が配られているところもあれば、おにぎりなどの主食だ

けしかない場所もあり、ばらつきが見られた。そこで、シャンティのスタッフが旗振り役の一人となって、関係各所に呼びかけ、自治体、社会福祉協議会、NGO／NPO、自衛隊などが一堂に会し、炊き出しの情報共有や調整のための定期会議を行うことになった。その後、この会議は、炊き出しから、仮設住宅支援、まちづくり支援、しごと支援、子ども支援など、さまざまな分野の情報共有と調整の場へと進化していった（自衛隊は炊き出しのみの関わりで、その後は参加していない）。

それから、二〇一一年の五月、シャンティ、ユニセフ、セーブ・ザ・チルドレンが一緒になって気仙沼市内の小学生にスターターキット（新学期、新入学にあたって必要な文具セット）を配布したのだが、それも、ジャパン・プラットフォーム（JPF）を通じて、宮城県や気仙沼市の教育委員会と連携して実現できたものであった。

このような自治体との連携の仕組みは、今までになかったものであり、今後への大きな可能性を開くものとなった。

ちなみに、災害時のような非日常のときに威力を発揮するためには、日常時から、それぞれの垣根を超えた顔の見える関係づくり、仕組みづくりが必要とされる。このことは阪神・淡路大震災以来、認識されてきたことであり、少しずつ前進していたのだが、今回の東日本大震災で、改めて、広域の連携、自治体との連携に壁があることが浮き彫りとなった。

そこで、今回の教訓を活かして、現在、JVOAD（全国災害ボランティア支援団体ネットワーク）をはじめ、各県域において、自治体とNGO／NPOと企業などとの連携の仕組みづくりの模索が始まっている。東京都では「都災害ボランティアセンターアクションプラン推進会議」によって進められており、シャンティも協力している。

さて、次の話に移るのだが、企業や海外の人々の協力も大きかった。

まず、第四章で紹介したように、ブックオフの皆さまは、資金協力ばかりではなく、全社あげての態勢を組み、社員の皆様がボランティアとして現地に赴いて継続的に活動してくださった。これも、今までなかった連携のあり方であり、一つのモデルケースとして今後に役立てたいと考えている。

海外の人々の協力にも胸をうたれるものがあった。シャンティの活動地、アジアの人々が募金活動をして義援金を送ってくださった。「普段、日本の皆様にお世話になっていることの恩返しをしたい」という気持ちからである。彼ら自身の生活自体豊かなものではないはずなのに、その気持ちに頭が下がる思いである。さらに、そのことを報道した記事を読んで感激した日本人が、タイのスラムの人々に多額の支援金を送るという愛情の連鎖も生まれた。

海外の企業や団体からの支援もあった。今までなかったことである。たとえばイタリアのタイヤメーカー「ピレリ」が全世界の社員から集めた募金を寄せてくださり、それによって移動図書館車の改造費に充てることができた。二台目の移動図書館車も、アメリカの団体であるダイレクト・リリーフ・インターナショナルの支援で改造することができた。

その他、アメリカの「北加州日系文化コミュニティセンター（ＪＣＣＣＮＣ）」というネットワークが、資金援助の他に、気仙沼や岩手にボランティアも派遣してくれた。それに対して、シャンティの職員がアメリカに渡って報告会を行う、という交流も生まれた。こうした背景には、東日本大震災の規模があまりにも大きく、世界中の人々が座視できずにこのような支援につながったという事情もあるかもしれない。

本文で紹介したように、シャンティ内部でも海外と被災地との交流の機会を設けた。一つは、海外事務所の職員を東北に招いて被災者と交流する機会。もう一つは、反対に、気仙沼や岩手の職員をミャンマー（ビルマ）難民キャンプに派遣し、そこでの生活を体験してもらうという機会である。故郷を追われて生活している難民たちの姿と被災地の暮らしを重ね合わせ、そこから学ぶものは大きかったようだ。このような取り組みも今までになかったことである。その他、会員向け被災地ツアーも実施した。

こうして、多くの協力の輪を広げることができたのだが、今後、さらに積極的にさまざまな形を模索し、日本国内はもとより、世界に向けての発信力も高めて、被災地と外部をつなぐはたらきを強化していきたいと考えている。

5．被災者とボランティアの気持ちには距離がある

震災直後から、被災地には、外部からいろいろな人が善意の物資を携えてやってきた。被災者支援イベントと銘打ってコンサートや演劇なども行われた。でも、盛り上がっていたのはボランティアなのか。そこに住んでいる人たちなのか。

かつて、神戸でも、「ボランティアの人たちは楽しそうにやっているけど、被災者の中にはし

らけている人も多いよ」という声を耳にしたことがある。

今回もいろいろなボランティアの人たちがやってきたが、中には、何のために来たのか、疑いたくなるような人たちもいた。シャンティの関係者というわけではないが、あるグループは自分たちの目的が達成されたから帰ります、と言って早々に帰って行った。「盛り上がらないから」という理由で帰っていく人たちもいた。

被災者が抱える深刻で切実な事情は外部から駆けつけた者に到底はかり知れないものがある。そのことを胆に銘じながら、なお被災者のそばに立とうとする姿勢が大切であると考える。「何のための活動なのか」と自問し、軌道修正することが大切である。

よく「被災者」という言い方をする。でも、決してひと括りにはできない。被災した状況、今、置かれている事情は一人ひとり違うからだ。表面だけではなく、その背景や奥に潜んでいるところまで見ようとしないと、問題の核心は見えてこない。

「私たちは触媒である」「黒子である」「目立たないように」と言ってきたが、地元の行政の人たちからすればどうだろうか。本当は自分たちがやらなければならないことをやられてしまっている、という思いを抱いてはいないだろうか。それだけで、十分目立っているとは言えないだろうか。黒子になるというのは、目立たないように、隠れるというのではなく、そういう見えない人の気持ちというものを感じ取って行動する、ということではないだろうか。「地域のために」と、よそから来た人が言えば言うほど、そして、いろいろな新聞にとりあげられ、テレビにも出たりすれば、複雑な思いも湧いてくるのではないだろうか。私たちは、そういうことにもっと配慮しなければならない。もっと想像力を働かせて行動しなければならない。今回の反省点の一つとして深く考えさせられたところである。

6．支援者側にも心のケアは必要である

災害発生に伴って「こころのケア」ということが言われるようになったのは阪神・淡路大震災のときからである。当時、この視点をもって活動している団体はほとんどなかった。「自立」を口にしつつも「こころ」の問題に立ち入ることは少なかった。全国自治体の防災計画や救助活動計画の見直しにおいても、この視点が盛り込まれたという話はあまり聞いたことがなかった。あれから二〇数年、事態はどのように変化してきただろうか――。

ただ、心のケアが必要なのは被災者ばかりではなく、支援者側にも必要なのだ。

阪神・淡路大震災のとき、こんなことがあった。ある母子寮の寮母長は、被災後、子どもや母親たちはもちろんのこと、職員たちの前でも笑顔で人々を元気づけ、ボランティアの悩みごとの相談まで受けていた。その後、メンタルケアの専門家が神戸に入ったとき、「疲れました」と、胸の内をさらけ出して涙を流した。

ボランティアにおいても同じであった。被災地の惨状の中、連日取り組む活動は、心身ともに相当なエネルギーを要する。そのストレスが組織内部や職員への不満としてぶつけられたこともあった。そんな中、ミーティングをもって、その日体験したことなどを語り合ってストレスを発散しようとしていた。

今回の大震災においてはどうだったのだろう。使命感とストレスの狭間で苦闘していた支援者は少なくなかったのではないだろうか。

活動を振り返って聞き取りをしたとき、シャンティの現地事務所の職員から次のような声が聞かれた。

「利用者さんのお話を聞くにしても、どこまで聞けばよいのか、こちらの気持ちの持ち方についても、心構えができていた方がいいと思います。とくに若い人は人生経験が浅いこともあるので、研修みたいなものも必要だと思います。一度やっていただきましたが最初の時期にやるべきだと思います」

「現地で働いているスタッフも被災者です。ただ、にこにこして本を貸しているように見えても心は疲れます。そして、その活動が長くなればなるほど、その疲れに気づかなくなります。それを解放するメンタル・ケアが必要だと思います」

「支援者自身の心のケアが必要だということをすごく思います。現場でいろいろな人に触れ合い、濃密な話も聞くので、私たちはストレスが溜まるんです。歓びも倍だし、ショックも倍増です。ちゃんとフォローしていただきたいという希望があります」

スタッフたち（職員、ボランティア）は、被災者との出会いや関わりを通して相当なストレスを抱えていたことがうかがわれる。

改めて、支援する側の心のケアについて問いかけられたと言える。

もちろん、シャンティは阪神・淡路大震災のころから、心のケアの必要性について認識しており、今回の活動の途上においても、何度か現地スタッフの研修を行ったのも事実である。ただ残念にも、思うような成果につながらなかったのも事実である。たとえば、講師の方がシャンティのニーズに必ずしも合わなかったのではないかという反省点もある。それから、一度、仙台で実施しようとしたとき、現場のスタッフたちから、「かなり疲弊していて仙台まで移動するだけの気力や体力がありません」との申し入れがあり、見送りとなったこともある。その後、メンタルヘルスチェックを実施したこともあるが、現場のスタッフにとって十分役立つものにはなりえなかったという点もある。

実施するにあたって、もっと被災地のスタッフのニーズに合ったものにしなければならない、ということが今後の課題になったと言える。研修のタイミング、内容、講師、場所のあり方など、さらなる工夫と模索が必要である。

このことに関連することとして、現地で支援する人間をもっと大切にした態勢づくりも考えなければならない。被災地のニーズに合った適切な〈事業〉を行うためには、それを実行する〈人〉(職員、ボランティア)が鍵となる。

まず、彼らが安全で、安心で、いつも元気に活動できるための条件を確保することが大切である。もちろん、本人自身の努力が一番の基本であるが、ただ、派遣する側(組織)の周到な配慮も重要である。そうでないと、被災地の厳しい環境の中で、身心ともに疲弊してリタイアしてしまうことになりかねない。

したがって、まず派遣する前の準備が重要である。その人が、シャンティにおいて、NGOにおいてどれぐらいの活動経験（期間、内容）があるのか。被災地支援の経験はあるのか。専門能力は何か。被災地の厳しい環境に耐えるだけのセルフケアの能力はどうか等々。それらを把握した上で、適性の判断も含めて、派遣期間や仕事内容も検討し、必要な知識、技術、手続き、心構えなどを伝える必要がある。

今回の場合、岩手や山元において国内で初の図書館活動を行うことになったが、そのスタッフとなった職員やボランティアは、一人を除いて、すべての人が図書館活動は初体験であった。とくに現地採用の職員については、シャンティという団体についてもよく理解しているわけではなかった。それゆえ一定の事前研修が必要であったが、業務遂行に忙殺され、後追いで実施することになった。

それから、支援者（職員、ボランティア）が心身ともに元気で活動するためには生活環境の整えも大切である。たとえば、保険、宿泊場所、移動手段の車、賄いさんの確保なども必要である。ジェンダーの配慮も大切である。その点についてはどうであったか——。徐々に改善されてはいったが、当初は必ずしも十分であったとは言えなかった。

当然、緊急事態で錯綜した状況となるため、最初から十全な準備は難しいものがある。それだけに、可能なかぎり、普段から態勢を整えておくことが肝要である。

たとえば、緊急救援で派遣するスタッフに必要な資質とは何か。それについて改めて明確にしておくことも必要だと思われる。その上で必要な知識、技術、心構えなどについて研修しておくことも必要である。セルフケアの力をつけるための要素も必須である。

すでに、スフィア・プロジェクトという専門機関から「人道憲章と人道対応に関する最低基準」が発刊されるなど、参考にすべきガイドラインも提示されている。そのようなものを参照しつつ、救援活動に赴く職員に必要な要件について、シャンティのガイドラインを作ることが急務である。すでにそのようなガイドラインを適用している団体もある。

今後の災害支援活動においても、やはり、今回のように地元の人をスタッフとして採用することが十分に考えられる。したがって、上記のことは永続的な課題であると言える。

7. 現場と組織の緊密な連携を

さて、最後の項目となる。緊急救援、復興支援という緊張のただ中にあると、それぞれが直面している事実に集中する余り、相手の背景について理解しようとする余裕がなくなることもありうる。「東京事務所はわかってくれない」「現場はわかっていない」――。おそらく、多くの組織でも起こりがちな課題ではないだろうか。中心拠点と現地機関の意思疎通というテーマである。

東京事務所と被災地の事務所がもっと意思疎通をはかって、もっと連携していれば、もっと違う展開ができたのではないかと思われることもある。二つほどあげてみる。

まず、先の二項「救援物資を第二の災害としてはならない」に関連することである。

繰り返しになるが、岩手事務所に「移動図書館活動に使ってください」と、突然、自費出版の本を送ってくださる方がけっこうおられた。しかし、申し訳なくも、それは使わせていただけるものではなかった。そして、本だけでなく、石鹸、ローソクとか、使い捨てカイロなどがたくさん送られてきた。しかし、必要でないときに必要でないものは、結局ゴミになってしまう。

これに対してはどうすればよかったのか——。たとえば、予め、支援者対応についてのルールを決めてマニュアルを作り、それに沿って東京事務所と現地事務所が連携していたなら、このような事態はもっと避けられたのではないかと思われる。今後、ルールやマニュアルづくりに取り組まなければならない。

もう一つは、ボランティアの受け入れについてである。

多くのボランティアの方々が被災地に来てくださったのだが、中には、何のために来たのか、疑いたくなる人たちもいないわけではなかった。ご高齢の方や耳のご不自由な方が来られたこともある。もちろんお気持ちは尊いのだが、その方々のためにもう一人ボランティアをつけなければならず、かえって負担になったことも否めない。そんなところから、「ボランティアを受け入れる際、被災地におけるボランティアの意味をもっと理解していただいてからにしてほしい」と、現場スタッフから東京事務所への要望も寄せられた。

今後、ボランティア受け入れにあたっては、まず、東京事務所において最低限の事前のガイダンスを行い、そして事後の聞き取りをしてフォローも行い、それを踏まえて改善点を考えることも必要だと思われる。

これらはほんの一例に過ぎない。東京事務所と現地事務所の意思疎通や連携について問われていると思われる課題である。

支援の方針をあらゆる職員にいかに丁寧に共有し、浸透させるか、そして、現場の意向をいかに適切に汲み取って調整してゆくか。これも今後に続く永続的なテーマと言える。

さて、こうして、今回の支援活動から浮かび上がった12の視点についてご紹介した。

災害支援の現場は、言わばカオス（混沌）の状態である。このようにしたから大丈夫ということはありえない。毎回、異なった試練との遭遇であり、その克服である。ともかく試行錯誤を重ね、後悔や歓びとともに知恵をたくわえていくしかないのだと思われる。

次の災害支援の機会には、また新たな課題が浮上することであろう。その教訓をさらに次の機会に活かしてゆく。その次も、さらにその次も――。そのように、一歩一歩、着実に積み重ねてゆくしかないのだと思われる。

でも、それが、多くの人々のいのちを守り、暮らしを守り、人生を守ることにつながるのなら、私たちの本望である。これからも倦まず弛まず精進を続けてゆきたい。

◆シャンティ東日本大震災支援活動・年表

年	月	事務所	内容
二〇一一	三月一一日		東日本大震災発生
	～一五日	東京	役職員、関係者の安否確認、情報収集、調査準備
	三月一五日		三部副会長、山形から岩手県南部～宮城県北部沿岸にて被災地調査
	三月一六～二二日	東京	初動調査隊（市川・白鳥）、東京事務所を出発 福島～石巻～気仙沼へ移動、被災状況を調査 気仙沼災害ボランティアセンターの立上げサポート
	三月二一日	気仙沼	少林寺を活動拠点とし、支援活動（足湯、炊き出し）を開始 東京からスタッフやボランティアを派遣
	三月二六日	東京	臨時理事会を開催。東日本大震災救援の方向性と活動計画（一年）が承認される
	四月	気仙沼	本吉地区の清涼院に事務所兼宿舎となるプレハブを設置 避難所でのニーズ調査をもとに、入浴プロジェクト、行茶プロジェクト、子どもの遊び場支援（冒険遊び場づくり協会との連携）、炊き出し、イベント、防災ずきんの配布など実施

	四月七日		震災以降、東北地方で最大規模の余震（M七・四）が発生
	四月一九日	気仙沼	市内一一小学校へ一七六四人分の文具セットを支援
	四月二九日	東京	東日本支援活動報告会（於：銀座）
	五月二日	岩手	岩手県での図書館事業準備のため調査
	六月一〇日	東京	理事会開催。図書館活動を含めた支援方針と事業期間（二年）および事業予算の変更が承認される 岩手事務所の立ち上げおよび移動図書館活動の開始も承認される
	六月六日	岩手	遠野市にて岩手事務所開設。
	七月一七日	岩手	陸前高田市にて移動図書館活動開始
	七月		続いて、大船渡市（二三日）、山田町（二四日）、大槌町（三〇日）の仮設団地にて移動図書館活動開始
	七月二六日	東京	東日本大震災被災地支援 活動報告会（於：信濃町）
	八月	気仙沼	鶴見大学学生ボランティア「まなびーば」による夏休みの学習支援開始
	八月	気仙沼	平磯地域復興祭（一四日）、蔵内漁港復興祭（二一日）
	八月	気仙沼	震災遺族の会（後の「つむぎの会」）活動開始
	一〇月	岩手	シャンティ海外事務所スタッフによるスタディ・ツアー
	一一月	気仙沼	蔵内之芽組（漁業協業グループ）への支援を開始
	一一月	岩手	図書館総合展の若手ライブラリアンの登竜門「L—1グランプリ二〇一一」で「走れ東北！図書館プロジェクト」が優勝
	一二月	岩手	大槌町の仮設団地集会所・談話室での文庫活動を開始

二〇一二	一月	岩手	岩手事務所活動報告会（於：日産グローバル本社ギャラリー）
	二月	岩手	大槌町金沢地区に常設の「かねざわ図書室」を開設
	三月	気仙沼	「まなびーば」による大谷小学校での春の学習支援
	四月	岩手	陸前高田市モビリア仮設団地に常設の「陸前高田コミュニティー図書室」を開設
	四月	岩手	Readyfor「陸前高田市の空っぽの図書室を本でいっぱいにしようプロジェクト」目標金額達成
	四月	気仙沼	絵本『ぷんぷん谷』完成
	四月〜五月	東京	宮城県南部および福島県北部で事業調査を実施
	六月	気仙沼・岩手	理事・監事・東京事務所スタッフによるスタディ・ツアー
	七月二日	東京	理事会にて、山元町および南相馬市での移動図書館活動が承認される
	七〜八月	気仙沼	「まなびーば」による大谷小学校での夏の学習支援
	八月	山元	山元事務所を開設
	八月	岩手	移動図書館車お披露目イベント（於：六本木および神楽坂）
	九月	山元	山元町の仮設団地にて移動図書館活動を開始
	九月	山元	ブックオフグループからのボランティア派遣開始
	一〇月	山元	南相馬市鹿島区の仮設団地にて移動図書館活動を開始
	一一月	気仙沼	蔵内にて「マイワカメプロジェクト」開始

二〇一三	一～二月	岩手	山田町にて、ニコン写真教室開催
	二月	気仙沼	三陸気仙沼の求評見本市にて、蔵内之芽組「こいわかめ」を出展
	五月	山元	山元事務所活動報告会（於：六本木）
	六月	合同	東日本三事務所・東京事務所合同合宿（於：つなぎ温泉）
	六月	気仙沼	事務所をプレハブからトレーラーハウスに移転（清凉院内での移動）
	六月	岩手	岩手事務所を遠野市から釜石市へ移転
	六月	岩手	「クジラと海の科学館イベント」開催
	六月	山元	南相馬で「じゃぶじゃぶ池」をつくる地元NPOを支援。同年七月に高見公園にて「じゃぶじゃぶ池」がオープン
	七月	気仙沼	気仙沼報告会（於：東京）
	七月	気仙沼	「あつまれ、浜わらす！」プログラム開始
	七月	気仙沼	階上地区まちづくり協議会にアドバイザーとして参加、ワークショップの実施を支援
	七月	気仙沼	「気仙沼まちづくり支援センター」が設立される。シャンティのスタッフ二名が出向
	七月	岩手	山元事務所スタッフ三名が研修として岩手事務所の活動に参加
	八月	気仙沼	地元にある資源（文化や歴史、自然、食文化や工芸など）の再認識を目的とした体験型のプログラム「さんりくさんぽ」を開始
	八月～九月	気仙沼	笠原を山形、山口（七月）および京都福知山（八月）の水害被災支援に派遣
	九月	気仙沼	前浜地区コミュニティセンター（再建）完成

	一〇月	気仙沼	蔵内・海の駅「よりみち」開店
二〇一三	一〇月	岩手	「第一回やまだ図書館まつり」開催
	一〇月	山元	「いちばん星フェスタ二〇一三 in南相馬」に参加
	一〇月	山元	海外事務所スタッフによるスタディ・ツアー
	一一～一二月	気仙沼	白鳥・東をフィリピン台風被災地支援に派遣
二〇一四	一月	気仙沼	「集まれ、浜わらす！」報告会（於：表参道）
	二月	気仙沼	「階上地区まちづくり計画」完成、気仙沼市長へ提出される
	二月	岩手	「スタンプラリー〝図書館でまってるね〟」を陸前高田市立図書館、ちいさなおうち、にじのライブラリーと協同企画・実施
	三月	気仙沼	登米沢地区の集団防災移転、土地の造成工事完了
	三月	岩手	大槌町・かねざわ図書室閉鎖、移動図書館活動終了
	三月	岩手	大船渡市・おはなしころりんとの合同イベント
	四月	岩手	山田町立図書館と共同での移動図書館活動を開始
	四月	岩手	陸前高田コミュニティー図書室の利用者の会「友の会」を立上げ
	四月	合同	東日本三事務所・東京事務所合同合宿（於：つなぎ温泉）
	五月	山元	ブックオフグループとの連携による地元ＮＰＯ「ささえ愛山元」のＰＣ教室のサポート開始
	五月	気仙沼	海外事務所スタッフによるスタディ・ツアー
	五月	山元	曹洞宗復興支援室分室・曹洞宗福島県青年会相双支部による南相馬での移動図書館サポート開始

	六月	気仙沼	蔵内・海の駅よりみち主催、「ホヤホヤバーベキュー・パーティ」開催
	一〇月	東京	株式会社大川印刷主催による蔵内之芽組応援イベント「愛の収穫祭〜わかめで結ぶ復興支援」が横浜で開催される。気仙沼スタッフ参加
	一〇月	岩手	「第二回 やまだ図書館まつり」開催
	一〇月	山元	「いちばん星フェスタ二〇一四 in 南相馬」イベントに参加
	一一月	岩手	全国図書館大会に参加、第一六回図書館総合展に出展
二〇一五	二月	岩手	陸前高田市内の図書館合同イベント開催
	三月	東京・ 気仙沼・ 山元	国連防災世界会議のサイドイベントに参加 気仙沼：市民防災世界会議「コミュニティ・レジリエンス」 山元：パブリックフォーラム「防災と宗教シンポジウム」
	五月	気仙沼	終了時前事業評価の実施
	六月	気仙沼	「集まれ、浜わらす！」活動報告会（於：表参道）
	六月	山元	南相馬市立図書館職員による移動図書館活動の同行開始 （〜二〇一五年六月まで）
	八月	気仙沼	「NPO法人浜わらす」が設立される
	九月	気仙沼	白鳥を茨城県常総市・水害緊急救援支援に派遣（白鳥）
	一〇月	岩手	「第三回 やまだ図書館まつり」を開催
	一一月	山元	南相馬市・同慶寺でのマルシェ（復興交流）に参加・協力
	一二月	岩手	山田町、大槌町での支援活動を終了。山田町立図書館へ車輌一台を寄贈
二〇一五	一二月	山元	古賀がJPF主催福島関連イベントに登壇

二〇一六	二月	山元	南相馬市にて「小高復興チャリティ寄席」を実施
	二月	岩手	遠野市立図書館および南相馬市立図書館に移動図書館車各一台を寄贈
	二月	岩手	陸前高田市内の図書館連携企画「図書館でまってるね」開催
	二月	山元	「いちばん星フェスタ二〇一六 in 南相馬」に参加
	三月	合同	東日本報告会「震災から五年」（於：東京）
	四月	岩手	大船渡市での移動図書館活動が終了
	四月	岩手	岩手事務所を釜石市から陸前高田市に移転
	四月	山元	南相馬「花まつり in 千相院」へ参加
	五月	岩手・山元	古賀および三木が熊本地震の支援活動に参加。岩手および山元事務所での経験を活かし、熊本市内の避難所でサロン活動を調整・実施
	五月	気仙沼	気仙沼事務所での全活動を終了
	六月	山元	仮設団地にて「思い出のアルバム作成ワークショップ」を実施
	七月	山元	南相馬小高区における避難指示が解除（一部帰還困難区域を除く）
	八月	岩手・山元	岩手・山元事務所 終了時前評価を実施
	九月	岩手	陸前高田市の移動図書館活動を終了
	一一月	山元	南相馬市立図書館による災害公営住宅での移動図書館活動のサポートを開始
二〇一七	二月	山元	「いちばん星フェスタ二〇一七 in 南相馬」イベント参加
	三月〜四月	山元	山元事務所での移動図書館の貸出を終了、山元事務所から南相馬事務所へ移転
	七月二〇日	岩手	新・陸前高田市立図書館が開館

七月三一日	岩手	陸前高田コミュニティー図書室での活動を終了、岩手事務所での全活動が終了

あとがき

記憶は、過去のものではない。それは、すでに過ぎ去ったもののことでなく、むしろ過ぎ去らなかったもののことだ。とどまるのが記憶であり、じぶんのうちに確かにとどまって、じぶんの現在の土壌となってきたものは、記憶だ。

……じぶんの記憶をよく耕すこと。その記憶の庭に育ってゆくものが、人生と呼ばれるものなのだと思う。

長田弘『記憶のつくり方』より

本書は、公益社団法人シャンティ国際ボランティア会が、約六年間にわたって取り組んだ、東日本大震災・被災者支援の軌跡について記したものである。

上記の長田氏の言葉をお借りするなら、すでに過ぎ去ったものをまとめる、というより、過ぎ去らずに私たちのうちに確かにとどまっているもの、私たちの現在の土壌となってきたものをしっかり見極め、さらに耕してゆくためのよすがとなれば、と願ってまとめたものである。

本書の特色は何かと言えば、この活動に関わったスタッフや協力者の声をたくさん紹介していることがその一つと言えるかもしれない。単なる記録ではなく、この活動に関わった一人ひとりが何を感じ、その考えや生き方がどう変わっていったのか。そのことをしっかり残すことを大事にしたかったため、そのようにさせていただいた。それが、「共に生き、共に学んだ」証しとなるものであり、シャンティにとって大切な財産ではないかと考えたからでもある。
とりわけ、山元町での移動図書館活動の最終日、利用者のお一人からいただいた次のお手紙は、私たちにとって大切な宝物となっている。

移動図書の皆様へ

何もかも失ってしまった。希望がまだ見えないころ、気持ちへの切り替えも出来なかったころ、この移動図書のおかげで、明るい、心待ちにする気持ちがもてました。それまでは「ああ、今日も1日終わった」と、今日を乗り越える事だけで、「明日」は、私の中に存在しませんでした。でも、「移動図書館が来る」と、カレンダーをもらってからは、「この日が楽しみ」と、思える気持ちが再びもてるようになったんです。嬉しかった!! 本が読める事はもちろん、リクエストにも答えてくれ、その上、お話しをするとホッとするという三拍子!! 仮設を出てからも、その楽しみを失う事はありませんでした。（中略）

それがこれからなくなるという事は、とても寂しい思いです。でも、なくなるという事は1つの復興なんだなとの思いもあります。あの日からこんなに年月がたったんだなあ、でも早かったなあと、何とも言えない感じです。（中略）

皆様にあえなくなるのが本当に寂しいです。本当に……。

今まで、たくさんの楽しいひととき、ありがとうございました。感謝です。本当にすくわれました。一生忘れないと思います。

本当に本当に、ありがとうございました。

H29・3・27
（本書三一五〜三一六頁）

かく言う私も、今度ばかりはシャンティの仲間に頭が上がらないことがある。それは、震災直後、シャンティの市川斉さんと白鳥孝太さんが被災状況と活動の可能性の調査のため、現地入りしたときのこと。真っ先に石巻にある私の実家を探して無事を確かめてくれたのだ。母親や家族の安否がわからず、憔悴しきっていた私の姿を見かねてのことだったようである。思いがけない仲間の友情に今も感謝している。

そんな友情に応えたいという思いもあって引き受けた本書の編集であるが、それにしても長く険しい道のりであった。

この出版の企画が立ち上がってスタートしたのが二〇一四年。その後、気仙沼、岩手、山元、南相馬を訪ねて取材やインタビューを重ね、テープ起こしや執筆が始まったのが二〇一六年も半ばになってから。当初は、今年（二〇一七年）の六月に発刊を予定していたが、膨大な作業量ははるかに想像を超えていた。何せ四〇人にも達する人々のインタビューは、それをまとめるだけでも半端ではなかった。確認作業も難航した。その後退職した元スタッフとなかなか連絡がとれなかったり、意思疎通に手間取ったり、まさに「日暮れて道遠し」の心境であった。

それでも、なんとかここにまとめあげることができて、本当に感謝の思いである。

シャンティの関係者はもとより、お世話になった協力者の皆様に心より御礼申し上げたい。そして、発刊を心待ちにしてくださっていた皆様には、遅くなってしまったことに心よりお詫び申し上げたい。

編集作業を通して改めて感じたのは、今回の支援活動がじつに多岐に亘り、これまでにないほど、国内外の多くの人々に関わっていただいたことである。そのご協力がなければ到底ここまでの活動は不可能であったと思われる。それだけに、本来なら、そのお一人おひとりのお名前を明示させていただき、感謝の気持ちをお伝えすべきところであるが、あまりにも膨大な数にのぼるめため、ここで、お礼を述べさせていただき、お許しを乞うしだいである。本当に、本当にありがとうございました――。

なお、明石書店の大江道雅社長には、今回の弊会の企画を意気に感じていただき、出版のご快諾をいただいたことに心より感謝申し上げたい。編集実務をご担当くださった清水聰氏には、大変手間のかかる本書の仕事をじつに誠実に手際よくまとめてくださり、大変有り難く思っている。

こうして、多くの皆様の支えによって誕生した本書。たとえささやかでも、これからの支援活動を考える上で何らかのお役に立てれば、大変有り難いと思っている。

読者の皆様にも、ぜひシャンティのお仲間となっていただけますよう、よろしくお願い申し上げます。

二〇一七年十一月

編集担当　公益社団法人　シャンティ国際ボランティア会
専門アドバイザー　大菅俊幸

公益社団法人シャンティ国際ボランティア会（SVA）とは

私たちは、アジアの人びとのために教育・文化の支援活動を行うNGO（公益市民団体）です。

「シャンティ」とは、サンスクリット語（古代インド語）で、「平和、心の静寂」を意味する言葉。世界のあらゆる人々がお互いの違いを尊重し合い、「共に生き、共に学ぶ」平和な社会となりますように――。私たちの願いと志をその言葉に込めています。

設立は1981年、「曹洞宗ボランティア会」として発足。その後、「曹洞宗国際ボランティア会」と改称し、2011年、現在の「公益社団法人シャンティ国際ボランティア会」として新たにスタートしました。

そもそも、カンボジア難民キャンプにおいて人々の精神的な支えとなるように図書館活動を行うところから活動を開始。以来、タイ、カンボジア、ラオス、ミャンマー（ビルマ）難民キャンプ、アフガニスタン、ミャンマー、ネパールにおいて、「本を読む機会の提供」「安心できる場所づくり」「人を育てる」ことを柱とした活動を展開しています。

その一方、阪神・淡路大震災以降、国内外で30を超える災害救援に取り組み、東日本大震災では、宮城県気仙沼市と岩手県遠野市、宮城県亘理郡山元町に現地事務所を開設して、長期的な活動を行いました。

主な受賞歴は次の通りです。

正力松太郎賞（1984年）、ソロプチミスト日本財団賞（1985年）、外務大臣賞（1988年）、毎日国際交流賞（1994年）、東京都豊島区感謝状（1995年）、防災担当大臣賞（2004年）、兵庫県知事感謝状（2005年）、第7回井植記念「アジア太平洋文化賞」（2008年）、宮城県社会福祉協議会感謝状（2011年）、ESD岡山アワードグローバル賞（2015年）。

試練と希望 東日本大震災・被災地支援の二〇〇〇日

2017年11月30日　初版第1刷発行

編　者　公益社団法人
シャンティ国際ボランティア会

発行者　石　井　昭　男

発行所　株式会社 明石書店

〒101-0021 東京都千代田区外神田 6-9-5
電　話　03-5818-1171
FAX　03-5818-1174
振 替　00100-7-24505
http://www.akashi.co.jp

装丁　明石書店デザイン室
印刷・製本　モリモト印刷株式会社

（定価はカバーに記してあります）　ISBN978-4-7503-4606-9

東日本大震災を分析する1
地震・津波のメカニズムと被害の実態
平川新、今村文彦、東北大学災害科学国際研究所編著 ◉3800円

東日本大震災を分析する2
震災と人間・まち・記録
平川新、今村文彦、東北大学災害科学国際研究所編著 ◉3800円

震災復興と宗教
叢書 宗教とソーシャル・キャピタル 第4巻
稲場圭信、黒崎浩行編著 ◉2500円

震災とヒューマニズム 3・11後の破局をめぐって
日仏会館・フランス国立日本研究センター編
クリスチーヌ・レヴィ、ティエリー・リボー監修 岩澤雅利、園山千晶訳 ◉2800円

東日本大震災後の持続可能な社会 世界の識者が語る診断から治療まで
名古屋大学 環境学叢書3 林良嗣、安成哲三、神沢博、加藤博和、
名古屋大学グローバルCOEプログラム「地球学から基礎・臨床環境学への展開」編 ◉2500円

3・11後の持続可能な社会をつくる実践学
被災地・岩手のレジリエントな社会構築の試み
山崎憲治、本田敏秋、山崎友子編 ◉2200円

持続可能な未来のための知恵とわざ ローマクラブメンバーとノーベル賞受賞者の対話
名古屋大学 環境学叢書5 林良嗣、中村秀規編 ◉2500円

災害とレジリエンス ニューオリンズの人々はハリケーン・カトリーナの衝撃をどう乗り越えたのか
トム・ウッテン著 保科京子訳 ◉2800円

「辺境」からはじまる 東京／東北論
赤坂憲雄、小熊英二編著 ◉1800円

3・11後の多文化家族 未来を拓く人びと
川村千鶴子編著 ◉2500円

3・11被災地子ども白書
大橋雄介 ◉1600円

東日本大震災と外国人移住者たち
移民・ディアスポラ研究2
駒井洋監修 鈴木江理子編著 ◉2800円

自然災害と復興支援
みんぱく 実践人類学シリーズ⑨ 林勲男編著 ◉7200円

崩れた原発「経済神話」 柏崎刈羽原発から再稼働を問う
新潟日報社原発問題特別取材班著 ◉2000円

福島第一原発事故の法的責任論1
国・東京電力・科学者・報道の責任を検証する
丸山輝久 ◉3200円

原発被曝労働者の労働・生活実態分析
原発林立地域・若狭における聴き取り調査から
髙木和美 ◉5500円

〈価格は本体価格です〉